푸코의 권력과 아렌트의 삶

푸코의 권력과 아렌트의 삶
신자유주의가 통치하는 현장에서의 미시정치적 사유실천

초판 1쇄 인쇄 2026년 1월 12일
초판 1쇄 발행 2026년 1월 20일

지은이 현광일
펴낸이 김승희
펴낸곳 도서출판 살림터

기획 정광일
편집 이희연·송승호·조현주
디자인 유나의숲

인쇄·제본 (주)신화프린팅
종이 (주)명동지류

주소 서울 양천구 목동동로 293, 2215-1호
전화 02-3141-6553
팩스 02-3141-6555

출판등록 2008년 3월 18일 제313-1990-12호
이메일 gwang80@hanmail.net
블로그 https://blog.naver.com/salimterbook
한국교육연구네트워크 https://www.kednetwork.or.kr

ISBN 979-11-5930-354-8(03100)

이 도서는 2025년 문화체육관광부의 '중소출판사 도약부문 제작지원' 사업의
지원을 받아 제작되었습니다.

푸코
권력
아렌트
삶

신자유주의가 통치하는 현장에서의
미시정치적 사유실천

현광일 지음

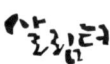

"정치가 실종된 시대"에 부쳐

오늘날 우리는 이전과는 다른 형태의 지배와 마주하고 있다. 노골적인 억압이나 명시적인 금지보다는, 은밀하게 우리의 삶 전반을 관리하고 최적화하려는 신자유주의적 통치성(neoliberal governmentality)의 그림자가 드리워져 있다. 경기 침체와 불평등 증대는 진부한 상식이 되어버린 신자유주의 시대, 우리 각자는 어떻게 살 것인가? 신자유주의하에서 개인은 '자유롭고 자율적인' 주체로 여겨지지만, 동시에 끝없이 경쟁하고, 불안정하며 책임과 부담을 홀로 짊어져야 하는 존재가 되는 역설적인 상황에 놓이는 경우가 많다. 신자유주의가 개인에게 강요하는 삶의 실태는 단순히 경제적인 어려움을 넘어, 우리 존재의 근원적인 방식과 관계 맺는 방식까지 재편한다. 특히 한국 사회는 출생률 급락과 이에 따른 급속한 고령화로 돌봄 위기나 지역 쇠퇴가 다른 어느 나라보다 더 심각하게 나타나고 있다.

이 책의 1장에서 제기하는 문제는 다음과 같다. 과연 이 시대에 우리는 어떻게 '자유로운 주체'로서 존재하고, '정치'의 의미를 회복할 수 있을까? 개인의 자유와 경쟁을 강조하는 신자유주의적 세계관은 '사회는 없다. 오직 개인만이 있을 뿐'이라는 시각을 취한다. 그래서 가족, 공동체, 문화와 관련하여 또 다른 사회적 혼란이 — 예컨대 실업, 빈곤, 교육, 건강 등 본래 사회 구조적이고 집단적인 문제들마저도 — 곳곳에서 끓어오르고 있다. 사회적 연대가 약화하는 형태로 개인화가 심화하면서 이제껏 확실해 보였던 것이 사방에서 무너지고 있다. 그럼에도 불구하고 자본주의의 기능은 신자유주의 통치성에 기반하여 생기가 넘치고 있기에 어떤 기준으로 봐도 총체적 위기로 나아가고 있다고 보기도 어렵다.

신자유주의는 개인에게 끊임없이 '자기 경영'을 요구하며 득정한 방식으로 주체성을 구성한다. 경제적 합리성과 자기 최적화의 논리가 주입되면서, 우리는 '자기 통치'라는 착각 속에 진정한 자유를 잃고 미시적인 감시와 경쟁의 주체로 전락하게 된다. 문제는 개인이다. 신자유주의가 강조하는 파편화된 '개인'을 넘어서, 진정한 '개별성'을 회복하고 발전시키는 방향에 대한 탐색이 요구된다. 개별성은 보편성과 특수성의 틀 안에서도 각 개인이 지니는 유일무이한 특성을 의미한다. 인간은 보편적인 존재로서 기본적인 틀을 공유하지만, 특정한 문화와 사회적 맥락 속에서 그 고유한 색깔을 입게 되고, 그 안에서도 개개인의 독자적인 삶의 궤적을 그리며 유일무이한 존재로 살아간다. 신자유주의적 개인화는 타인과의 관계를 경쟁 관계로 설정하거나 도구적 관계로 전락시키는 경향이 있다.

개별성은 주체의 정체성이 끊임없이 생성되고, 실천을 통해 획득되며, 다양한 비-인간적 요소들과의 관계 속에서 유동적으로 형성되어 가는 과정임을 드러내는 중요한 키워드다. 결국 이 세 가지 차원 (보편성, 특수성, 개별성)은 독립적으로 존재하는 것이 아니라, 마치 겹 겹이 쌓인 옷처럼 한 인간을 구성한다. 이는 우리가 세계와 그 안의 존재들을 이해하는 방식을 근본적으로 바꾸고, 우리 자신과 타자를 더욱 유연하고 열린 시선으로 바라볼 수 있게 해준다.

2007~2008년 미국발 금융위기는 재정 영역, 경제 영역으로 그리 고 다시 정치와 사회에 이르기까지 확장된다. 트럼프 시대가 열리면 서 세계 질서는 급박하게 재편되기에 이른다. 그간 누적된 동요는 지 구 전역에서 집단으로 들고일어나 진보-보수 포퓰리즘의 정치 현상 이 부상하여 진영논리에 입각한 정치적 대립 구도를 형성한다. 그것 은 한때 전면적인 정치 헤게모니의 위기로 모습을 드러냈다. 신자유 주의 통치성은 어느덧 일상의 삶에 스며들어 제도적으로 안착되어 진보-보수 진영 간의 위기관리 핑퐁게임을 뒷받침하면서 개별성의 해방 정치는 실종되는 사태에 이르게 된다.

이러한 절박한 질문들을 품고, 20세기 서양 철학의 가장 심오한 통찰들을 통해 신자유주의적 통치성에 대한 대안적 사유의 길로 나 서고자 한다. 그것은 정치의 새로운 지평을 여는 문제설정이며 이는 경제위기, 불평등 위기, 돌봄 위기, 감염병 위기, 기후 위기 등이 서 로 얽혀 있는 복합적 위기에도 그 실마리를 제공할 것으로 믿는다. 우리는 이 여정에서 미셸 푸코와 한나 아렌트를 중심으로 스피노 자, 들뢰즈, 하이데거, 메를로퐁티, 존 듀이 등 거장들의 사유를 소환 하여, 개인이 어떻게 예속화(subjugation)되는지 진단하고, 그 속에서 어떻게 존재론적 각성을 이루며, 궁극적으로 구체적인 정치적 대안 을 모색할 수 있는지 탐구한다.

2장에서 푸코는 현대 권력의 작동 방식을 해부한다. 권력-지식

(power-knowledge)이 어떻게 개인을 미시적으로 규율하고 생명을 관리하여 예속화하는지 냉철하게 분석한다. 푸코는 신자유주의적 통치성이 어떻게 '생명정치(biopolitics)'라는 이름으로 우리의 삶과 몸, 욕망까지도 관리하고 규율하는지를 폭로한다. 푸코는 신자유주의에 대해 단순한 비판이나 반대보다는 분석적인 태도를 취한다. 푸코는 신자유주의가 단순히 외부의 억압적인 힘이 아니라, 우리 스스로가 자신을 규율하고 통제하게 만드는 내면적인 지배의 형태로 작동한다고 본다. 이는 푸코가 신자유주의의 내재적 논리와 권력의 새로운 형태를 깊이 이해하려 했음을 보여준다. 결국 푸코는 신자유주의가 어떻게 인간의 행동과 사고방식을 재편하고, 새로운 주체성을 형성하는지, 즉 개인을 '예속화'하는 메커니즘을 파헤치려 했던 것이나. 푸코는 이러한 배경에서 '자유'가 단순히 권력 밖의 공간에 있는 것이 아니라, 이 권력관계의 그물망 안에서 끊임없이 저항하고 새로운 삶의 방식을 창조하는 '자유의 실천'이자 '실존의 미학'임을 역설한다.

이러한 저항과 자기 형성 동력은 어디에서 오는 것일까? 이것은 예속된 주체에 대한 내재적 접근으로부터 해방의 정치를 모색하는 것이어야 한다. 3장에서는 이 문제에 초점을 맞춘다. 정치는 주체적인 것 그 자체로부터 사고해야 한다. 우리는 여기서 감각과 정동(affect)의 힘을 발견한다. 스피노자는 모든 존재자가 자신의 존재를 지속하려는 '코나투스(conatus)'라는 내재적 충동을 가진다고 말한다. 이 코나투스는 단순히 살아남으려는 것을 넘어 자신의 힘을 증진시키려는 내적인 동력이며, 정서(affect)는 이 코나투스를 강화하거나 약화하려는 몸과 마음의 변화다. 긍정적인 정서의 고양은 곧 자유와 기쁨의 경험으로 이어진다. 신자유주의적 통치성이 우리의 코나투스를 특정한 방향으로 왜곡하고 정서를 관리하려 할 때, 스피노자의 통찰은 자신의 내재적 힘과 기쁨을 되찾는 근원적인 '감각 해방'의 회로를 제안한다.

여기에 들뢰즈는 스피노자의 정서 개념을 확장하여 정동을 개인을 넘어서는 비인격적인 힘, 몸이 몸에 미치는 힘이자 잠재태의 영역으로 이해한다. 정동은 언어로 포착되지 않는 원초적인 감각의 강도이자, 우리의 고정된 정체성을 뒤흔들고 새로운 관계 맺기와 생성의 가능성을 열어주는 전-개인적인 힘이다. 규격화되고 표준화된 '감정' 대신, 살아있는 몸과 비인격적 '정동'의 흐름에 자신을 개방하는 것은 생명정치의 관리적 시선으로부터 벗어나 우리의 감각을 해방하고 새로운 삶의 형식을 상상하게 하는 핵심적인 경로가 된다.

메를로퐁티의 감각 존재론(sensory ontology)은 이러한 감각 해방의 근원적인 터전을 제시한다. 그는 '지각의 우위'를 역설하며, 우리의 몸이 세계를 단순히 수동적으로 인지하는 도구가 아니라, 세계와 깊이 교차하며 상호 작용하는 '살아있는 살(flesh)'임을 보여준다. 언어나 개념적 사유 이전에, 우리의 몸은 세계와 직접적으로 교감하며 의미를 생성한다.

생명정치가 몸을 관리의 대상으로 파편화하고 우리의 감각을 특정 정보와 쾌락으로 재단하려 할 때, 메를로퐁티의 통찰은 우리의 감각을 다시 연결하고 재활성화함으로써 세계와의 근원적인 교감을 회복하고, 그 속에서 새로운 지각과 존재의 방식을 발견하는 길을 열어준다. 이러한 감각적, 정동적 해방은 단순한 쾌락이나 주관적 경험에 그치지 않고, '심미적 이성(aesthetic reason)'이라는 새로운 형태의 사유로 확장될 수 있다. 심미적 이성은 생명정치의 계산적이고 관리적인 논리를 넘어서, 삶의 풍요로움과 다양성을 지켜내려는 비판적 사고의 근간이 된다.

　마지막으로 4장에서는 한나 아렌트의 『인간의 조건』에서 다룬 세 가지의 활동적 삶 — 노동, 작업, 행위 — 에 기반하여 하이데거의 존재론과 푸코의 권력 분석을 뛰어넘는 '정치의 영역'으로 우리를 초대한다. 아렌트는 하이데거의 존재론적 통찰을 인정하면서도, 그것이 고독한 사유에 머물러 '세계'와 '정치적 행위'를 간과한 점을 비판한다. 또한 아렌트의 '행위' 개념은 푸코의 '자유의 실천'이 가진 개인주의적 한계를 넘어설 수 있는 길을 제시한다. 푸코가 '자신과의 관계'에서 자유를 찾았다면, 아렌트는 '타인과의 관계(복수성)' 속에서 공적 자유를 실현하고자 한다. 한편 듀이는 아렌트가 '사회적인 것'이라고 경계했던 '생존의 문제'나 '경제적 문제' 까지도 민주적 탐구와 협력적 의사소통의 장으로 끌어들여야 한다고 주장한다. 즉, '생명 유지'의 문제도 일방적 관리의 대상이 아니라, 시민들이 함께 고민하고 해결해 나가야 할 '공동의 문제'이며, 그 과정 자체가 민주주의적 행위가 된다. 아렌트의 '행위'가 새로운 '시작'을 강조한다면, 듀이는 이 '시작'이 단발적인 사건에 그치지 않고, 사회 전체의 '습관'과 '제도' 속에서 끊임없이 재생산되고 성장하는 과정이 되어야 한다고 역설한다.

　그런데 푸코의 '실존의 미학'과 아렌트의 '공적 영역에서의 다원성'은 모두 개별성에 강한 초점을 둔다. 푸코에게 개별성은 결코 개인주의적 고립이나 정치의 포기를 의미하지 않는다. 예속화된 주체로부터 벗어나 새로운 주체(subject)를 능동적으로 생산하는 과정은, 대규모 혁명적 행동이 아니더라도, 지배적 규범과 질서에 균열을 내는 정치적 행위가 된다. 이 개별적 실천은 타인과의 관계, 사회적 규범과의 관계 속에서 끊임없이 시험되고 형성되며, 궁극적으로는 이러한 '탈주한' 개별자들이 모여 새로운 공동의 삶의 방식과 정치적 가능성을 모색할 수 있는 기반을 마련한다.

실뱅 라자뤼스(Sylvain Lazarus)가 『이름의 인류학』에서 강조하는 '개별성'은 단순히 '각자의 고유한 특성'을 넘어선다. 라자뤼스는 정치적 주체가 '노동자', '여성', '시민' 등과 같은 보편적 '이름'으로 명명되기 이전에, 혹은 그 이름으로 완전히 환원될 수 없는 각 개인의 고유한 '명명될 수 없는 이름들'을 지니고 있음을 강조한다. 이 '명명될 수 없음'은 각 개인의 삶의 조건과 경험이 지닌 복합성, 구체성, 특이성 때문이다.

푸코의 경우, 그가 비판하는 '규범화'와 '표준화'는 곧 '개별성'의 말살 시도다. 푸코는 권력이 '개인'을 어떻게 구성하고 규율하는지를 밝혀냄으로써, 그 지배로부터 벗어나 '다른 방식으로 존재하려는' 개별적인 자유의 실천 자체가 '미시정치(micropolitics)'의 핵심이라고 본다. '개별성의 정치'는 푸코적 의미의 생명정치적 예속화에 대한 가장 근원적인 저항으로 작용한다. 진정한 해방적 정치는 라자뤼스가 포착한 '명명될 수 없는 개별성'을 소거하고 하나의 보편적 범주로 환원하는 것이 아니라, 오히려 그것을 존중하고 발현시킬 수 있는 가능성을 모색하는 데서 시작한다. 이처럼 규정 불가능한 개별성은 통치성에 완전히 포획되지 않는 '남아있는 잉여'이자 새로운 정치적 가능성의 잠재태가 된다. 개별성에 대한 이러한 관점은 '정치가 실종된 시대'에 정치의 새로운 장을 열어젖히는 시도로 이해할 수 있다.

이 책 역시 여태까지 그래왔듯이 현장에서 신자유주의 통치성에 맞선 미시정치에 대하여 정리한 또 하나의 학습노트에 불과하다. 복잡하게 얽힌 현대 철학의 논의를 핵심 개념들로 압축하여 재구성하는 사유 실천의 장을 마련한 것이다. 학습노트의 내용적 구성을 돌담 쌓기에 비유한다면 당연히 돌과 돌 사이에 빈 공간들이 있을 수밖에 없다. 학습에 들인 공력(功力)이 부족한 탓에 그 빈 부분들에 대해서는 사유실천의 여백으로 생각하며 독자와 그 몫을 감히 나누고자 한다.

　나름대로 추구하고자 한 바를 요약한다면, 사회 곳곳의 현장에 뿌리내린 신자유주의적 통치성 아래 개인이 겪는 예속화의 문제를 진단하고, 그로부터 '감각 해방'을 통해 '자유로운 주체'를 구성하며 '정치적 삶'을 재활성화하는 구체적 해법으로 '개별성의 복권'을 제안한다. 역사는 우리가 바라는 해방의 시나리오대로 전개되지 않는다. 그리고 감히 미래를 짐작하기에는 아직 너무 이른 감이 있다. 독자 여러분이 이 책을 통해 우리의 몸과 감각이 가진 잠재력을 발견하고, 자신만의 감각 해방의 회로를 찾아 '살아있는 정치'의 주체로 거듭나기를 진심으로 바란다.

2025년을 보내며 석바위 연구실에서

현광일

목차

3장
자기보존과 감각 해방의 회로

4장
아렌트의 『인간의 조건』을 통해서 본 삶의 삼중주

1장

—

그대는 어떻게
살 것인가?

1) 문제는 개인이다

- 개인주의의 불안과 자유주의의 한계

갈수록 삶이 팍팍하고 경쟁이 치열한 세상이 된다. 인터넷으로 쇼핑하고 배달 앱으로 음식을 배달해 먹고, 인스타나 페이스북으로 소통하는 디지털 환경에서 번잡한 일상에 얽매인 채 정신없이 바쁘게만 살아간다. 각자도생과 무한경쟁을 향해 달려가는 현대인들은 걱정 가득한 나날과 잠 못 이루는 밤을 보낸 끝에 심지어 스스로를 불행한 존재라고 규정하곤 한다. 한동안 '열린 사회'라는 개념이 개방성을 중시하며 스스로 결정을 내리는 자유로운 사회를 의미했지만 현대 사회는 개인주의로 인한 불안이 만연하게 됐다. 아마 그것은 있는 그대로의 자신과 홀로 직면하지 못하기 때문일지 모른다.

근대 이래 자율적인 개인이 등장하고 자유 개념이 확립됐지만, 그 자유는 또 다른 고정관념으로 자리 잡기도 했다. 모든 개인은 법 앞에서 자유롭다. 법 앞의 자유란 공적 자유를 말한다. 물론 사적 존재로서의 개인도 자유롭다. 그러나 아쉽게도 이 근대의 자유는 구체를 잃고 추상으로 남았다. 근대는 인간의 자유를 입으로만 외칠 뿐 오히려 획일성을 강조함으로써 자유를 갈망하게 했다. 합리적이고 효율적인 삶의 방식은 삶의 구체성을 외면하고 삶을 추상화시켰기 때문이다.

20세기의 후기 자본주의에서부터 자율적으로 사고하고 행위 하는 주체의 소멸을 낳았다. '대량생산과 대량소비'의 대중문화가 범람하고 대중사회의 부상에 따라 개인은 언제나 동일하고 사회적으로 규격화된 삶의 형식을 강요당한다는 것이 아도르노의 진단이다. 상품의 교환과 판매, 화폐와 이윤의 축적을 추구하는 자본주의적 생산관계는 과연 개인의 고유한 삶을 가능케 할 것인가? 요컨대 역사의 진행 과정은 오히려 '개인'의 범주를 강조해 왔던 자유주의적인 근대와 자본주의 사회가 역설적으로 개인의 범주를 소멸시키고 있음을 보여준다. 자율적 주체가 소멸했다면 이는 곧 윤리의 불가능성을 함축한다. '올바른 삶'은 오늘날 더 이상 가능하지 않은 것이다.

서구적 근대화 과정에서 가장 저변에 흐르는 경향은 자유주의적 가치의 확산이다. 자유주의라고 하는 이데올로기는 구시대의 신분질서와 낡은 규범들을 극복하는 데 기여했다. 그리하여 우리는 이제 모두가 개인이 되었다. 개인이라는 단어만큼 우리에게 익숙한 것도 드물 것이다. 개인은 서구의 자유주의 담론이 자아 개념을 특정한 방식으로 정식화한 것이다. 오늘날 '개인'이라는 단어는 그것을 좋아하든 싫어하든 우리 삶에서 가장 보편적으로 사용되는 말 중 하나다. 그것은 존재론적 단위이자 사회정치적 단위이고, 우리 생활의 기본 단위인 것으로 파악된다. 개인은 사회와 국가로부터 반드시 보호되어야 하는 절대적이며 환원불가능한 존엄성을 지닌다. 이런 개인의 자율성을 위해서는 사회가 자유로운 개인들의 총합으로서 비(非)위계적 방식으로 조직되어야 한다. 그리고 우리들은 각자 하나의 개인으로서 저마다 '삶의 주인'이라고 믿고 있다.

현대 개인주의는 인간은 자기 운명의 창조자라는 현대적 믿음에서 가장 명백하게 그 소유적 성질을 지닌 채 등장한다. 예를 들면 '자기가 창조한 자신', 능력주의적 신념에서 더 이상 배타적은 아닐지라도 자기 이익을 추구하는 개인은 여전히 소유적이며 무한히 점유할 수 있다. 그런데 새로운 개인주의, 인간 사이의 유대와 사회적 연대 약화의 이면에는 부정적이기만 한 세계화라는 상황이 놓여 있다. 현대 사회에 놓여 있는 위험은 아무리 철저히 조사해도 개인이 찾아낼 수는 없고 개인이 가진 수단으로는 확실히 확인하거나 반증할 수 없다. 찰스 테일러는 이로 인해 개인의 자유와 자기 결정권이 상실하게 될 것이라는 우려를 나타낸다. 결국 테일러의 진단은 자유주의가 확장한 자유 개념은 현대의 위기를 부른 근본 원인이라고 보고 있다는 점에서 자유주의적 자유 개념에 대한 근본적인 재검토가 필요하다고 할 수 있겠다.

개인은 상당한 불신의 대상이 되기도 한다. 울리히 벡이 『위험한 사회』에서 날카롭게 지적한 바와 같이, 개인화는 '전문가들이 사회의 모순과 갈등을 개인이 해결해야 할 과제로 던져놓고 자기 생각에 따라 스스로 알아서 판단하도록 권유하는 것'으로 생각한다. 그 결과 사람들은 자신을 제외한 것들에 대한 관심을 줄여나가게 된다. 이를테면 개인을 합리적인 자기 이익을 추구하는 주체로 바라보는 관점을 공유한다. 이런 관점에서 개인은 합리적 최적자(最適者)이자 자신의 이익과 필요를 가장 잘 판단할 수 있는 주체다. 개인에 대한 자유주의적 관념의 등장으로 인해 기존에 폭넓게 사회적, 우주적 의미를 부여하던 행위를 상실하게 되면서 보다 높은 삶에 대한 목적의식을 잃게 됐다. 찰스 테일러는 이러한 목적 설정 상실로 인해 자기 삶에만 초점을 맞추게 되고 마음의 시야가 좁아지는 현상을 초래했다고 보았다.

모리스 블랑쇼에 따르면 개인이란 공동체가 와해되는 시련 이후에 남은 찌꺼기에 지나지 않는다. 개인은 본성상 - 그 이름이 가리키고 있는 것처럼, 개인은 원자이고 분할될 수 없는 것이다 - 붕괴가 낳은 추상적인 결과라는 것을 드러내 보여준다. 현대인에게 '군중 속 외로움'은 이제 하나의 정체성이 되어버렸다. 지나친 개인화는 각자가 각자 내부에 갇히는 폐쇄성을 양산했고, 이는 공동체라는 이름의 의미를 그저 표류하는 개인들의 집합 정도로 탈색시켜 버렸다. 그렇다고 '같음'에 대한 환상을 갖고 어떤 목표를 설정하여 유지되는 공동체를 구상한다면, 이는 파시즘처럼 또 다른 폐쇄성으로 가는 길임이 자명하다. 사람들은 '우리'라는 이름 아래 획일화를 요구하고 '같음'에 대한 지나친 동경과 환상을 가지고 있는 것 같다. 그렇기에 같은 이념과 가치를 공유하고 소속감의 기반이 되는 '공동체'라는 개념에 대해서도 비판적 성찰이 부재하다. 개성을 말살하고, 하고 싶은 말을 아끼고, 같은 옷을 입고 같은 생각을 할 때, 비로소 우리는 공존할 수 있는 건지. 획일화가 함께하기 위한 필수불가결한 조건인지에 의문을 품게 한다.

- 개인적인 것이 정치적인 것이다.

"개인적인 것이 정치적인 것이다." 이 말은 1960년대 페미니즘에서 발생했으며 미국을 휩쓴 여성운동의 구호였다. 개인이 사적 영역에서 경험한 억압과 차별이 공적 영역의 구조에서 연유하며, 그리하여 개인적 경험 또한 정치적으로 다뤄질 수 있음을 역설한다. 즉, 개인이 겪는 불평등과 억압은 단순히 개인의 문제가 아니라 사회적·정치적 문제이며, 이를 해결하려면 정치적 사회적 변화를 이끌어내야 한다는 것이다. 한때 가정폭력이나 성폭력은 개인적인 문제로 치부됐지만, 이는 가부장제와 권력의 불평등에서 비롯된 구조적인 문제라는 인식이 확산됐다. 이에 따라 성폭력 관련 법이 강화되고, 피해

자 보호제도가 정비됐다.

남성의 전유물이었던 '정치 영역'과 '정치 행위' 그리고 여성의 정치 진입을 사실상 불허했던 관습과 규범에 맞서 우리 삶의 가장 사(私)적인 것이야말로 정치의 영역에서 다뤄야 한다고 당당히 외쳤다. 여성주의자들은 여성과 여성성을 둘러싸고 발전되어 왔던 다양한 이미지와 표상, 이상과 가정, 그리고 실제에 의문을 제기하기 시작했다. 불평등한 성 체제를 구성하고 온존시켰던 재생산 구조에 관심을 돌리면서 여성의 본격적인 정치 참여는 누적된 지역 사회 문제를 비롯해 역사적으로 혜택 받지 못한 집단의 목소리를 반영하는 계기가 됐다. 교육 및 청소년 문제, 일자리 및 취약계층 문제 등을 근원적으로 해결하고자 개인적인 것이 정치화되는 시작점이 된 것이다. 비로소 개인적인 것은 세세를 변화시키기 위해 사용할 어떤 힘과 기술을 부여받는다. 개인은 사회적 활동과 행위를 통해서 생기는 감정, 욕구, 근심, 두려움을 모두 가지고 있다. 개인적인 것의 정치화는 물질적, 정신적, 사회적 생활에서 이러한 체현의 결과들을 부인할 수 없다.

60여 년이 지난 지금, 공적 영역은 나날이 넓어져 온갖 개인적 문제를 정치적 논의로 결부시킨다. 그야말로 개인적인 것이 정치성을 띠게 된 것이다. 일례로 청와대 국민 청원을 들 수 있겠다. 해당 사이트에는 분야와 입장이 천차만별인 개인적 문제의식이 쏟아진다. 부상된 문제에는 나름의 논리가 있으며 대체로 사람들을 설득하고자 한다. 이에 동의하는 사람들은 본인을 인증해 각자 하나씩 갖는 동의권을 행사한다. 한 사람이 제시한 논제가 여러 사람의 지지를 얻어 힘을 얻는 이 과정을 정치라 부를 수 있지 않을까?

이제 '개인적인 것은 정치적이다'라는 말은 너무나도 유명한 슬로건이 되었다. 차별받는 사람들을 생각해 보자. 차별은 구체적으로 어디서 발생하는가? 우리는 사적이고 친밀한 관계성이라는 구속을 깨닫고 그것을 밀쳐둠으로써 비로소 개인적 세계에 숨은 온갖 정치성에 비판적 눈길을 보낼 수 있다. 다양한 차별과 억압에 대해 자신들의 의식을 각성하고 변혁함과 동시에 사회를 바꾸려 하는 흑인 해방운동, 여성 해방운동, 장애인 해방운동, 성적 소수자 해방운동이 이 슬로건 아래에서 활동을 전개한다. 그 실천은 항상 존재적 계기를 가진다. 어떤 누구보다도 개인적인 것들 — 확신, 자명, 희망, 의기양양과 의심, 분노, 걱정, 절망 — 이 남아 있는 한 그것들을 억누를 수 없다. 아무도 그 자신을 변화시키지 않고는 세계를 변화시킬 것을 희망할 수 없다. 매우 결정적인 방식으로 그들의 개인적인 것들을 정치적인 것으로 만들었다. 사회 내 그들의 처지는 다 다르지만, 자신들을 운동의 주체로 자리매김할 때 이 슬로건은 기본 자세를 보여준다. 이러한 경향은 1980년대에 신자유주의의 강세와 더불어 강화된다. 사회운동은 계급 문제보다 서로를 가로지르는 차이의 축들을 중심으로 다양하게 형성되고 있다.

- 개인의 생존 이념으로 체화된 신자유주의

신자유주의는 1970년대 후반과 1980년대 초반에 대처와 레이건에 의해 본격적으로 추진되기 시작하여, 구(舊)공산권 붕괴 이후 세계적으로 파급된다. 신자유주의의 핵심은 시장 원칙— 탈규제, 민영화, 재정 긴축 — 을 부과하고 국가의 역할을 사유재산권, 자유시장과 자유무역의 보호로 한정 짓는 데 목표를 둔 정치경제적 실천들이다. 신자유주의는 오늘날 경제 범위를 훨씬 넘어서, 소유적 개인주의 철학에 기반을 둔 사회와 개인에 대한 모든 구상을 의미하는 새로운 헤게모니 구성체를 지칭하는 용어다. 이것은 금융 자본이 중심을 차지하는 새로운 자본주의적 규제 맥락에서 일어난다. 경제 금융화는 생산적인 경제를 줄여가면서 금융 부분을 크게 확장했다.

한국의 경우 신자유주의로의 이행은 1997년 외환위기 이후 본격화됐다. 그것의 부정적 여파로서 노동시장의 유연화, 대량 실업과 대량 해고, 비정규직 고용 증가, 소득 불평등 심화와 양극화, 신(新)빈곤층 등장 같은 현상들이 발생한다. 신자유주의는 광범위한 영역에 걸쳐 경제적 불평등과 정치적 공공성의 쇠퇴 및 사회문화적 배제를 산출하고 있다. 사회가 야만으로 퇴보한 상황에서 개인은 어떠한 삶을 살고 있으며, 살아야 하는가? 과연 거대한 사회적, 역사적 비극을 온몸으로 체험한 개인에게는 어떠한 삶이 가능할 것인가?

따라서 민주주의 이상의 근본적인 축 중 하나인 대중 권력은 약화됐다. 대중 주권은 더 이상 쓸모없는 것으로 선언되었고, 민주주의는 자유주의적 구성요소로 축소되었다. 그리하여 선거가 허용하는 것은 신자유주의 지구화에 대한 어떤 대안도 없다는 생각을 공유한 채 국익 우선의 명분을 내세운 중도 우파와 중도 좌파 정당 사이 양당 간의 권력 교체뿐이다. 오히려 대의제 정치는 해법의 주체가 아니라, 사회적 갈등을 정치 공학과 관리 수준으로 전락하도록 정치 악화의 원인 제공자와 같은 모습을 보여준다. 이 과정에서 '중도 합의'에 반대하는 이들은 극단주의자로 묘사되고 포퓰리스트로 비난받는다.

신자유주의 체제하에서 기초적 안전이 지속적으로 위협받는 상태가 장기화되면서 자신의 생존을 확보하려는 전략에 온 힘을 기울이게 된다. 사회학자 김홍중은 이들에 대해 신자유주의에 내재하는 주체의 이념형으로서 '생존주의자'라고 명명한다. 생존주의자들은 자기 관리, 자기계발, 자기통제 능력을 극대화함으로써 경쟁 상황을 성공적으로 돌파하고자 분투하는 존재들이다. 그는 항상적 불안, 항상적 노력의 주체다. 그들의 마음을 움직이는 욕망과 희망, 감각과 취향까지도 생존의 심성으로 주체에 체화되어 구체적 행위와 실천을 조정하게 된다.

시장화의 논리가 확장되면서 오늘날 신자유주의 작동 방식 속에서 시장이나 경제외적이라고 여겨지던 개인, 가족, 공동체, 정부 기관 등의 관계 설정 방식이 시장이나 경제의 영역으로 간주되고 재구조화되고 있다는 관점에서 신자유주의는 고전적 자유주의와 식별된다. 신자유주의는 모든 사회적 행위자들이 기업가 정신을 지니고 자기의 삶이나 활동을 경제 원리에 따라 조직하고 경영한 뒤, 그 결과에 스스로 책임을 지는 기업으로 구성하는 각자도생의 생존 이데올로기다.

신자유주의적 생존주의자가 추구하는 생존은 인간의 유기체적 실존을 구성하는 생물학적 생존도 아니며, 권리로서의 생존도 아니다. 그들이 추구하는 생존은 목숨을 부지한다는 의미가 아니라 여러 형태의 경쟁에서 밀려나지 않고 소수의 선택된 범주에 들어간다는 것을 의미한다. 신자유주의 경제의 '1인 기업' 이데올로기가 설파하는 자기-경영, 자기-가치화, 자기-규율, 자기-소비 등은 결국 생존주의자의 주체성 형태를 띤다. 이를 위해 신자유주의적 생존주의자는 스스로 계발하고 관리하여 인적자본을 확장, 생존에 더 적합한 주체로 스스로를 변모하기 위해 분투한다. 이 사회는 스스로 자본화한 자기 삶의 경영자가 되어 자신의 삶을 굴려서 부가가치를 창출하는 인적자본의 사회다. 이 사회에서 우리는 자신과의 관계에서 엄격한 자기통제를 실천하며, 동시에 타인들과의 관계에서는 경쟁 논리를 실천한다.

2) '개인' 관념에 대한 재조명

- 근대사회에서의 개인화

인간의 아기는 미성숙 상태로 태어나 그들을 돌봐주는 사람에게 전적으로 의존한다. 인간은 태어나면서부터 타인에 의존하여 개별적인 존재로 성장해간다. 개별적 존재로서 어린이 인격의 성장, 형성, 성숙이 오직 사회적 경험의 성장, 심화, 분화와 더불어 나타난다. 어린이에서 '나'의 개념은 타인의 개념으로부터 나타난다. 이것이 바로 인격은 우리 안에 있는 사회적인 것을 나타낸다고 말하는 이유다.

한편 인간은 자신만의 '나'를 의식하는 개별적 존재다. 인간이 나와 너로 구분되며 개체성을 띠게 되는 것은 사람에게 주어진 가능성이다. 개체적 존재가 된다는 것은 인간이 개별적 실존을 강조하는 것이다. 개체는 개체로서 유일함을 가짐으로써 개체다. 개체가 개체적이라는 것은 그것이 일반적·합리적 공식으로 환원되지 않는다는 것을 말한다. 데리다는 이러한 개체성에 대해 "아무개의 계산 불가능한 독특성"이라고 말한다. 그것은 개체가 시간 속에 반복되지 않는 단 한 번의 사건 — 일정한 지속을 가진 사건으로 존재한다는 것이다. 이것은 일반성과 군중성에 앞서는 인간 각자의 고유성과 개체성의 강조, 즉 실존의 강조라고 말할 수 있다. 동시에 그것은 의식적으로 선택한 행동으로 스스로 창조하는 것이다. 그래서 '개인화'의 개념은 주어진, 물려받은, 태생적인 사회적 특성으로부터 개인이 해방된다는 뜻을 내포한다. 개인화는 근대의 가장 두드러지고 중요한 특징이자 변화로 여겨진다.

마르크스를 비롯한 여러 학자들은 자본주의 또는 부르주아 사회의 성립과 더불어 개인이 발생한다고 한다. 이때 개인화 과정이란 개인들이 원초적으로 주어진 존재자가 아니라 어떤 과정을 통해 형성되고 변형되고 또 재생산되는 존재자들이라는 점을 뜻한다. '개인'에 대한 관념은 근대 부르주아 계급의 형성, 그리고 그들의 이데올로기인 자유주의 사상과의 긴밀한 연관 속에 형성된 것이 사실이다. 그러나 이를 이유로 개인의 자유라는 이념을 거부하는 것은 어리석다. 우리는 그 개인을 원점으로 나와 당신의 세계, 나와 그들의 세계, 나와 동시대 사람들과의 세계, 나와 선인들의 세계, 나와 미래를 살아갈 사람들의 세계를 동심원처럼 펼쳐지게 한다.

개체적 인간은 사회적 규정을 내포하고 있는 '사회적 존재'이기에 한 인간 존재가 개인으로 파악되고 규정되는 방식은 사회적으로 달라진다. 즉 개인은 사회적 교류방식으로부터 발생한다. 세상에는 정치, 경제, 가족 등 서로 다른 다양한 영역이 존재하는데, 각각 사회의 기능을 다하는 데는 고유의 '사회화 형식'이라는 것이 존재한다. 다시 말해 사회는 상호 행위 속에서, 상호 행위를 통해 이루어진다고 볼 수 있다. 상호 행위를 상세하게 검토함으로써 오히려 사람과 사람 사이의 거리 같은 것을 제대로 인식하고, 서로가 그 거리에 익숙해지는 관계성을 조용하고 은밀하게, 냉철한 시선으로 꿰뚫어 보는 행위에서 비로소 상대방에 맞선 관계하에 사회화하는 개인이 등장한다.

개인은 사회적 개인이고, 사회는 개인들의 연합된 조직이라고 할 수 있다. 그 개인은 타인과 함께 살아가는 주체로서 어떻게 하면 이치에 맞는 존재가 되는지, 왜 이치에 맞는 행위를 해야 하는지를 규정하게 되는 사회적 자아라고 할 수 있다. 그리하여 각 상황에서 내가 타인에게 어떻게 행동해야 하는지 타인과의 관계 형성법이나 교신법 등의 지식, 쉽게 말해 각 상황에서 적절하게 행동하기 위한 '처방전'으로서의 내용을 지혜로 습득하여 우리는 더는 반성할 필요가 없는 현실, '당연'한 현실로서 일상을 살아가게 된다.

세계를 변화시킴으로써, 우리는 우리 자신을 변화시킨다. 그렇다면 우리 중 누가 동시에 정신적으로나 물리적으로 우리 자신을 변화하도록 준비하지 않고 어떻게 사회 변화에 대하여 말할 수 있겠는가? 역으로 세계를 변화시키지 않고 어떻게 우리 자신을 변화시킬 수 있겠는가? 그 관계는 타협하기가 쉽지 않다. 그럼에도 불구하고 '우리의 세계를 바꿈으로써 우리 자신을 어떻게 바꿀 것이냐'라는 닭과 달걀과 같은 문제는 천천히 그러나 지속적으로 추진되어야 한다. 그러나 그 문제는 정치적 사람, 즉 나의 정치적 인격을 형성하는 힘을 바꿀 프로젝트로 이해돼야 한다.

물론 사회 변화는 개인으로 시작해서 개인으로 끝나지만, 개별화된 개인적 성장 또는 개인적 책임의 구현보다 더 많은 문제가 여기에 있다. 사회 변화에는 훨씬 더 많은 무엇이, 즉 계급의 이해, 정치적 힘, 폭력의 동원, 담론과 대중 의견의 화합 등이 개입된다. 그런 와중에서도 개인적인 것에 관해 '우리의 머릿속에 있는 파시즘'은 외부에서 구축된 어떤 것보다 훨씬 더 사악하다고 푸코는 우려했다.

- 보편-특수-개별의 교착으로서 개인

보편성은 모든 인간 존재에 해당한다. 모든 인간 존재에게서 관철되고 있는 인류의 공통적 속성이 보편성이다. 우리는 자신이 생물학적 자아라는 사실을 부정할 수는 없다. 인간을 움직이는 건 본능이다. 어떤 사람이건 공기가 맑고 햇빛이 많은 곳을 좋아한다든지, 먹을 것이 풍부한 곳을 선호한다든지, 부드럽고 온난한 기후를 선호하고 지나치게 건조하거나 추운 곳을 회피한다든지 하는 기본적인 경향은 공통되게 지닌다. 우리는 감각적이며 자연적 존재로서 우리 존재의 보편적 특성으로부터 결코 벗어날 수가 없다. 우선 인간 개체부터 생각해 보자. 인간은 태어나면서부터 다른 개체들에 의존하여 살아간다. 어머니가 주는 모유, 매 순간 호흡을 위해 필요한 산소, 추운 날씨를 막아주는 옷가지 같은 것 없이 갓난아이가 살아갈 수 있을까. 성인 어른 역시 한순간이라도 외부의 산소를 몸속으로 들여오지 못한다면 죽을 것이고, 12시간만 물을 마시지 못해도 생명의 위협을 느낀다. 인간은 자기 외부의 많은 타자들과 관계 맺지 않는다면 소멸할 수밖에 없다.

스피노자는 인간이 자연 속 하나의 개체로서 다른 개체들과 어떤 관계를 맺으며 살아가야 하는지에 대해 말하고자 했다. 인간을 포함해 자연 속의 모든 개체는 다른 개체들과 어떤 관계를 맺느냐에 따라 전혀 다른 존재 양상을 갖게 된다. 더 유능한 개체가 되거나 더 무능력한 개체가 되기도 하며, 생존하느냐 마느냐의 여부가 결정되기도 한다. 심지어 이전과는 전혀 다른 개체로 변화하기도 한다. 그런 점에서 스피노자의 윤리학은 도덕과 다르다. 도덕이 개인의 내면 세계를 향해 양심과 죄책감에 호소하는 일종의 초월적 계율을 지칭한다면, 윤리학은 인간이 다른 개체들과 맺는 관계 속에서 고려해야 할 내재적 규칙들을 지칭한다는 점이다. 스피노자의 윤리학은 개체들 간의 관계에 대한 존재론적이고 자연학적인 분석이자, 하나의 개체가 자신과 다른 개체들과 어떤 관계를 맺어야 하는가에 대한 규범들을 만들어내는 것이기도 하다.

개인성은 개체성의 인간적 형태에 불과하다. 개인의 독자성에서 출발하는 개체는 자신을 발견하고 형성하는 일을 운명으로 받아들이지 않을 수 없다. 이것은 간단한 차원에서 보면 생명의 원리라고 할 수도 있다. 마르크스에 따르면 개체적 인간은 자연적 존재로서 인간적 보편성을 담고 있는 유(類)적 존재의 속성을 갖는다. 어떤 경우에 있어서나 개체가 개체로서 존재한다는 것이 단순히 주어지는 것이라고만은 할 수 없다. 그것은 발견되고 형성되어야 하는 과제다. 여기에 깊이 관련되어 있는 것은 성장과 교육의 과정에 대한 이해다.

자신을 개별화하는 것은 우리의 유적 존재 일반에 속한 능력이다. 우리가 유일무이하게 개인이 될 수 있다는 것은 우리가 공유한 유의 생물학적 토대로부터 나오는 한 측면이다. 마르크스에 따르면 "자연적이고 신체적이며 감각적이고 객체적인 존재로서 [개인은] 시달리고 제약되고 유한한 존재다." 우리는 숨 쉬지 않거나 피 흘리지 않기를 결정할 수 없다. 왜냐하면 무의식과 마찬가지로 몸은 자기 고유의 임격하게 익명적 논리를 우리 삶에 부과하기 때문이다. 이런 사정을 염두에 둔다면 우리가 경험에서 수동성의 요소를 — 우리가 창조하는 것이 아니라 우리에게 부과되는 외적 상황을 — 부정하거나 피해 갈 수 없다.

보편성은 항상 특수성과 관련하여 존재한다. 즉 보편성과 특수성은 우리의 개념적인 운용과 실질적인 개입 내에서 독특한 계기가 되지만, 그 어느 쪽도 다른 것과 분리될 수는 없다. 보편성이 오히려 인간 동물의 동물성으로부터 성립하는 것이라면 특수성은 그 토대 위에서 사회성에 의해 중층결정되는 것이다. 즉 특수성은 사회적 일반성으로부터 도출된다. 다시 말해 특수성이란 사회적 일반성 내의 특정한 위치에 의해 규정되는 것이다. 예컨대 자본주의적 생산양식이라는 자본주의 사회의 일반성은 자본가. 지주, 임금노동자라는 특수성을 생산한다. 결국 이러한 특수성은 한 사회적 총체성 내부에서 다른 집단들과 집합적 차이에 의해 특징지어지는 것이다. 예를 들어

정의라는 개념은 특별한 경우와 상황으로부터 추상화의 과정을 거쳐 보편성을 얻는다. 그러나 그 개념은 사회적 실천에 의해 실제 세계에서 실현될 때 다시 특별한 것이 된다. 그러나 이러한 과정의 조화는 매개하는 제도에 달려있다. 어떠한 사회적 질서도 보편성의 질문에서 벗어날 수 없다. 예를 들어 주어진 영토 또는 특정한 사회적 집단 간에 언어와 법률, 그리고 관습 등 이러한 매개 제도는 특수성과 보편성 사이를 번역하고, 그리고 대법원과 같이 보편적 권리의 보호자 및 그 적용의 중개자가 된다. 보편성과 특수성을 매개할 수 있는 제도의 형성은 매우 중요하다.

한편 헤겔과 마르크스에게서 개별성은 특수성 뒤에 오는 것이다. 헤겔과 마르크스에게 개별성은 특수성에 대한 반성으로부터 도출된다. 그러나 과연 자본주의와 더불어 인격적 독립성과 자율적 결정 능력을 가지는 의미의 '개인'이 성립하는지는 자명하지 않다. 부르주아 사회의 성립과 더불어 개체적 인간의 인격적 독립성과 자율적 결정 능력이 강조되지만, 그렇다고 해서 그러한 능력들을 갖는 개인이 단지 부르주아 사회와 함께 발생한다고 말하기는 어렵다. 푸코는 1975년에 출간된 『감시와 처벌』에서, 평등과 자유에 입각한 근대 민주주의 정치제도의 기원에는 예속화 메커니즘으로서 규율권력이 존재한다는 것을 밝힌 바 있다. 규율권력에 따를 경우, 규율권력을 통해 제작된 개인들은 자본주의 체계의 재생산 속으로 완전히 포섭되고 만다.

또한 마르크스는 『독일 이데올로기』에서 자본주의 사회의 개인성이 보편적 개인성에 이르지 못하고 계급적 개인성으로 존재한다고 지적한다. 계급적 개인성이 뜻하는 것은 무엇일까? 그것은 바로 계급적 개인의 개별성이 자기 계급의 특수성의 한계를 벗어나지 못한다는 것이다. 노동자적 개인의 개별성은 노동자적 특수성 내부에 머문다는 것이고, 부르주아적 개인의 개별성은 부르주아적 특수성 내부에 머문다는 것이다.

우리의 출발점으로서 보편성이 우리를 특수성 속에서 특수자로 머물게 하지만, 이 특수자는 '자기 자신으로 있는 것'이 아니다. 따라서 관건이 되고 있는 개인은 개별자다. 자신만의 고유한 내적 세계를 가진 개별자가 그것이다. 물론 개별자는 '사회적인 것'으로부터 벗어나 있는 존재가 아니다. 다시 말해 '무연고적' 자아로서의 개인이 아니라 오히려 사회관계의 다양성 속에 새겨진 '주체 위치들'의 한 집합으로 구성되는 하나의 자리로서의 개인인 것이다.

– 보편적 개인, 개별성으로의 회귀

보편성-특수성-개별성 범주는 모든 현상, 모든 형태의 존재자들에 적용될 수 있다. 하지만 이 글에서 문제가 되는 것은 한 개체적 인간 내부에서 교착(交錯)되는 보편성-특수성-개별성이다. 헤겔의 말에 따르면 "보편성과 특수성은 한편으로는 개별성의 생성의 계기들로 드러난다." 즉 보편성과 특수성은 개별성으로 회귀하여 심층적 자기 자신을 되찾아야 한다는 것이다.

그렇다면 보편적 개인성과 개별적인 '나'는 필연적으로 연관되는가? 즉 둘 사이엔 아무런 불화가 없이 이 필연적인 연관 문제는 해결되는가? 그렇다면 보편적인 개인성과 개별적인 '나' 사이의 관계는 어떤 것인가? 예컨대 데카르트가 '나는 생각한다. 고로 존재한다. 나는 생각하는 것이다'라고 했을 때, 보편적 개인성(생각하는 나)와 개별적인 '나'(존재하는 나)가 어떻게 연관되는지 제대로 해명하지 못하고 있다고 칸트는 문제를 제기한다. 그리하여 칸트는 코기토에 새로운 요소를 도입했는데, 바로 데카르트가 거부한 시간이 그것이다. 칸트에 따르면, 내가 직접적으로 확실하게 인식한다는 것은 시간이라는 직관 형식 아래 주어진 것을 사유 형식인 범주의 매개를 통해 인식한 현상에 지나지 않는다는 것이다. 다시 말해 우리가 시간 안에 있으며, 우리의 주체성은 오직 시간 속에서 그리고 시간을 통해서만 분명하게 해명될 수 있다고 말하고 있다. 일단 내면성이 시간화되고 나면 데카르트적 코기토의 정태적인 형태는 유지될 수 없게 된다. 칸트는 시간 규정을 통해서야 비로소 보편적 개인성과 개별적 나는 필연적 연관을 성취하게 된다. 이와 같이 근대 철학은 주체의 두 양상, 즉 보편성과 인격적 개별성이라는 두 가지 화두를 가지고 있었다.

마르크스는 『독일 이데올로기』에서 보편적 개인성의 범주를 발전시킨다. 중요한 것은 일종의 실천적 범주로서의 보편적 개인성 속에서 특수성이 해체되고 개인성이 개별성과 합치된다는 것이다. 『독일 이데올로기』의 마르크스에 따를 때, 부르주아 사회에서 개인은 특수한 외적 규정성의 구속 없이 자유롭게 발전하는 것이 아니라, 계급적 규정성에 의해 각인된다. 부르주아 계급에서의 개인성을 부르주아적인 특수한 개인성으로, 노동자계급에서의 개인성은 노동자적인 특수한 개인성으로 등장하게 된다는 것이다.

반면 보편적 개인이란 개인에게 특수성을 부과하는 계급적, 성적, 민족적, 지역적 등등의 외적 규정들로부터 벗어난 개인이다. 예컨대 「인권선언」에서 자유롭고 평등한 존재자로서 선언된 인간은 추상적 개인이다. 그는 국적과 관계없이, 재산 유무에 관계없이, 피부색에 관계없이, 성별에 관계없이, 또 연령에 관계없이, 사람이라는 사실 그 자체로 인해 자유롭고 평등한 존재자로 간주되며 또 그렇게 간주되고 존중받을 권리를 지니기 때문이다.

인권의 담지자이자 인권의 '주체'인 사람은 추상적 개인이다. 더이상 특수한 부르주아적 개인이나 노동자적 개인이 아닌 개인 그 자체라는 것이다. 따라서 보편적 개인성을 성취한다는 것은 보편성에 대한 외적 규정으로서의 특수성들을 벗어난다는 것이자, 자신의 심층으로의 회귀로서의 개별성에 가닿는다는 것이다. 다시 말해 온갖 특수성들의 규정에 따라 자기 자신으로부터 벗어나 있던 보편성이 자신에게 외적으로 부과되어 있던 특수성들을 해체하고 다시 자기 자신으로 회귀하는 것이다.

여기서 문제는 특수주의를 편들어 보편주의를 기각하는 것이 아니라, 보편적인 것과 특수한 것 간에 새로운 유형의 접합이 필요하다는 것이다. 인권에 대한 추상적 보편주의가 특정 정체성들을 부정하는 데 사용될 수 있고 특정 공동체들에 적용되는 집단 정체성들의 몇몇 형식을 억누르는 데 사용될 수도 있다. 보편적인 인간적 차원의 개인을 거부하고 순수한 특수주의만 허용하는 견해 ― 그것은 본질주의의 또 다른 형식에 불과하다 ― 로 후퇴하지 말고, 서로 끊임없이 전복하는 다양한 정체성 형성과 집단적 정체성들의 교차를 통해 개인성이 구성되는 것으로 이해할 수 있어야 한다.

따라서 먼저 개인적인 것은 정치적이며 또한 정치적일 수 있는 방식으로 표현된 보편적 원칙의 흔적을 찾아보는 것이 중요하다. 보편성은 그 보편성을 가지고 행동하는 정치적인 개인의 밖에서는 존재하지 않기 때문이다. 보편성은 모든 시간과 장소에서 인간의 일에 영향을 줄 수 있는 추상화된 절대성으로 존재하지도 않고, 그 역할을 하지도 않는다. 그것은 모든 실천에 존재한다. 우리가 행위에 대한 성공적인 지침을 그 보편성에서 찾게 되면 ― 예를 들면 과학적 이해의 총체 내에서 우리가 하는 것처럼 ― 보편성은 우리의 세계관을 형성하면서 매개적 담론으로 제도화된다. 보편성은 주어진 것이 아니라 사회적으로 구성된다. 그러한 보편성은 억압에 맞서 저항하고 지배에 맞서 자신들의 권리를 쟁취하려는 인간들의 집합적 행위를 통해 발명된 것이다.

그런 점에서 보면 근대 민주주의가 추상적 개인의 보편성에 기초를 둔다고 했을 때, 여기서 기초의 역할을 하는 보편성은 실체적이거나 객관적인 것이 아님을 뜻한다. 어디에도 민주주의적 인간의 보편성을 가능하게 할 수 있는 객관적 토대는 존재하지 않는다. 오히려 그러한 보편성은 알튀세르가 말했듯이, 우발적이다. 삶은 그때그때의 우발성에 의해서 특정되기 때문이다. 인간에게 선험적으로 보이는 모든 형식화된 언어와 이념도 질서와 혼동 사이에서 출현하고 소멸한다. 수많은 우연 때문에 여러 문화들은 '우열 없이' 서로 포개져 있고 앞으로도 그럴 것이다.

개별성은 일상생활 속의 무수한 계기들을 통해 형성된다. 일상생활 속에서의 모든 형태의 마주침이 바로 그러한 계기들일 것이다. 문학의 고유한 기법이야말로 있는 그대로 주어진 개별성에 가닿을 수 있는 통로를 열어준다. 그 기법은 외적인 판단을 내리는 것이 아니라 사물들의 배치를 있는 그대로 그려내 사물들 자체로 하여금 스스로에 대해 말하도록 하는 것이다. 무엇에 관해 말하든 낱말들을 거치며 보편성을 갖게 된다. 예컨대 어떤 것이 푸르다, 둥글다, 더럽다고 말한다면 이 낱말들은 대상이 지닌 속성들이지 대상 자체가 아니다. 그에 비해 무엇이 어떤 이를 개별적인 사람으로 만드는지는 말하기가 곤란하다. 모리스 블랑쇼에 따르면 개별 실존이라는 수수께끼는 존재의 비밀로 남게 된다. 오직 문학에서만이, 특히 시에서 우리는 개별 사물의 실존에 눈을 돌리려고 지식과 정보의 영역에서 빠져나온다. 그래서 문학은 언어의 근원을 찾는 모험이다.

마르셀 프루스트가 『잃어버린 시간을 찾아서』에서 우리 눈앞에 펼쳐 보이는 것은 바로 개별자의 진리다. 그리고 개별성의 인식이 귀중한 것은 바로 그것을 통해서만 우리가 한 개인을 그의 고유한 내면에 따라 이해함으로써 인간의 진실에 가닿을 수 있기 때문이다. '개별자의 개별성'을 형성시킨 나날의 만남, 무수한 만남 그 자체가 이미 사회적인 것이다. 그러한 사회적인 것 속에는 이미 사회적 총체성이 배후에 깔려 있다. 아도르노의 개별성은 보다 온전하게, 보다 섬세하게 사회적인 것이다. 다만 우리들의 불충분한 인식 도구가 개개인의 개별성에 보다 완전하게 가닿는 것을 허용하지 않을 뿐이다.

3) 개인의 주체 없는 주체화 과정

– '주체'라는 개념에 대한 문제 설정

단적으로 말해, 근대 철학은 '주체란 무엇인가'라는 물음으로 전 개된다. 이러한 문제설정은 철학에서 '주체'라는 개념이 객관에 대응 하는 항으로서 해명될 만한 것을 품고 있다고 전제한다. 주지하다시 피, 데카르트가 의식하는 주체를 앎의 확고한 토대로 밝힌 이후, '대 체 이 주체는 어떤 선험적인 의식 구조를 가지고 있는가?' 또는 '인 식 대상이 어떻게 의식을 구성하는가?'라는 식의 질문을 하고 답하 는 철학사가 이어졌다. 결국 근대 철학은 '주체란 어떤 존재인가?'에 대한 문답의 역사라고 요약할 수 있겠다.

이에 반하여 소위 '68년'을 전후로 하여 현대 철학은 '주체는 어 떻게 형성되는가?'라는 물음으로 전환한다. 이 물음은 '주체'라는 개 념을 의심한다는 점에서 참신하다. 그것은 주체라는 개념이 보편성 을 띤 채 제시된 개념이 아니라 — 일례로 푸코에 의하면 — 주체는 역사적으로 구성된 개념이라는 것이다. 인간 존재는 객체에 대한 주 체의 관계로서 세계에 있지 않다고 할 수 있다. 그렇다면 하나의 인 간 개체가 주체로 구성된다는 것은 무엇인가? 생존과 쾌락의 충동 을 지닌 인간이라는 생물의 개체는 성장과 발달의 단계에서 '나'라 는 정체성을 가진 주체로 만들어진다. 즉, 나는 누구이며, 나는 무엇 이 되고 싶으며, 내가 들어와 살고 있는 이 세상은 어떠한 모습을 하 고 있으며, 나를 이미 둘러싸고 있는 다른 사람과의 관계, 외부 세계 와의 관계는 무엇이며, 나는 그것들과 어떠한 방식으로 안정되고 익 숙한 관계를 맺고 있는가에 대한 의식과 느낌을 지니게 되면서 나는 비로소 '나'라는 이름으로 이 세상에 존재하게 된다. 즉, '나'라는 주체는 집단의 신념, 가치관 등을 내재화하면서 구성된다.

'주체'는 종종 '사람'이나 '개인'과 바꾸어 쓸 수 있는 말처럼 쓰이곤 한다. 그러나 비판적 범주로서 주체[개념]의 계보를 둘러보면, 주체 개념이 실은 개인 개념과 정확하게 동일한 것으로 이해되기보다는 언어학적인 범주나 자리표시어(placeholder) 또는 형성 과정에 있는 어떤 구조를 지칭하는 개념으로 이해되어야 한다는 것을 알 수 있다. 듀이에 따르면 근본적인 언어에 대한 경험은 대화하는 두 존재가 자신들의 사회적 상호작용에 기능적으로 협조하고자 사용하는 제3의 대상에 반응하면서 상대방의 입장에서 받아들이는 것이다. 이를테면 어린이들은 언어를 사용하면서 매우 단순한 형태의 역할 담당을 하기 시작한다. 즉, 자기 자신이 사용한 의미 있는 상징들을 객관적인 형태로 듣게 되고 그 자신들의 생각이나 밀들을 객관적인 입장에서 보게 된다.

발달 과정에서 보면, 어린이들이 점차로 역할 담당을 하게 되는 능력을 발달시킴에 따라 그들은 자신에 대한 복잡하고 통합되어 있는 개념들을 발전시키게 된다. 자아는 오로지 언어와 역할 담당을 통해서 나타나기 때문에, 그 본질상 사회적인 것이다. 이렇게 개인은 주체의 자리를 점유한다(동시에 주체가 '자리(site)'로서 출현한다). 그리고 개인들은 이른바 언어 속에 먼저 확립되는 한에서 [자신의 존재에 대한] 이해가능성(intelligibility)을 향유할 수 있다. 주체란 개인이 언어 이해가능성을 획득하고 재생산하기 위해 필요한 언어적인 계기다. 즉 주체란 존재와 행위성의 언어적 조건이다. 주체화의 과정을 겪지 않고서는 어떤 개인도 주체가 될 수 없다.

잘 알다시피 우리는 정신을 가지고 태어나지 않는다. 대신 우리는 사회언어적 실천에 참여하면서 정신적인 기능을 갖추게 된다. 사회적인 수단을 통해서만이, 즉 자신에 대한 다른 사람들의 태도를 얻게 됨으로써 자신은 대상이 될 수 있는 것이다. 정신이 있다는 말은 의미를 지닌다는 뜻이며, 의미는 사회언어적 교호작용 가운데 창발한다고 듀이는 생각했다. 마찬가지로 자아를 지닌다는 것은 자신의 행동을 타자의 입장에서 바라보는 태도를 지닌다는 것이다. 이렇듯 주체는 자신에 대해 제삼자적 관점을 취함으로써만 자신의 발생에 대해 거론할 수 있다. 다시 말해 개인이 주체가 됨으로써만 자신의 이해가능성을 획득하게 되는 것이라면, '개인'을 이해가능한 용어로 다루는 것은 이치에 잘 맞지 않는 것처럼 보인다. 역설적으로 주체로서 개인의 지위를 사전에 참작하지 않고서는 개인이나 그들의 생성을 이해할 수 있는 기준점 또한 있을 수 없다.

어린이는 타자의 몸짓 그 자체에 반응하기보다 상대방이 취하고 있으리라 추정되는 입장에 대한 몸짓에 반응한다. 어린이들이 몸을 통해 세계를 경험하고 해석하며 이를 그림과 노래, 언어와 비언어로 드러내고, 드러내는 과정은 곧 스스로 관찰한 것, 강렬한 경험을 스스로 편집하는 능력이 발달한다. 개인들이 자기 자신을 대상으로 보게 되는 것은 의미 있는 상징들을 사용하게 되고 역할 담당을 하게 되면서부터다. 다른 사람들의 역할을 가정할 때만 개인에게 자아는 존재할 수 있게 된다. 다른 사람들이 우리에게 취하는 태도를 알게 될 때에 한에서 우리의 자아는 나타난다.

- 자아 형성의 발생적 구조

인간에게는 태어나서 죽을 때까지 누구나 피할 수 없는 단적인 사실이 있다. 그건 바로 타인과의 만남이다. 이러한 점은 우리의 일반적인 경험을 통해서도 확인할 수 있다. 우리는 태어나자마자 타인들과 더불어 살며 타인들로부터 영향을 받으며 성장한다. 타인들은 내가 태어나기 이전에 이미 존재하고 있으며 내가 죽은 후에도 존재할 것이다. 타인들은 나보다 앞선 존재다. 어린아이는 태어나고 성장하면서 부모와 함께 살고 부모로부터 가르침을 받는다. 스스로의 힘으로 자신의 모습과 성품을 만들어 가는 것이 아니라 타인을 모방하고 영향을 받으면서 자신을 구성하게 되는 것이다. 따라서 나의 존재 안에는 이미 타인들의 존재가 들어 있다고 볼 수 있다.

아이가 태어나서 어릴 적 자신을 양육하는 대상과 '어떠한 상호작용을 하느냐'에 따라, 다시 말해 타인과의 관계에서 '얼마나 정서적 일치와 격려를 받느냐'에 따라 인간의 독립성과 밀접하게 관련된 자기 자신에 대한 긍정, 믿음의 정도가 결정된다. 도널드 위니컷은 자신의 내상관세이론을 토대로 엄마에게 전직으로 의존하던 아이가 성장하는 과정에서 자신이 보호받고 있다는 확신을 지속해서 가지게 되면, 아이는 엄마와 떨어져 있는 동안에도 —엄마의 부재 시에도 엄마가 '어김없이 곁에 있다'는 창의적 상상을 통해 — 아무런 걱정 없이 홀로 있을 수 있다고 주장한다. 이러한 신뢰가 엄마에 대한 아이의 '절대적 의존성'을 아이의 '창조적 독립성'으로 이행하게 하며, 아이가 다른 존재들과 '우정'을 나눌 수 있는 능력을 갖추도록 한다는 것이다.

듀이에게 영향을 미친 미국의 사회심리학자 조지 허버트 미드(George Herbert Mead)는 자아에 대해 출생 때부터 존재하는 것이 아니고, 고정불변한 실체가 아니며, 사회적 상호작용의 과정을 통해서 구성되는 것으로 주장한다. 부모님처럼 가장 친밀한 타인과의 만남부터 학교 친구, 동아리 친구, 같은 직장에서 일하는 동료, 콘서트나 이벤트 현장에서 함께 흥분하는 사람, 그리고 살아가는 동안 한

번도 만날 일 없는 무수한 타인 등 나라는 인간은 그야말로 수많은 타인과 다채로운 만남을 거듭하면서 성장하고, 사회화하고, 늙어간다. 이렇게 보면 자아는 실체가 아니라 하나의 형성 과정에 지나지 않는다. 자아는 타자들과의 대화나 상징적 상호작용을 통해 스스로 구성되는 것이다. 문화심리학자 비고츠키는 자아란 사회적 상호작용이 내면화된 결과라고 주장한다. 개별적 자아는 일단 개인 간의 상호작용에서 먼저 나타나고 그 후에 개인 내 과정으로 내면화된다는 것이다. 상황과 맥락에 따라 다양한 방식으로 구성되는 문화적 산물로서의 자아는 그래서 '분열적 자아'일 수밖에 없다. 아울러 '생각'이란 이렇게 각기 다른 분열적 자아 간의 '대화'로 설명할 수 있다.

미드에 따르면, 자아는 하나가 아니라 둘이다. 그래서 그는 자아를 '주격 자아(I)'와 '목적격 자아(me)'로 구분하여 대화를 풀어갈 때 자아를 'I'와 'me' 두 국면으로 접근한다. 미드는 강조하기를, "우리가 유일한 구경꾼이고 행위자인 영역, 즉 일종의 내적인 공개 토론장이라 할 수 있는 분야가 있다. 그 영역에서는 우리 각자가 자신과 협의한다. 우리는 어떤 드라마를 수행한다. 만약 사람이 격리되어 물러나 생각을 위해 앉아 있다면 그는 자신과 대화하는 것이다. 그는 질문하고 대답한다. 그는 어떤 사람과 대화하듯이 그의 생각을 개발하고 그러한 생각들을 조직한다. 그는 사실상 다른 사람과 대화하는 것보다 그 자신과 대화하기를 좋아한다."

자아는 사회 속에서의 상호작용에서 스스로 형성한다. 상호작용의 과정에서 타자들의 태도들이 me를 구성하고, 그것에 대해 I로서 대응하는 것이다. I는 개성적이며 주관적인 능동적 주체다. 미드에 따르면, '주격 자아'는 타인에 대해 가지고 있는 어떤 상이나 기대를 인지하면서 '목적격 나'에 대한 상상을 얻게 된다. 따라서 자기관계

는 나에 대한 타인의 관점이 나에게 내면화됨으로써 가능하다. 'me'
는 자아에 통합된 다른 사람의 조직화된 태도 혹은 기대이며, 'I'는
다른 사람의 조직화된 태도에 대한 개인의 반응인 것이다. 미드에게
'I'는 창의적이고 자발적인 인간 행동의 측면을 대표한다. 여기서 중
요한 것은 창의성이나 자발성이 사회과정 밖에서가 아니라 그 안에
서 발생한다는 것이다. 자아의 행동적인 부분인 'I'가 행동을 유발하
지만 'me'라는 성찰적인 자아의식에 의해 검토되기 때문에 'I'가 완
전히 행위를 이끄는 것은 아니다. 어떤 'I'도 절대 주체가 아니다. "주
체"는 없다. '주체화 과정'만이 있을 뿐이다.

– 경험-자아와 언어-자아

언어는 경험을 개념적으로 조직하는 일을 가능하게 해준다. 개념
이란 술어, 즉 행동하는 말이다. 개념은 우리가 만나는 대상과 사건
들을 분류하고 하나의 개별적인 사건을 일반적인 것의 예시 가운데
하나로 이해할 수 있도록 도와준다. 만일 언어가 없다면 우리의 체
험은 단순한 느낌 이상이 되지 못할 것이며 언어 없는 직관은 맹목
으로 남을 것이다. 언어는 사고의 저급한 형식을 개념으로 변형시키
기 위해 필요하다.

우리는 언어적 서술을 통해 사물의 감각이 주는 단순한 윤곽을
넘어설 수 있다. 이것은 오직 언어의 습득을 통해 대상의 정체를 밝
혀주는 체계적인 범주화의 방법을 배웠기 때문에 가능한 것이다. 이
처럼 언어는 사유의 필수적인 완성(보충)이자 인간만이 가진 능력의
자연스러운 발전이다. 그런 발전은 생리적으로 설명될 수 있는 본능
의 발전이 물론 아니다. 물론 정신적인 것이 의식적인 것이 될 수 있
도록 하는 데 언어가 필요하다. 의식적인 지적 활동 자체가 말을 수

단으로 해서만 형성되는 개념을 전제로 하기 때문에, 우리는 정신이 언어 없이는 불가능하다는 점을 보게 된다. 비고츠키에 따르면 사고는 표현되는 것이 아니라 언어로 완성되는 것이다.

과학 저널리스트 바스 카스트는 자아를 두 가지 차원으로 분류한다. 하나는 이성과 지성의 영역인 '언어-자아'다. 언어-자아는 이성적이고 논리적으로 행동하며, 주장들을 면밀히 검토하고, 개념들을 사용하여 세계를 분류한다. 이와 구별되는 것은 '경험-자아'다. 이 자아는 우리의 몸과 행동에 대해 느낌으로 말한다. 느낌은 충동을 동반하며 흔히 지성보다 훨씬 더 신속하게 판단을 내리지만, 거기에 이를 때까지 무의식 수준에서 이루어지는 모든 과정에는 더 많은 시간이 들어간다. 느낌을 토대로 결정하려는 사람은 자기 내면의 목소리에 귀를 기울일 줄 알아야 한다. 그러면서도 카스트는 말하기를 "일상생활을 하는 중에 무의식적인 경험-자아의 측면에 놓여 있는 것들을 가능한 한 의식적인 언어-자아가 나서서 결정해야 한다"라고 했다.

언어가 무의식에서 의식으로의 전환이라는 것을 염두에 둔다면 언어는 의식과 자유를 부여받은 존재에게만 속할 수 있다. 언어는 그 존재 내부에서 그 개별성의 깊은 심연으로부터 흘러나온다. 따라서 언어는 인간이 어느 정도의 힘과 어떤 형태로 자신의 모든 정신적인 개별성을 무의식적으로 끌어올려 작동시키느냐에 달려 있다. 사유는 언어 속에 내재된 정신의 산물을 현실화하는 정신활동이며, 언어는 어떤 특별한 노력 이전에 정신활동을 하기 위해 들을 수 있는 세계에서 잠정적이기는 하지만 적절한 안식처를 발견한다. "언어는 의식만큼 오래되었다"라면서 마르크스는 이렇게 말을 잇는다. "언어는 또한 타인들을 위해서 존재하는 실천적 의식이며 오직 그렇기 때문에 또한 나 자신을 위해서 존재한다. 의식과 마찬가지로 언어는 오직 타인들과의 교류의 필요성, 필수성에서 유래한다."

언어가 실천적 의식이고 언어를 이루는 기호들이 물질적이라면, 우리는 대번에 의식의 물질성을 이야기할 수 있다. 물론 언어는 어떤 의미에서 인간의 발명품이다. 그러나 언어는 우리로 하여금 어떤 완강한 힘을 깨닫게 한다. 근본적으로 인간의 창조물인데도 말이다. 따라서 인간 주체는 항상 어느 정도 자기 자신에게 낯선 자, 자신이 완전히 소유할 수 없는 힘들에 의해 구성된 자다. 언어는 어떤 개인의 작품도 아니다. 그래서 우리 인간성의 증표와도 같은 언어는 기이하게도 익명성을 띤다. 언어는 개인의 소유라기보다 날 때부터 우리를 둘러싼 환경에 더 가깝다. 대부분의 경우, 가장 훌륭한 시인들도 오직 무수한 사람들이 과거에 셀 수 없이 많이 사용한 단어들을 기져다 씀으로써만 자신의 가장 내밀한 느낌을 발설할 수 있다. 그리하여 우리는 인간이 비인간에서 유래한다는 역설에 봉착한다.

여기서 우리는 새로운 이성에 주목하게 된다. 그것은 나와 타인들의 공존 가운데 만들어지는 이성이며 이 이성을 잉태하려면 가장 원초적인 상호 주관성이 발견되어야 한다. 이성이 실천과 조우하려면 타자들이 필요하고 타자들이 공존하는 지각의 세계가 필요하다는 것이다. 사람들 각자의 의식은 다른 의식과의 관계 속에서 자신을 재발견하거나 자신을 상실하며, 사회적인 것의 완성은 상호 주체성, 개인들 간의 생생한 관계와 긴장 속에서 발생한다. 우리는 우리의 특수성을 포기함으로써 보편적인 것에 도달하는 것이 아니라 특수성을 타자들에게도 도달하는 수단으로 만들면서, 상황들이 서로 이해되게 하는 저 신비한 친화성 덕분에 보편적인 것에 도달한다.

2장

푸코의 권력과
개인의 예속화

1) 권력의 경제학과 생산적 권력의 출현

– 근대적 개인은 자유로운가

우리는 어떤 존재인가? 천부 인권의 권리를 가진 자유로운 존재인가, 일상적 억압 체계에 지배당하며 살아가는 존재인가? 우리는 어디에서 살아가는가? 자유롭고 주체적인 개인들이 만든 이상적인 사회에서 살아가는가, 삶의 곳곳에서 촉수를 들이대는 권력관계에 의해 감시받고 규율에 적용받으며 살아가는가?

단정적으로 말하기는 어려울 것이다. 그러나 한국 현대사를 생각하면 어느 쪽에 더 가깝고 어느 영역이 우리 삶을 더 많이 뒤덮고 있는지는 자명하다. 평생 거처하고 있는 공간에서 우리는 얼마나 자유로운가? 과연 학교가 자유로운가, 직장이 자유로운가, 가족이 자유로운가? 우리는 노동자이자 일반 시민으로서의 그의 권리와, 임금을 받는 종업원으로서 그의 입장이 서로 상충되고 있다는 점을 잘 인식하고 있다. 민주주의 사회의 한 시민으로서, 그는 자신의 견해를 가지고, 독자적인 결정을 내리며, 평등하게 취급되어야 한다는 점에서 이론적으로는 어디까지나 '자유'인 것이다. 그렇지만 한 사람의 종업원으로서의 그에게는 이러한 모든 권리가 부정되어 버린다.

푸코는 일상에 스며있는 정치적 권력관계를 전제하지 않은 채, 그것이 역사적 형성 과정을 거친 매우 구체적인 사실이라는 점을 망각한 채 개인의 자유를 말하는 것이 얼마나 공허한지를 말하려고 했다. 푸코에 따르면, 근대적 개인은 자유롭지 않으며 일상적 권력관계에 예속된 존재로서 감시받고 처벌받는 존재라는 것이 그것이다. 그래서 푸코는 관념적 휴머니즘의 근거가 되는 주권 모델을 포기해야 한다고 보았다.

주권 모델이 문제가 되는 것은 개인을 자연권과 원시적 권리의 주체로 상정함으로써 국가의 이상적 기원을 규명하는 것을 목표로 하기 때문이다. 개인을 주체적인 존재로 보는 것은 필요하나, 문제는 '개인이 온전히 독립된 계약의 주체로서 성립될 수 있느냐'하는 것이다. 푸코는 그렇지 않다고 보았다. 그는 "오히려 예속의 관계가 어떻게 신민들을 만들어내는지" 살펴야 할 것이며, "권력관계를 구체적으로 분석하기 위해서는 주권이라는 법적 모델을 포기해야" 한다고 주장한다. 그렇다면 푸코의 문제설정이 갖는 의미는 무엇일까?

- 개인의 예속화 현상

18세기 이래로 서구 사회의 주류적 시각은 계몽주의와 휴머니즘이다. 이 두 사상은 발전과 진보를 신뢰하며 개인을 자유의 근거로 삼는다. 주권 모델도 여기에 기반을 둔다. 대안을 모색하는 과정에서 푸코는 질문을 달리했다. 즉 "이상적인 신민이 스스로 예속 상태가 되기 위해 그들 자신과 자신의 권력에서 어떤 부분을 양보했는지를 묻기보다는 오히려 예속의 관계가 어떻게 신민들을 만들어내는지에 관해" 물을 것을 주문했다.

오늘날 권력은 억압적 모습을 앞세우기보다 자신의 모습을 감추려고 한다. 그러니까 권력의 편에서, 자기를 감추려는 것은 좀 더 효과적으로 작동하기 위한 방법으로 해석된다. 그러나 우리는 푸코를 따라 권력을 주체를 형성하는 것으로 이해한다면, 즉 주체의 존재

조건과 주체 욕망의 궤적을 제시하는 것으로 권력을 이해한다면, 이제 권력은 단순히 우리가 겨뤄야 할 것이 아니라 욕망과 권력이 우리의 삶 속에 뒤얽혀 있는 것으로 바라보아야 한다. 욕망이 있는 곳에는 어디나 복잡하게 얽힌 권력이 있기 마련이다. 그 권력이 단순히 개인의 외부에서 내부의 욕망 위로 작동하는 것이라면, 개인이 그것을 거부할 수 있다는 점에서 해방의 믿음을 가질 수 있지만, 권력이 개인의 욕망과 뒤섞여 이미 욕망을 구성하는 요소라면, 인간은 권력의 지배로부터 결코 자유로울 수 없다는 비관론에 빠질 것이다.

요컨대 푸코가 제기한 권력에 따르면 '우리'가 '우리의' 존재를 위해 권력의 조건들에 근본적으로 의존하고 있다는 점이다. 우리의 행위성(agency)을 시작하고 지탱하는 데 있어서 권력에 대한 근본적인 의존, 바로 그곳에 예속화(subjection)가 있다. 예속화는 주체가 되는 과정뿐만 아니라 권력에 의해 종속되는 과정을 의미한다. 어떤 주체도 권력 없이는 존재할 수 없다. 예속화란 말 그대로 주체의 구성과정이자 주체가 정식화되거나 생산되는 규제원리라고 할 수 있다. 그러한 예속화란 지배의 형식으로서 개인에게 일방적으로 작용하지만, 또한 주체를 작동시키거나 형성하는 권력의 일종이다. 그러므로 예속화란 단순히 주체의 지배나 그 생산을 의미하는 것이 아니라 생산과정에서의 제약을 지칭한다. 이 제한이 없다면 주체는 생겨날 수 없다. 이 제한 과정이 곧 주체의 생산과정인 것이다. 자기 자신에 외재적인 어떤 힘에 의해 지배당하는 것은 권력이 취하는 가장 익숙하고 고통스러운 형태다. 그러나 현재의 존재 방식이나 어떤 이가 주체로 형성되는 과정이 어떤 면에서 바로 그 힘에 의존하고 있다는 점을 파악하는 것은 또 다른 문제설정이다.

오늘날 계몽주의 시대의 유산이 전 세계적으로 확산된 민주주의 사회에 살고 있다. 하지만 그 속내를 살펴보면, 정보화 산업의 발전으로 일상의 곳곳에서 권력의 예속화 현상을 부추기는 기계와 장치가 유형, 무형으로 끊임없이 확산시키는 위기의 현실을 사람들은 위기로 받아들이지 않고 있다. 즉 개인의 예속화라는 위기의 현실임에도 불구하고, 위기로 느끼지 못하는 불감증이 계속 심화되어 가는 것이다. 권력은 더 이상 어떤 인물이 아니라 익명적이고 자동적인 기능을 담당한다. 산업문명의 발전과 함께 전방위적으로 확산되는 권력의 구체적인 방식, 그 특수성, 그 기법과 전술. 이 모두를 아우르는 사회 체제 속에서 인간은 계속 권력에 예속될 수밖에 없다. 그렇다면 현대사회에서 주체적이고 자유로운 삶은 과연 불가능한 것일까?

- 권력의 경제학과 자유주의

1975년에 출간된 『감시와 처벌』은 '감옥의 탄생'이라는 부제가 붙어 있는 책이다. 그렇다면 푸코가 '감옥'이라는 '새로운 관심사'를 통해 발견하게 된 테마는 무엇인가? 푸코는 프랑스혁명을 전후로 감옥 제도와 함께 만들어진 형벌 제도의 변화가 최소의 권력 투자로 최고의 복종 효과를 끌어내야 한다는 권력의 경제학과 어떤 관계를 맺고, 이것이 어떻게 조직적이고 체계적인 규율사회의 탄생을 유도하게 되었는지를 탐구한다.

핵심은 규율사회 내부에서 새롭게 생겨나고 있던 권력 개념과 그것이 행사되는 대상으로 이루어진 권력의 작동방식에 관한 것이다. 그것은 최고의 권력 효율성을 구현하기 위해 국가 기구와 수많은 신체들 사이에 신체 자체에 물질적으로 힘을 행사하는 "권력의 미시물리학" 지대가 있다는 것을 보여준다. 푸코가 말하는 '규율'이 가장 대표적인 사례일 것이다. 권력을 모세혈관 속에서 미시적으로 작동하게 하는 규율은 학교든 공장이든 감옥이든 가리지 않고 작동하는 권력의 테크놀로지다.

푸코의 입장은 권력의 중심만을 분석한 근대적 권력 분석과 다르다. 푸코에 따르면, 권력에 대한 물음은 무엇과 '왜'를 제거하고 '어떻게'로부터 출발해야 한다. '어떻게'라는 질문은 '권력이 어떠한 수단에 의해 행사되는가' 그리고 '개인이 타인에 대해 권력을 행사할 때 무슨 일이 일어나는가'라는 의미를 지닌다. 권력은 상대방과의 관계를 지시하는 것이다. 이것은 제로섬게임이 아니라 다른 사람을 유도하고 서로에게 서로가 따르게 되는 것과 관련된 행위의 어울림에 대해 생각하는 것이다. '어떻게'의 방식으로 권력의 주제에 접근하는 것은 권력 자체가 아니라 권력관계를 대상으로 삼는 것이다.

푸코에게 규율이란 권력 형태는 집단이나 다수 '위'에 군림하는 것이 아니라 다수의 조직 '안'에서 움직이는 기술이며, 그런 점에서 장치나 제도를 운용할 수 있게 하는 내재적 기술이다. 그러한 권력은 "사회적 장의 전 표면과 두께에서 관계 맺기, 연결, 전환, 배분 등의 시스템에 따라 작동"한다. 규율은 법률-정치적 구조에 종속된 것도 아니고, 그 구조의 직접적인 연장 형태도 아니다. 그렇다고 또한 독립적인 것도 아니다. 더 직접적으로 말해 본다면 법률적 구조가 작동할 수 있는 것은 규율 덕분이라고 할 수 있다. 형식적이고 법률적인 자유의 기반을 마련한 것은 사법 체계나 계약이 아니라 바로 신체중심적이고 현실적인 규율이라는 것이다. 이런 점에서 "인간의 자유를 발견한 계몽주의 시대는 또한 규율을 발명한 시대였다."

푸코는 계몽주의 시대인 18세기는 자유를 발명했지만, 동시에 견고한 감옥의 제도와 규율사회를 만들어냈다는 결론에 다다른다. 18세기에 나타난 자유주의 사회의 초기 형태는 푸코에게 권력 실천에 대한 문제를 제기했다. 초점은 행동의 규범적 틀에 관한 것으로, 권력의 '미시물리학'(『감시와 처벌』)과 광범위한 권력 기술을 분석하는 것이다. 즉, 감금하면서도 생산적인 다양한 층위와 강제력을 다룬다. 문제는 규범적 질서를 보장하고 유지하는 방법에 관한 것이었는데, 이는 자유주의 사회가 전제로 하고 조직해 가는 자유를 위태롭게 만들려는 게 아니라 실제로는 촉진할 방법이었다. 푸코는 '자유주의'를 이론이나 이념이 아닌, 실천과 현실의 문제로 분석하다가, "자유주의가 합리적 통치 행위의 원칙과 방법"으로 채택된 것이며, "통치의 합리화는 경제적 효과의 극대화" 원칙을 따른 것임을 알게 되었다고 말한다. 권력은 자유주의를 통해 통치 비용을 줄이면서 통치의 효과는 최대로 늘이는 효과를 거두는 한편, 과도한 지배와 억압이 초래할 위험과 부작용은 차단할 수 있기 때문이다.

푸코는 『감시와 처벌』에서 이미 주권 권력과 대비되는 규율권력의 작동을 통해 18세기의 공간의 질서화를 주장했고 이것은 결코 폭력 이데올로기로 전개되는 것이 아니라 특정한 규범을 갖춘 사회적 신체로 향함으로써 그 효과가 백분 발휘된다는 것을 보여준다. 푸코의 『감시와 처벌』은 인간의 자유를 신장시켰다는 18세기 계몽주의 시대의 신화를 무너뜨리고, 오히려 이 시대가 과거의 군주적 형벌사회와는 다른 규율사회를 만들어냄으로써 개인에 대한 권력의 감시와 통제를 강화했다는 논리를 창출한다. 푸코는 "죄인을 처벌하는 것보다 감시하는 것이 권력의 경제학이라는 관점에서 더 효과적이고 더 수익성이 높다는 것을 사람들이 깨닫게 된 시기가" 바로 "새로운 권력의 형태가 빠르면서도 동시에 느리게 형성되던 18세기와 19세기 초"였음을 말한다.

- 권력의 미시물리학

권력은 부단히 움직이고 변화하며 새로운 관계들에 따라 서로 결합하기에 우리 각자는 역학 관계, 권력관계의 복잡한 네트워크 내에 항구적으로 엮여 있다. 그리고 이 역학 관계의 원천은 사회라는 피륙을 형성하는 권력의 "미시물리학"에서 찾아야 한다. 이 역학 관계는 정치적일 뿐만 아니라 심리적이어서 예를 들면 범죄자와 동일시하는 외국인에 대한 혐오감을 불러일으키거나, 경제적인 실업과 빈곤 또한 사회 내 역학 관계의 영향에서 발생한다.

권력은 한 사람, 하나의 제도, 하나의 국가 등과 같은 단일한 원천으로부터 출원하는 어떤 것이 아니라 오히려 문제가 되는 것은 모든 수준에 퍼져 있고, 다양한 복수의 관계에서만 이해가 가능한 관계의 네트워크다. 푸코에게 권력은 지배 집단이 획득하여 소유할 수 있는 어떤 대상적 실체가 아니다. 권력은 지배 집단이 의도하는 전략적 입장의 총체적인 효과다. 그렇기 때문에 사회는 상이한 권력들의 군도다.

푸코에게 있어서 권력이란 우리가 일반적으로 알고 있는 어떤 실체로서의 권력이 아니라 사회조직을 구성하는 관계의 전체다. 이러한 권력관과 밀접한 관련을 갖는 것이 '관계론적 권력'과 '권력 효과'다. 권력은 결코 정치 이론의 대상으로서 실체적 권력이 아니고 일상 관계에서 작동하는 효과로서의 권력, 복잡한 힘들의 관계가 끊임없이 변화하는 역동적인 상호작용 속에서 행사되는 생산적 권력, 관계적 특성을 갖는 권력이다.

푸코의 권력론은 관계론의 특성을 띤다는 점을 늘 염두에 두어야한다. 다양한 권력 장치들은 서로서로 함께 작용하며 국지적으로 서로 결합하기도 하고 서로 반목하기도 하는 권력장을 이룬다. 그럼에도 불구하고 우리는 권력이 <위>로부터 발원한다고 믿는 경향이 있다고 한다. 하지만 실제로 권력은 <아래>로부터 발원한다는 것이다. 그렇기 때문에 권력관계의 원리 차원에서 일반적인 모태로서 지배자와 피지배자의 이분법적이고 총체적인 대립은 존재하지 않는다. 오히려 우리는 권력을 통해 다양한 복수의 관계들과 여러 종류의 권력의 매듭들, 즉 권력이 집중되고 그 효과들이 예를 들어 국가 내부에서처럼 다른 어느 곳보다도 더 잘 느껴질 수 있는 공간들 — 예를 들면 파놉티콘 — 을 확인할 수 있다. 거기서 관건이 되는 것은 권력의 역학관계가 작용하는 장에서의 권력 효과들이다.

푸코에게서 권력은 자주 '권력관계'로 표현된다. 이러한 권력관계는 부르주아 계급과 노동자 계급 사이에 존재하는 것이 아니라, 부모와 자식 사이, 교사와 학생 사이, 공사장의 감독과 노동자들 사이, 회사의 상사와 부하 직원들 사이, 연인들 사이, 매춘부와 고객 사이 등 어떤 사회에서나 존재할 수 있다. 권력관계는 고정되어 있지 않고 움직이는 것이며, 움직이고 변화하는 다양한 권력의 전략들이 개입된다.

우리는 푸코가 요구하는 분석의 수준이 권력의 미시물리적 수준이라는 것을 이해할 수 있다. 즉 우리는 신체를 에두르고 투여하는 소규모 과정들의 수준에서 권력을 연구한다. 그러므로 이는 국가의 생성이나 자연권에 대한 거대한 질문을 구성하는 것이 아니라, 교육의 세밀한 기술과 훈련의 세밀한 규칙을 연구하는 것이다. 푸코는 권력의 미시 과정을 분석하면서, 개개인이 사회적 규제와 통제의 실질적이고 효율적인 체제에 통합되어 한 사회의 구성원으로서 주체화되는 과정에 많은 관심을 기울였다. 그는 교육과 같은 현대의 사회적제도 안에서, 그리고 그것을 통해 작동하는 권력의 규율적 실제를 통해 이런 과정이 이루어진다고 주장한다.

푸코는 『감시와 처벌』에서 규율권력이 "질책, 금지, 거부, 억제"와 같은 부정적이고 소극적인 기능만을 맡는 것이 아니며 "적극적이고 유용한 일련의 결과 전체와 결합"되어 있다는 것을 강조한다. 또한 미시물리학에 속에서 "권력은 … 단순하게 일종의 의무 내지 금지로 강제되는 것은 아니"라고 말한다. 규율권력은 오히려 생산적이며 생산력을 극대화하는 방식으로 작동한다. 푸코에 의하면 규율에의 요구는 개별적 요소들의 생산적 힘을 '조립'함으로써 이 개별적 요소들의 힘의 총합을 초과하는 생산력을 만들어야 할 때 생겨난다. 규율권력은 '부정'과 '파괴'보다는 '생산'을 통해서, 그리고 순종적 주체를 생산함을 통해서 작동하며 궁극적인 목적은 생산력의 극대화다.

- 권력-지식의 문제틀

푸코의 권력 개념에서 특징적인 것은 권력이 "그것을 해서는 안된다"라는 식으로 금지의 명령을 되풀이하는 것이 아니다. 앞서 언급했듯이 근대 권력은 개입·통제·관리하면서 뭔가를 계속 생산한다. 즉 사람들 사이에서 유통되고 생산적이고 쾌락을 유도하고 지식을 형성하며 담화를 만들어내는 긍정적 기능을 한다는 것이다. 이를테면 신체에 규율을 입혀서 효율적인 개인을 생산하고, 개인에 대한 지식을 생산한다. 즉, 규율의 방식들이 개인에 대한 지식을 만들어낸다. 가령 학교, 병원, 공장, 감옥, 병영에서의 규율은 예속화의 지식을 끊임없이 생산한다. 권력은 권력 자체에 형식을 부여하는 지식 내에 통합될 수 있다. 즉, 권력과 지식은 서로 단단히 얽혀 있다. "이해관계를 초월한 지식"은 없다. 푸코의 철학은 권력-지식의 상관적 운동이라는 문제틀 속에서 이루어지는 것이다.

권력의 메커니즘에 대한 이러한 분석은 권력과 지식의 관계를 주목하고, 권력의 움직임이 어떻게 새로운 지식의 대상을 만들어내고, 지식은 어떻게 권력의 효과를 유도하는지를 전략적 차원이나 일상의 섬세한 부분에 이르기까지 대상화한다. 그리하여 권력과 지식은 분리되어 있는 것이 아니라 서로 맞물려 있는 것이며, 지식 없는 권력의 행사는 불가능하고, 권력의 효과가 없는 지식 또한 불가능하다는 것이 푸코의 주장이다.

『감시와 처벌』에서 푸코가 죄수의 주체화 양식이라고 묘사한 역설적인 특징에 대해 생각해 보자. 주체화라는 용어는 그 자체로 역설적인 함의를 담고 있다. 즉 어떤 권력에 예속되어야만 개인은 자율성의 형상을 가질 수 있게 된다. 이때 예속화란 발본적인 의존성을 함의한다. 『감시와 처벌』에서 죄수는 죄와 위반의 기호, 금지의 체현물이자 정상화 의식 또는 의례에 대한 제재로서 나타나지만, 또한 법적 주체의 담론적 매트릭스 속에서 그 틀이 만들어지고 형성되는 것으로 이해된다. 개인은 담론적으로 구성되는 정체성을 매개로 죄수로 형성되거나 정식화된다.

권력에 대한 푸코의 관심은 권력의 본질이 아니라, 벤담의 원형 감옥의 예와 같은 권력의 작동 방식에 있다. 벤담의 원형 감옥은 감시자가 없어도 권력 장치를 가동하게 한다. 즉, 이러한 새로운 권력은 지속적이고 훈련에 속하며 자율적이다. 푸코에 따르면, 이 원형 감옥은 지식 권력, 신체 통제, 통합된 훈련, 기술, 공간 통제 등을 훈련의 통일된 테크놀로지 안으로 한데 가져온다. 이러한 권력에서 중요한 관계를 맺고 있는 것은 지식이다. 지식은 권력에 의해 초구조적인 관계에 놓여 있지 않으며, 상호 투쟁적인 관계를 맺고 있다.

푸코의 '권력/지식' 개념이 '지식권력'이나 '지식=권력'으로 오해되지 않아야 한다. 푸코의 '권력/지식'은 '지식은 권력이다'라는 말을 의미하지 않는다. 푸코는 권력관계로부터 차단될 때만 지식이 있을 수 있다고 생각하는 데에도 반대했고 권력의 요구와 이해관계로부터 벗어나 초연해질 때만 지식이 발전할 수 있다는 주장에도 반대했다. 오히려 지식은 권력을 떠날 수 없으며 권력은 지식을 생산한다. 지식은 늘 권력 작용을 수반한다는 점에서 정치적이다. 지식과 권력은 밀접한 상관관계 속에서 서로를 요구한다. 예를 들면 정신분석학자가 어떤 사람이 정신병자라 규정한다면, 법률적 판결은 이것을 법률적으로 그대로 재가할 뿐이다.

푸코는 이러한 권력과 지식의 상호 함축적인 관계와 그 위험을 투시하고 투쟁하는 것이 진정한 지식인의 역할이라고 말한다. 즉 지식인이란 과거에는 스스로 진리의 담지자니 보편적 이념의 수호자로 자처했으나, 이제는 가정, 작업장, 실험실 등 스스로가 처해 있는 구체적인 상황에서 규율적 권력의 침투를 해체하고 상호 함축적인 권력-지식 관계를 투시하는 사람이다. 푸코는 전자를 보편적이고 통시적인 전 인류적 목표를 위해 투쟁하는 '보편적 지식인'이라고 부르고, 후자를 삶의 일상적인 현상에서 구체적인 목표를 위해서 투쟁하는 '구체적 지식인'이라고 부른다. 푸코가 근대적인 인식비판을 통해 나아가고자 했던 궁극적인 지점은 바로 이 구체적인 지식인상(像)에 있다.

2) 권력의 생산적 테크놀로지

- 푸코의 몸에 대한 전략

1970년대에 푸코는 『감시와 처벌』(1975) 그리고 『성의 역사: 앎에의 의지』(1976), 두 권의 책을 펴냈으며, 이 책을 통해 '감옥'과 '성'의 문제를 다룬다. 푸코는 감옥과 성의 주제가 권력과 어떤 관계를 맺고 있는지를 일상생활과 지적 담론의 차원에서 탐구한다. 푸코는 권력을 소유할 수 있는 대상으로 보지 않으며, 사회 속에서 촘촘히 연결된 그물망으로 파악한다. 권력의 그물망을 대상으로 한 그의 연구는 권력의 상층부에서 하층부로 내려오는 하강적 분석이 아니라 하층부에서 상층부로 향하는 상승적 메커니즘을 가지는 분석이라고 할 수 있다.

푸코의 권력 개념에는 먼저 전통적인 권력 개념이 있다. 푸코는 이를 '법률적 권력 개념'이라고 했는데, 이는 대상 외부에서, 중앙집권화된 방식으로 작동하면서, 금기와 검열의 방식으로 제한을 가하는 권력이다. 반면 미시권력은 중앙집권화된 방식이 아니라 각각의 고유한 출현 영역, 즉 학교, 교회, 공장 등에 내재하는 권력이다. 이들은 서로 대립하기도 하면서 세력 관계를 형성한다. 권력에 대한 푸코의 분석 작업은 미세하고 국부적인 권력의 움직임들이 어떤 경로를 거쳐서 하층부로부터 혹은 개별적인 현상에서부터 크고 일반적인 권력의 지배 메커니즘에까지 확장되고 변형되는지를 탐구하기 위한 것이다.

푸코에 따르면 규율권력과 함께 근대 권력의 주요 양상은 생명관리권력이다. 규율권력이 개인의 신체를 표적으로 한다면, 생명관리권력은 종(種)의 일원으로의 인간의 신체를 표적으로 한다. 푸코가 표명한 『성의 역사: 앎에의 의지』의 본래적 목표는 권력의 다양한 기술과 성에 대한 담론을 파헤치는 일이다. 다시 말해 푸코의 관심은 성행위의 풍속에 관한 것이 아니라, 성에 대한 담론의 문제이자 권력의 역사적인 장치로서 성의 문제를 분석하는 일이다.

권력은 성을 억압하는 것같이 하면서 성의 표현을 자유롭게 허용한다. 푸코는 성에 대한 여러 가지 질문을 이렇게 제시한다. 왜 성은 그렇게 많은 논의의 주제가 되었는가? 사람들은 성을 어떻게 말하는가? 권력과의 관계에서 성에 대한 담화 효과는 어떤 것이었나? 권력의 효과인 담화와 그 효과와 관련되는 쾌락 사이에는 어떤 관계가 있는가? 그 결과로 어떤 지식이 태어나는가? 요약해서 말하자면, 성에 대한 담화를 형성하는 '권력-지식-쾌락'의 체계란 무엇인가?

푸고가 이런 문제들을 통헤서 검토하려는 작업은 권력이 어떤 담화의 경로를 거쳐서 어떻게 가장 은밀한 쾌락에 이르기까지 개인을 침투해 통제하게 되었는가의 문제다. 푸코는 그것을 '권력의 다형적 기술'이라 부르면서, 권력이 단일하거나, 집중화되어 있다거나, 억압적이라는 기존의 인식을 비판한다. 18세기의 세속적 권력은 더욱더 성문제에 대한 관여를 증대시켜 나감으로써 성은 행정관리적인 차원이거나 사회적인 차원에서 통제의 대상이 되는 한편, 광범위한 과학적 조사·연구의 대상이 된다. 의사들, 개량주의자들, 사회과학 분야의 연구자들은 성적 욕망을 개인의 건강과 질병, 정신상태 등을 이해하는 데 중요한 요소로 삼는다.

우리가 주목해야 할 것은 푸코의 이러한 권력개념에서 중요하게 사용되는 용어 중 하나가 '장치'(dispositif)라는 사실이다. 『감시와 처벌』과 『성의 역사: 앎에의 의지』에서는 '권력의 장치들', '지식의 장치들', '규율의 장치들', '성의 장치들' 등 많은 장치들이 등장하는데,

이것은 권력의 기술과 전략, 권력에 의한 개인의 예속화에 이용되는 온갖 물질적 요소들과의 관련해서 쓰이는 개념임을 유념할 필요가 있다. 권력이란 하나의 유기체처럼 정지를 모르고 휴식을 모른다. 권력은 법을 제정하고, 그 법을 위반하는 사람의 불법적 행위에 대한 전투적 긴장을 늦추는 일이 없다. 아니, 표면적으로 어떤 저항이 없을 때도 저항 세력이 있는 것처럼 권력은 전투적 자세를 이완시키지 않은 채 권력의 장치들을 끊임없이 가동한다.

- 개인을 대상화하는 파놉티즘

『감시와 처벌』에서 논의된 규율사회의 기본원리가 파놉티콘(Panopticon)의 논리라는 것은 널리 알려진 사실이다. 영국의 공리주의 철학자 제레미 벤담이 1791년에 고안한 원형감옥 파놉티콘은, 감시자가 중앙 감시탑의 한 지점에서 자신의 모습은 보이지 않은 채 모든 죄수를 감시할 수 있는 원형 모양의 건물이다. 이 파놉티콘에 수용된 죄수는 보이지 않는 곳에서 항상 자신을 감시하고 있을 감시자를 의식하면서 시간을 보내고, 모든 규율에 복종하는 습관을 갖게 된다. 죄수를 철저히 감시할 수 있다는 점에서 매우 효율적인 파놉티콘의 체제는 감옥에만 국한되지 않고 공장이나 학교, 군대나 병원 등 사회 전반으로 확산되어 현대적인 권력 기술의 탁월한 선례가 되었다. 벤담은 당시의 사회 내에서 권력이 취하는 형태들에 대해 정밀한 묘사를 구상했다. 또 이 감시는, 요컨대 일망(一望) 감시 체제라는 파놉티콘의 기능이 가능한 건축 모델을 제시했다.

푸코에 따르면 파놉티콘이라는 표상을 중심으로, 그리고 감옥이라는 장치를 중심으로 "17세기와 18세기에 걸친 규율 장치의 점진적인 확장과, 사회 전체를 통한 그 장치의 다양화, 그리고 개괄적으로 규율사회라고 부를 수 있는 것"이 형성된다. 규율사회로의 이행은 무엇보다도 부의 변동에서 기인한다. 새로운 부의 형태가 공장과 더불어 출현한다. 이제 부는 상품의 재고, 작업장 혹은 원료에 의존한다. 또 생산을 수월하게 하기 위해서 사회 전체가 새로운 노동의 요청에 부합해 조직된다. 푸코는 이 같은 변화를 당시 새롭게 등장한 규율/훈육(discipline)이라는 합리성의 체계를 통해 설명한다.

한편 형벌의 외양이 잔혹한 신체형에서 점차 감금의 형태로 변화되어 간 것은 단지 인본주의적인 진보 때문이 아니라 규율이라는 유형의 권력관계가 이전 시대의 합리성을 대신하여 근대적 합리성으로 새롭게 자리매김했기 때문이라고 할 수 있다. 규율이란 "신체 활동에 대한 면밀한 통제를 가능케 하고, 체력의 지속적인 복종을 확보하며, 체력의 순종-효용의 관계를 강세하는 방법"으로서, 18세기를 거치면서 지배적인 합리성의 형식이 되어 갔다.

푸코에게 규율은 무엇보다도 신체를 대상으로 하는 정치적 기술이다. 공장에서든 학교에서든 푸코는 신체를 나누어 배치하고 구획지으려는 노력에 주목한다. 권력은 개인의 신체를 공략하기 시작한다. 이제 중요한 것은 개인의 신체다. "끊임없이 집요하고 정교한 권력은 어린아이의 신체, 군인의 신체, 건강한 개인의 신체 위에" 통제의 메커니즘을 부과한 것이다. 개인의 신체에 대한 권력의 통제는 군대, 감옥, 학교, 공장 같은 곳에서 신체의 움직임에 대한 규율적 통제뿐 아니라, 건강하고 아름다운 육체를 찬양하는 방법으로도 실행된다. 다시 말해서 권력은 개인들이 가꾸는 자율적 행동을 조장한다.

푸코는 또한 규율이라는 테크놀로지가 근본적으로 '전술'을 형성한다고 말한다. 이러한 군사적 어휘가 사용되는 것이 우연이 아니다. 실제로 '정치'는 오랫동안 "군사적 모델의 연장"으로 이해되어 왔으며 지식이자 테크놀로지로서의 군사적 도식은 "사회 전체를 향해 투영"되었다. 이러한 군사적 규율은 단순히 물질적 생산력을 극대화할 뿐 아니라 "순종적인 주체"를 생산해 낸다. 말하자면 "규율은 개인을 제조한다."

규율은 무엇보다도 하나의 새로운 해부 정치학, 즉 개인들을 공간에 나누어 배치하는 기술(각자는 자신의 계층, 자신의 힘, 자신의 기능 등에 따라 자신의 자리에 있어야만 한다.), 행동의 관리[통제](지배는 행동의 내부에까지 도달해야 하며, 또한 그 가장 내밀한 물질성을 통해 제스처의 수준에서 작동해야 한다.), 생성의 조직화(권력은 신체를 점진적인 작용에 복속시키면서 그 내적 지속의 차원 안에 투여한다.), 힘의 조립(이는 신체로부터 최적의 유용성을 이끌어내기 위해 여러 신체를 결합하는 것과 관련된다.)으로 이해된다. 권력은 신체를 공간의 조각인 것처럼, 행동의 중핵인 것처럼, 내적 지속인 것처럼, 그리고 힘의 합계인 것처럼 투여한다. 이 모든 기술은 복종하는 유순한 신체, 유용한 신체를 만들어내고, 기능적이며 적절한 작은 개인성들을 생산해 낸다.

- 파놉티콘 장치의 건축학적 배치

규율권력은 권력 장치에 대한 건축학적 배치를 전제한다. 푸코는 벤담의 파놉티콘에 대해 꼼꼼하게 묘사하여 그 중요성을 부여한다. 파놉티콘 장치는 끊임없이 볼 수 있게 하고 즉각적인 인지를 가능케 하는 공간의 단위들을 배치한다. 이는 지속적인 감시를 가능케 하기 위해 중앙탑으로부터 이쪽에서 저쪽까지 전부 가시화된 일련의 공간에 방들을 배치하는 것이다. 이로부터 파놉티콘의 주요한 효과, 즉 감옥의 수감자에게 권력의 자동적인 작동을 보증하는 가시성의 상태를 의식적이고 지속적으로 야기하는 효과가 만들어진다. 이 건축학적 장치가 권력을 행사하는 자와 무관한 권력관계가 창조하고 지지하는 기계가 되도록 만들기, 결국 수감자 자신이 권력의 담지자가 되는 그러한 권력의 상황 안에 사로잡히도록 한다.

이렇게 고안된 건물은 꼭 감옥으로 사용되기 위한 것이 아니며, 감옥 대신에 병원, 학교, 또는 공장으로도 사용할 수 있다. 모든 시설에 확산된 관찰 구조다. 그러므로 이 장치는 감시가 행해져야 하는 모든 폐쇄적인 공간에서 채택될 수 있다. 이 완전한 가시화 장치의 주요 효과는 자신이 감시되고 있는지 아닌지를 자신의 방에서는 알 수 없는 이 수감자에게 감시 관계의 내면화를 유발하는 것이다. 행동에 대한 이러한 조작은 폭력 없이, 그러나 지속적 가시성이라는 끈질기면서도 비물질적인 압박에서 이루어진다. 게다가 감시자의 비가시성은 권력이 어떤 규정된 형상(교도소장, 교도관 등)과 일치되지 않도록 만든다.

결국 이 장치는 공간 전체의 관리를 가능하게 한다. 개인들의 신체 내에서조차도 민감하게 느낄 수 있는 과도한 처벌은 저항과 반항을 불러일으키고 또 생산에 장애가 된다. 그러므로 이 장치는 보일 수 있고 또 처벌받을 수 있다는 개인의 공포감을 지속적으로 유지시킨다. 요컨대 각 개인이 제자리에 있도록 공간 내에서 개인들을 조직해야 한다.

감옥은 죄수의 신체에 작동한다고 말할 수 있다. 하지만 그것은 죄수가 어떤 이상, 행동규준, 복종의 모델에 접근하도록 강제하는 한에서 그렇게 작동한다. 이러한 과정을 통해서 죄수의 개인성이 일관성을 띠게 되고, 총체화되고, 감옥의 담론적·개념적 소유 안으로 들어가게 된다. 푸코가 주장하듯이, 이것은 또한 "그[죄수]가 스스로 예속화의 원칙이 되어 가는" 과정이라고 할 수 있다. 이렇게 죄수에게 주입된 규범적 이상은 일종의 정신적 정체성으로 푸코는 앞으로 이것을 '영혼'이라 부르게 된다. 푸코가 보기에 영혼은 "환영이나 관념적 결과"라고 할 수 없다. 푸코는 "정신은 실재하며, 그것은 하나의 실재성을 갖고 있고, 정신은 신체의 주위에서, 그 표면에서, 그 내부에서 권력의 작용에 의해 끊임없이 만들어지는 것"이라고 한다. 규율권력은 신체를 의미망 속에 기입함으로써 자신의 것으로 만든다. 규율권력어 신체에 남기는 "흔적들"은 늘 무엇인가를 의미하며, 그 흔적들이 영혼을 이루는 것이다.

주체는 효과적으로 육체의 자리를 대신할 뿐만 아니라 감금된 육체에 틀을 부여하며 그 육체를 형성하는 영혼으로 작동한다. 영혼은 투옥 효과(imprisoning effect)를 일으키기 때문에 푸코는 죄수가 감옥의 의한 공간적인 속박보다 더 근본적인 방식으로 예속되어 있다고 주장한다. 이제 영혼은 신체의 감옥이 된다. 영혼은 육체가 훈련되고 양성되고 투자되는 기준으로서 규범적·정상적 이상이 된다는 것이다. 영혼은 죄수에게 존재를 부여한다. 권력의 도구인 영혼은 육체를 형성하고, 그 틀을 만들고, 육체를 새긴다. 그리고 육체를 새기는 과정에서 존재가 생성된다. 이러한 정식화에서 권력의 바깥에 존재하는 육체란 존재하지 않는데, 그 이유는 육체의 물질성은 권력의 투자와의 직접적인 관계에 의해, 그리고 그 관계 안에서 생산되기 때문이다. 권력의 벡터이자 도구인 한에서 감옥의 물질성이 수립될 수 있다고 푸코는 쓴다.

- 개인을 주체화하는 섹슈얼리티 장치

많은 사람들은 권력이 성을 억압하고, 성적 쾌락을 제거하기 위해서 성에 관한 여러 가지 규범과 법을 만들어 왔다고 생각했다. 욕망이 있는 곳에 권력의 법적 금기와 제재가 따른다고 본 것이다. 그렇다면 왜 이러한 억압적 권력 개념이 폭넓게 통용되고, 권력의 긍정적이고 생산적이며 분화된 개념들은 무시되거나 소홀히 취급된 것일까? 그 이유는 사람들이 권력의 억압적 측면에 대해서만 고정관념을 갖을뿐더러 권력의 관용적인 측면은 권력의 모습이 아니라고 생각했기 때문이다.

『감시와 처벌』이 출간된 지 1년 반 후에 나온 『성의 역사: 앎에의 의지』는 성과 권력의 메커니즘에 연결된 장치들에 대한 분석, 더 정확히 말하자면 근대사회에서 섹슈얼리티가 개인의 삶에 자리 잡는 방식은 무엇이며, 권력은 어떻게 개입하는지를 고찰한 책이다. 푸코는 우리가 피상적으로 알고 있는 것과는 반대로 성은 억압되어 왔다고 보지 않으며 또한 권력에 의해 억압된다고 생각하지 않았다. 푸코는 권력을 억압적 심급으로만 보는 관점을 거부한다.

섹슈얼리티는 너무나 오랫동안 특히나 금지와 검열로 가득한 영역으로 사고되어 왔다. 사람들은 성에 대해 말하지 않으며 가장 조심스러운 태도를 통해서만 성을 실천하는 그러한 체제로 억제의 기획을 유지해 왔다고 사고했던 것이다. 그것은 신체로부터 최대한의 노동력을 추출하기 위해 그 신체의 향락과 무용한 낭비를 거부하는, 그 당시 막 등장하고 있던 자본주의 체계와 공모한 것이었다고 여겨진다. 간단히 말하자면 이것이 바로 푸코가 비판하고자 하는 "억압 가설"이다.

푸코는 그러한 입장에서 벗어나 복잡하고 다양한 섹슈얼리티 장치(dispositif de sexualité)의 메커니즘이 우리의 삶 속에 얼마나 깊숙이 침투해 있으며 제도나 실천 또는 담론을 통하여 어떻게 작동하고 있는지를 권력에 내재한 전략의 관점에서 접근해 나간다. 요컨대 권력관계에 의해 관통된 '성의 역사'를 고찰하기 위해 푸코는 섹슈얼리티의 장치라는 개념을 사용한다. 그는 『성의 역사』 1권에서 섹슈얼리티 장치를 집중적으로 검토한다. 푸코는 서양 세계에서의 '성(sexe)'과 '성에 기초하는 인간의 행동(sexsualité)'은 그 자체로 불변의 본질 같은 것으로 존재하는 것이 아니라, 그것을 말로 포착하려는 '앎의 의지'와 '앎의 의지'를 자극하고 관리하기 위해 다양한 '권력'이 발명되는 '장치' 및 그러한 기도 자체에 내재하고 지속적으로 자극하는 '분석의 쾌락'이라는 관점에서 새롭게 읽어내야 할 역사적·사회적·정치적 현상으로 생각한다.

섹슈얼리티 장치는 성에 관한 담론을 침묵하게 하는 것이 아니라 수다스럽고 떠들썩하게 담론을 증식시키고, 성에 관한 일정한 담론의 영역들에 권력이 개재함으로써 성을 조직화하고 담론을 생산한다. 그것은 종래에는 눈에 들어오지 않았던 다양한 성적 욕망·성적 행위가 분석 대상이 될 만큼 세분화되고 다양화되어 사회의 표층에 분산되는 과정에 다름 아니다. 다시 말해 담론화를 통해 확실하게 관리하려는 권력은, 동시에 분석하고 담론화한다는 새로운 쾌락을 선동하고 있는 것처럼 보인다. 성을 관리 권력의 미시-실제들에 연결하는 것을 가능하게 만든 것은 바로 생물학적 동력으로서의 성에 대한 성공적인 문화적 구축이었던 것이다. "성은 신체와 신체의 물질성, 신체의 권력, 에너지, 감각, 쾌락 등을 장악하는 권력에 의해 조직되는, 이른바 섹슈얼리티의 전개 속에서 가장 사색적이고 이상적, 내재적인 요소가 된다."

섹슈얼리티는 개인과 관련된 성이다. 그것은 은폐된 개인적 향락과 신체에 있어서의 위험한 과도, 비밀스러운 환상과 연관된다. 그것은 개인으로서의 인간의 본질, 개인적 자기 정체성의 알맹이로서 간주되기에 이르렀다. 의사, 정신의, 개인적 생각과 실제들을 자백받는 그 외의 사람들을 통해 개인의 신체와 정신의 비밀이 알려지게 되었다. 성에 대한 이러한 개인화, 의학화, 의미작용성은 특정한 역사적 시간에 발생한 것으로서, 푸코의 용어를 사용할 때, 섹슈얼리티의 전개에 해당한다.

푸코는 『성의 역사』 1권에서 섹슈얼리티 장치의 중요성을 언급하면서 앎의 의지에 내재하는 권력의 전략을 명확하게 규정한다. 요컨대 18세기 이래로 서양 세계가 성에 관한 지식과 권력의 특별한 구조=장치로 선택한 네 가지의 중요한 전략을 논한다. 첫 번째는 '여성육체의 히스테리화', 두 번째는 '어린이의 성교육 프로그램 편입', 세 번째는 '생식 행동의 사회화', 네 번째는 '도착적 쾌락의 정신병리학화'라고 한다. 즉 '히스테리 여성', '자위하는 소년', '인구정책을 따르는 부부', '도착된 성인'이라는 네 가지 형상이야말로 '성'을 지적으로 인식할 수 있는 체계로 개념화하고 그것을 섹슈얼리티로서 성립시키는 결정적인 역할을 한 것으로 생각하고 있다.

서양 세계에서의 '성'의 역사는 '권력' 메커니즘이라는 관점에서 분석할 수 있다. 푸코가 말하는 '섹슈얼리티'라는 것을 자신의 하나의 '장치'로 설정하는 권력이란 이처럼 배제와 부정의 원리로 작동하는 것이 아니라 훨씬 더 복잡하고 적극적인, 생산적인 구조, 즉 장치를 갖춘 것으로서 파악되고 있다. 푸코에게 "성은 간단히 판단될 무엇이 아니다. 그것은 누군가가 관리하는 어떤 것이다. 그것은 공중의 잠재력의 속성을 갖고 있다. 그것은 관리의 과정을 요구한다. 또, 분석적 담론에 의해 비난되어야 한다. 18세기에 성은 정치문제가 되었다."

- 생명관리권력

섹슈얼리티는 일종의 육체적 행위로서, 이는 규범적 기대를 불러일으키고 감시 및 훈육 조치의 대상이 된다. 섹슈얼리티를 통해 우리는 도덕이나 법에 다다르게 되며 여기서 야기된 문제는 정상과 비정상인 것이다. 뿐만 아니라 섹슈얼리티는 재생산이라는 목적 때문에 중요하다. 그것은 인구의 생물학적 과정과 밀접히 관련된다. 요컨대 섹슈얼리티는 특권적 지위를 점하는데, 이는 그것이 신체라는 미시적 수준과 인구라는 거시적 수준 모두에 영향을 미치기 때문이다. 섹슈얼리티 장치는 '앎의 대상으로서의, 또한 권력관계에서 요소로서 신체의 평가'와 '인구'의 통제를 목적으로 한다. 이런 권력관계의 배치는 각각 '인간 신체의 해부정치', '인구의 생명정치'에 대응한다. 이런 권력 장치들은 성을 억압하는 것이 아니라 성에 관해 말하기 시작하고 성에 관한 담론을 막대하게 생산한다. 따라서 성은 억압되어 있는 것이 아니다. 성은 막대하게 '생산되고' 이야기되고 있다.

섹슈얼리티는 신체에 작동하는 과학적 담론과 실천의 그물망을 통해 일상적 삶 안으로 권력의 작동을 유포하는 거점이 되었으며 더나아가 삶을 관리하고 통제하는 새로운 기술들을 통해 신체에 특정한 가치를 부여하는 역할을 수행한다. 푸코는 이러한 권력을 '생명관리권력'이라는 개념으로 발전시키면서 생명에 대한 권력의 작동이 명확한 계산의 영역으로 편입되어 인간의 삶과 권력의 변화를 작동시키는 요인이 되었다고 보았다.

결국 섹슈얼리티 장치는 권력이 억누르려고 하는 일종의 자연적 소여나 어두운 영역이 아니라 일종의 역사적 장치인 셈이다. 다시 말해 그것을 파악하기 힘든 은밀한 실재가 아니라 육체에 대한 자극, 쾌락의 증대, 담론에의 선동, 지식의 형성, 그리고 통제 및 저항의 강화가 앎과 권력의 몇몇 중요한 전략에 따라 서로 얽히게 되는 거대한 표면 조직망이라고 할 수 있다. 푸코가 이 지점에서 포착하는 또 하나의 사실은 성이 대단히 긍정적인 담론들을 수없이 증식시켜, 결국 개인이나 주민들의 행동을 통제하고 규격화하는 힘을 행사하는 데 그것이 바로 생체 권력(bio-power), 즉 생명을 관리하는 권력이라는 것이다.

예컨대 현대사회에서 건강과 생명의 가치가 높아질수록 육체에 대한 권력의 투자는 더욱 절실해진다고 볼 수 있다. 『성의 역사: 앎에의 의지』에서 새롭게 등장한 '생명관리권력(bio-power)'은 『감시와 처벌』에서의 규율권력과 연결되는 개념으로서, 18세기 말과 19세기 초 사이에 '자유주의' 정책과 함께 권력이 건강관리, 위생, 섹스, 출산, 영양 섭취 등의 문제에 관심을 갖고 국민을 통치한 방법이다.

푸코의 권력 이해는 18세기의 규율권력으로부터 18세기 말 등장한 인간이라는 종을 상대하는 생명관리권력으로 확장, 이행하고 있었지만, 이것은 결코 규율권력이 이후 생명관리권력으로 전적으로 대체되었다는 의미가 아니었다. 오히려 이들 각각의 작동 방식은 신체의 해부학적 '규율'과 생명에 대한 '조절'적 메커니즘이었지만 양자는 특정한 권력의 세계를 조직한다는 점에서 상호 의존적 특성을 가지고 있었다.

신체의 조직화는 규율권력으로 이해되었던 『감시와 처벌』의 유순한 신체 이후 섹슈얼리티를 중심으로 전개되는 『성의 역사』 1권의 생명관리권력의 명명을 통해 보다 다층적인 차원으로 전개된다. 그러니까 정신병자를 구금하고, 범죄자를 처벌하고, 어린아이의 성을 억압하는 문제를 다루는 푸코의 분석 작업은 구체적인 현실에서 작동하는 권력의 기본적인 메커니즘에서 출발하여, 자본주의 사회에서 부르주아 지배가 어떤 과정으로 이뤄졌고, 부르주아가 실현했던 이익은 무엇인지를 탐색하기 위한 단계로 나아간다. 그것은 고전적 마르크스주의의 주목을 끌지 못했던 지배 방식 혹은 권력의 기술을 독특한 관점에서 탐구한 작업이기도 하다. 이데올로기 차원에서 권력의 효과를 이끌어내려고 한 마르크스주의자들의 작업과는 판이하게 구별된다.

3) 미시권력의 해부정치학과 생명정치

- 권력의 서식처로서 개인의 신체

잘 알려진 대로, 푸코는 『감시와 처벌』에서 신체에 직접 작용하는 미시권력으로서 '규율' 개념을 제시한다. 푸코에 따르면 고전주의 시대를 통해 신체는 권력의 대상 및 표적으로서 발견됐다. 거기서 신체는 조직과 가공 가능한 어떤 '소재' 같은 것으로서 발견된다. '규율'은 신체에 대해 세부적으로, 즉 그 운동이나 행태나 태도 같은 역학적 수준에서 행사되는 권력이다. 말하자면 그것은 "활동적인 신체에 대한 무한소의 권력"이다. 또 거기서 문제가 되는 것은 신체의 기호적 요소가 아니라 어디까지나 운동의 에코노미이며, 그 내적인 조직이다. 그것은 "기호보다는 오히려 힘을 대상으로 하는" 것이다. 더 나아가 '규율'은 신체의 활동의 결과보다는 활동의 과정에 항상적으로 작동하는 권력이다. 이렇게 푸코는 '규율'을 다음과 같이 정의한다. 즉, 그것은 "신체의 작용에 대한 세세한 통제[관리]를 가능케 하고, 신체 힘의 불변적인 예속화를 보증하고 신체에 유순함-유용성의 관계를 부과하는 방법"이라고 한다.

규율이 목표로 하는 것은 모든 개인들을 그만큼의 "온순한 신체"로 변형하는 일이다. 예컨대 복종할 수 있고 사용할 수 있으며 변형될 수 있고 완성될 수 있는 신체는 온순하다. 그러므로 개인들을 전체 메커니즘을 구성하는 동수의 부품으로 관리할 필요가 있다. 그리고 그것은 가시성, 즉 시선의 관리를 전제로 한다. 규율권력과 함께 창시된 전면적인 감시는 각각의 제도 내에서 권력을 행사하는 심급을 통해 개인들 전체가 언제나 가시적이 되도록 요구한다. 푸코가 이 권력의 특징으로 꼽는 것은, 그것이 단순히 억압으로서만 작용하는 것이 아니라 신체 능력의 확대를 ─ 그것이 '유용성'의 증대를 가능케 하는 한에서 ─ 목표로 한다는 점이다. 이런 의미에서 그것은 어떤 생산성을 지닌 '순종적인 신체'를 만들어내기 위해 신체를 검사하고 분해하고 재구성하는 "해부정치학"이라고도 해야 하는 것이다.

그리고 푸코에 따르면 이 '규율'은 뭔가 대대적인 제도라기보다는 차라리 세세하고 종종 하찮아 보이는 기술의 세부로서 나타난다. 다시 말하면 이들 구체적인 개개의 기술이야말로 신체의 미세한 정치적 포위의 양상을, 즉 권력의 '미시물리학'을 규정하는 것이다. 미시적이라는 말이 단순히 축소물로 만드는 것으로 이해되어서는 안 된다. 오히려 그것은 또 다른 영역, 새로운 유형의 관계, 지식으로 환원될 수 없는 사유의 한 차원을 말한다. 따라서 '미시적'이라는 말은 유동적이면서 국지화할 수 없는 연관을 의미한다. 이로부터 푸코는 "규율이란 세부에 대한 해부정치학이다"라고 말하게 된다.

─ 푸코의 해부정치학과 규범화 권력

푸코의 해부정치학은 권력을 국가만으로 한정시키지 않고, 권력의 행사라는 문제를 국가가 시민들에게 가하는 억압의 형태로만 이해하지도 않는다. 현대의 권력은 긍정적이고 생산적이기 때문이다. 하나의 국가 속에는 그 국가와 닮은꼴의 여러 소단위 국가(공장, 학교, 군대, 병원 등)가 있어서 권력은 미시적으로 무수히 분산되어 있다. 해부정치학은 이러한 미시권력들의 의미를 해부할 뿐 아니라, 그 권력들이 서로 맺는 관계를 분석하고 또한 그것들이 국가의 전략적 목표에 따라서 어떻게 조직된 것인지를 밝힌다.

그러므로 해부정치학은 국가권력의 의미를 분석한 것도 아니며, 사회 속에 분산된 미시적 권력을 개별적으로 정밀하게 분석한 것도 아닌 것으로서, 그 미시권력들의 분리된 양상과 그것들의 관계를 수직적이며 수평적인 차원에서 연구한 것이다. 그것은 권력을 어느 계급만이 독점하는 것으로 보지 않기 때문에 섬세하고 복잡한 작업이 필요하다. 사회는 무수히 다양한 부분으로 분산되어 있고, 각 부분과 부분 사이의 관계가 진화 혹은 대립의 복잡한 양상을 지니고 있는 한, 그처럼 많은 부분들의 관계 양상을 단순화시켜서 이해하지 말아야 한다. 여기서 주목해야 할 것은 미시권력들이 거대한 국가기구의 유기체적 조직의 단위들은 아니라는 점이다. 그것들은 특수한 메커니즘의 형태로 존재한다.

가령 국가의 권력이 '법'으로 운용된다면, 미시적 집단의 권력은 그 나름의 '규범'에 의해서 질서를 유지한다. '법'은 큰 틀에서 자유의 공간을 정의 내리고, 동시에 자유의 한계를 명시히면서 세밀하게 사람의 행동을 규제하지 않는다. 그 반면에 '규범'은 사람의 행동을 세부적인 항목으로 나누어 규제한다. '규범'은 모든 것을 개별화시키고 분리하며, 차등을 만든다. 그것은 또한 일정한 태도와 몸짓과 습관을 강요한다. 현대 사회의 어느 곳에서든지 인간은 규범을 만들어 끊임없이 세세한 속박을 강화하고 또한 만들어낸다. 그러한 규범이야말로 개개인이 자기의 삶과 행동에서, 아니면 자기의 생각과 의지에서 권력이 의도하는 방향대로 길들게 만드는 장치들이다.

모든 규범은 그 사회의 구성원들을 한편으로 모으는 힘이 있다. 이것이 바로 규범화 권력이다. 규범을 따르는 사람들은 그것을 따르지 않는 사람들을 거부하기 마련이다. 그런 과정에서 사람들은 권력의 상투어 혹은 관례적 표현을 내면화하여, 그것을 자기의 생각과 동일시하면서 권력이 거부하는 사람들, 즉 비정상적인 사람, 반체제 인사, 광인, 불순한 노동자 등을 배척하고 혐오하게 하는 것이다. 규범은 진실의 규칙이 된다. 중요한 것은 공통 규범으로서 진실을 생산하는 것이다.

그런데 푸코는 정상화(normalizatoin) 과정에 대해 말하기를 "정상적인 것이 먼저 있고, 그것으로부터 규범이 연역된다. 혹은 규범은 정상성에 관한 연구를 출발점으로 해야 비로소 정착되고 조작적인 역할을 수행한다. 이제는 규범화가 아니라 엄밀한 의미에서 정상화만이 문제라고 말할 수 있다." 이를테면 정상화와 감시는 규율권력의 주된 두 가지 형식을 구성한다. 어떤 의미에서 정상화의 권력은 동질성을 부과했으나 그것은 차이를 측정할 수 있도록 하고, 수준을 결정하고, 특수성을 고정하며 그것들을 서로서로 맞추어서 차이를 유용하게 함으로써 개별화했다. 규율권력은 분류와 차별화, 범주화와 배제, 개별화와 위계화 또는 확인 등 방식을 활용해 통제한다. 이제 감시는 수감자들로 하여금 '규범의 권력'에 자신들의 행위를 맞추면서 천천히, 그러나 확실히 자신을 보게 한다. 규율 기계는 근본적으로 민주적이다. 왜냐하면 규율권력은 규범과 맺는 관계에 의해 구성되는 주체로서의 개인을 생산하기 때문이다. 규율적 기술의 기능은 "규범적"이다. 이것은 특정 개인의 수준에도 또 그들의 상호 접속과 공동생활의 수준에도 기능 규범을 부과한다. 그렇게 하기 위해 규율은 우선적으로 개인들을 공간에 분할하는 기술이어야 한다.

푸코에 따르면 안전 이전 규율 메커니즘을 통해 통치되는 사회에서는 질서가 '규범화' 과정을 통해 드러난다. 규범은 외적인 기준에 의존하지 않고서도 평가나 측정, 또는 사정할 수 있는 표준이다. 규율은 이런 표준을 통해 작동한다. 규율은 시험이나 훈련, 실천이나 처벌 또는 보상과 같은 기법을 한데 모아 개인을 구성하고 규제하기도 한다. 권력은 일상적인 규범이라는 형태를 보이게 됨으로써 특별한 노력도 없이 권력으로서의 모습을 숨기고 사회로서의 모습으로 드러내게 한다. 혹자는 오늘날 규율사회가 끝나가고 있다고 말하지만, 실제 한국 사회에서는 "시험 능력주의"가 사람들을 지배하고 있으며 사람들이 "자기계발"을 통해 자본의 시선을 내면화하여 자기를 감시할 뿐만 아니라 시간을 분 단위로 구분하여 스스로 '관리'하려고 한다는 점에서 아직 규율사회다. 그리고 이렇게 규율권력에 의해 '제작'된 개인들은 자본주의적 기계장치 속에서 하나의 부품처럼 사용되다가 버려진다.

– 권력의 대상이 된 생명, 생명정치

푸코는 『감시와 처벌』 출간 이듬해에 발표한 『성의 역사 1: 앎에의 의지』에서 '규율'의 테크놀로지로서의 '해부-정치'와 쌍을 이루는 것이자 더 나아가 '조절'의 테크놀로지로서의 '생명정치'를 논한다. 권력의 전략적 관계에 대한 연구는 『감시와 처벌』에서 시작되어 역설적으로 『앎에의 의지』에서 최고에 달한다. 푸코는 『앎에의 의지』에서 권력에 대한 새로운 정의를 제출한다.

권력은 소유나 분할의 대상이 아니라 무수한 점들에서 출발해서 가동적인 관계의 작용 속에서 '행사되는 것'이다. 그것은 (경제·지식·성 같은) 다른 유형의 관계들 외부에 있는 것이 아니라 이것들과 내재적인 관계를 갖는다. 그것은 하향식이 아니라 상향식으로 형성된다. 그것에 따르면 권력이란 기존에 생각되었듯이 단순한 제도도 구조도 아니며 무엇보다 우선 "힘 관계들의 다양성"이라고 한다. 즉 권력이란 힘의 관계이며, 더 나아가 모든 힘의 관계는 '권력관계'이다. 힘은 근본적으로 다른 힘과의 관계 속에서 존재하며, 따라서 어떤 힘도 이미 관계, 즉 권력이다. 힘은 힘 이외의 어떤 대상 또는 주체도 갖지 않는다. 이를테면 폭력은 힘의 부수물이거나 결과물이지 힘을 구성하는 요소가 아닌 것이다. 그렇기 때문에 우리는 '권력이 무엇이며, 어디에서부터 오는가?'라고 질문해서는 안 되며, '그것이 어떻게 행사되는가?'라고 질문해야 한다.

또 이 권력관계들은 '의도적'인 동시에 '비주체적'이다. 즉, 그것은 일련의 표적과 목적을 갖는데, 이런 표적과 목적은 개개 주체의 선택이나 결정의 결과가 아니다. 권력이란 하나의 '주체 없는 전략'이라고도 해야 할 것에 의존한다. 그것은 명석한 논리와 표적을 가지면서도 이를 구상하고 정식화한 인물이 없으며 그런 유형의 전략, 이른바 "익명이고 거의 무언의 전략"이다. 푸코는 이것은 다이어그램이라고 명명한다. 다이어그램은 권력의 기능에 관한 것으로 힘들 사이의 관계나 작용에 대한 작용에 의해 '무언가를 가능하게 만드는 것'이 그 의미를 획득하는 곳이 바로 여기다. 예를 들면 "원형 감옥적 장치는 권력의 기제와 기능 사이에 존재하는 단순한 하나의 장소 혹은 변환점이 아니다. 그것은 일정한 기능에 한에서 권력관계들이 기능하도록 만드는 하나의 방식이며, 마찬가지로 하나의 기능은 그러한 권력관계들에 의해 작동된다." 다이어그램은 하나의 실천·진행·전략을 결정한다.

들뢰즈는 『앎에의 의지』에서 푸코가 말하고자 한 것은 무엇인가? 라고 물었다. 권력의 다이어그램이 규율적 모델을 제고하려 할 때, 군주적 모델을 포기하고 그것이 삶을 통제하고 관리하면서 인구에 대한 '생명관리권력' 또는 '생명 정치'가 될 때, 정말로 권력의 새로운 대상으로 출현하는 것이 삶이라고 한다. 이에 푸코는 말했다. "요구되고 있는 것, 그리고 목적이 되고 있는 것, 그것은 삶이다 …… 정치투쟁의 이슈가 되었던 것은 권리라기보다는 삶이었다. 물론 그것은 권리의 확정을 통해 정식화하는 것이긴 했지만. 생명, 자신의 신체, 건강, 행복, 필요의 충족 …… 에 대한 '권리', 이 권리는 고전주의적 법률체계가 전혀 이해할 수 없는 권리다."

이리하여 푸코는 권력의 파악 방식에서 커다란 변화가 일어났던 것은 17세기부터 18세기에 걸쳐서라고 본다. 그것은 그 이전의 군주제에서 기능했던 것과는 다른 새로운 권력 메커니즘이 등장했던 시기였다. 오랫동안 군주의 권력을 특징짓는 권력이었던 죽음에 대한 권리(생사여탈권)는 생명을 관리하는 권력으로 이행하고 죽음에 대한 권력은 이제 그 이면 혹은 보완물로만 존재하게 된다.

또한 중요한 것은 법적인 존재로서의 생명이 아니라 어디까지나 생물학적 차원에서 생명이라는 것이다. 푸코는 『성의 역사』 1권에서 생명관리권력의 출현을 논의하는데, 이것은 인간과학의 성장과 통계학과 정치 산술의 혁명으로 새로운 형식의 지식-권력에 입각한 것이다. 특히 통계학과 관련 학문이 발전하면서 가난과 다산(多産), 섭식과 건강 문제는 완전히 다른 방식으로 관심을 받게 되었다.

푸코가 "생명은 18세기 이후 권력의 대상이 됐다"고 말할 때, 염두에 둔 것은 18세기 이후 권력의 대상이 법적 주체에서 신체와 생명(인구)으로 옮겨 갔다는 점이다. 이 국면의 특징 중 하나는 18세기에 인구가 급격히 증가했다는 사실이다. 그리고 생산 기구가 급성장한 것도 이 국면의 또 다른 특징이다. "지난 수천 년 동안 인간은 생명을 지닌[살아 있는] 동물이면서 덤으로 정치적 삶을 누릴[정치적인 실존의] 능력까지 갖고 있다는 아리스토텔레스의 관점 속에 머물러 있었다. 근대적 인간은 정치에 있어서 살아 있는[생명을 지닌] 존재로서 자신의 생명이 문제가 되는 동물인 것이다."

더욱이 생명관리권력은 종으로서의 인구에 대한 지속적인 조절,

즉 안정적인 노동력과 생산력을 확보하기 위한 질병의 관리, 공중보건의 확립, 사회보장제도의 설립, 도시 환경의 정비 등과도 밀접하게 연결되어 있다. 즉 생명관리권력은 인구 전체에 대한 조절과 관리를 수행해 나가는 과정에서 주요한 원리이자 기제로서 자리 잡아 나간다. 생명관리권력은 산업혁명과 결합해, 경제적이고 정치적인 문제로 인구가 출현하게 된 것을 상징한다. 생명관리권력으로의 국가는 이제 개인을 넘어서 인구의 층위로 밀고 들어온다. 그런데 여기서 푸코는 생명관리권력 대신에 통치성이라는 개념을 사용한다. 이때 새로운 적극적인 형식의 국가 행정이 출현하는데, 국가는 간접적인 기술 혁신으로 권력을 행사하고 통제한다. 간접적인 기술혁신은 자유주의 통치성의 기술과 공존할 수 있었다.

4) 개인과 국가에서의 통치성

- 정치적 합리성으로서 통치성

1970년대 이후 푸코는 현대 사회 초기에 발전했던 생명관리권력 같이 정부의 작용으로 인구에 행사되었던 것과 같은 사회의 거시 수준 권력에 관심을 가지게 되었다. 푸코는 생명관리권력과 통치성(governmentality)에 관심을 기울이면서 분석의 미시적 차원과 거시적 차원을 연관 지었다. 푸코는 "통치성"이라는 에세이에서, 16세기 중엽부터 18세기 말까지 정치 저술의 관심이 '왕이나 지배자에 대한 조언'에서 '어떻게 다스려야 하는가, 얼마나 엄격하게, 누가, 어떤 목적으로, 어떤 방법으로 등 통치술'로 전환되었음을 보여주면서 그 계보를 추적한다. 통치란 많은 층위의 통치술을 거느리고 있다. 푸코는 가족의 경영에서부터 영토와 인구의 범주, 그리고 시민사회에 대한 관심에 이르기까지 통치에 대한 관심을 거슬러 올라간다. 푸코는 말한다. "통치술은 본질적으로 경제를 어떻게 도입할 것인가라는 질문에 답하는 것이다. … 다시 말해, 가정 안에서(좋은 아버지가 부인과 아이들, 하인들과의 관계에서 행할 것으로 기대되는) 사람들과 재화, 부를 경영하는 올바른 방법, 그리고 가정을 더 부유하게 만드는 것 … 가족을 향한 아버지의 섬세한 주의를 국가 경영에 도입하는 방법에 관한 것이다."

푸코는 말년에 통치성 분석을 발전시킨다. 푸코는 '목적을 달성하기 위한 사물들의 올바른 배치'라는 라 페리에르(La Perriere)의 정의가 통치의 의미를 가장 잘 보여준다고 본다. 사람을 적절한 목적으로 이끈다는 것은 어떤 의미일까? 즉, 통치자가 원하는 대로 상대의 품행을 바꾸는 개입 행위다. 이는 개인, 그의 재산, 부의 증식은 물론 그들의 사망과 건강, 기근과 출생까지, 개인적이고 전체적으로 총체로서 관리·조절하는 것임과 동시에 특정한 방향으로 인도한다. 특정한 방향이란 통치권력이 원하는 방향임은 두말할 필요도 없다.

푸코에 따르면 근대 통치합리성은 개별화하는 동시에 전체화한다. 즉, 근대 통치이성은 한 명의 개인뿐 아니라 하나의 사회 혹은 인구 전체가 통치되고 통치 가능해진다는 것이 어떤 의미인가라는 질문에 대한 해답을 찾으려 한다. 푸코가 통치성 개념에 주목하는 것은 '국가의 통치성'이라는 것이 개인-인구의 주체화 방식을 '주어진 상수'로 부과하기 때문이다. 즉, 국가의 통치술이란 인민의 방정한 품행을 설정하고 인도하는 예속화 기술이다. 말하자면 개인과 인구의 삶에 개입해서 일상생활을 통째로 관리·조절하는 전략 전술의 총체다. 요컨대 국가 통치란 개개인의 이익과 인구의 이익을 목표로 한다. 이는 국가의 임무이므로 통치술의 전략과 전술이라는 기예가 요구된다. 제대로 된 통치를 위해서는 관련 지식이 필요했으므로 통치와 지식은 불가분의 관계를 갖게 된다.

이에 따라 정치경제학을 필두로 소위 오늘날의 인간과학이 탄생한다. 이런 맥락에서 통치성이란 통치의 목적을 위해 다양한 지식과 기술, 전략 등을 배치하는 데 지침 구실을 하는 정치적 합리화의 원리를 말한다. 이 통치술이 서구에서 16세기 중반 이후 18~19세기를 걸쳐 탄생하고 다듬어져 오늘에 이른다. 이를테면 국가 이성, 자유주의, 신자유주의는 각기 변별성을 지닌 정치적 합리성이다. 따라서 통치 실천과 기술들에 관련된 푸코의 분석은 거기에 깃든 특정한 유형의 정치적 합리성에 관한 분석에서 실행되며, 푸코에게 권력에 대한 비판이란 다름 아니라 바로 그 정치적 합리성에 대한 비판을 뜻한다.

종교전쟁을 겪은 충격과 반성에서 16세기 후반부터 과거와는 완전히 다르고, 정부의 기술을 자율적 합리성으로 표상하는 권력 모형이 나타났다. 이런 맥락에서 푸코는 두 가지 구체적인 국가 합리성 유형, 즉 국가 이성과 내치(內治, Polizei)) 이론을 지적한다. 국가 이성은 신과 자연에서 '국가 이성의 통치술'이라는 영역을 분리해 낸 후, 분리된 이 영역의 특수성에 대해 사유하기 시작한다. 국가 이성은 일체의 종교적 가치나 목적을 배제하고 오로지 국가의 존립과 유지 자체를 위해 국가의 힘을 강화하고 그 부를 증대하는 세속적 목적을 추구했다. 푸코는 "국가가 자신을 형성하고 강화하며, 인내하고 성장하는 수단에 관한 완전한 지식"으로 국가 이성을 정의한다. 국가 이성은 국가 그 자체의 존재에 관심을 갖는다. 이제 신이라는 초월적 심급이 사라진 국가가 탄생한 것이다. 고전주의 시대가 시작된 것이다. 그러니까 국가를 유지하고 관리하는 기술, 혹은 실천의 총체가 국가 이성의 통치술이다.

국가 이성의 두 번째 형태인 내치는 17세기와 18세기에 중앙집권화된 정치 행정 권력이 개입할 수 있었던 모든 새로운 분야를 포괄한다. 내치는 '모든 것을 돌봐주는' 개입의 논리, 더 적확하게는 '살아가는 것을 돌봐주는' 개입의 논리를 구성한다. 다시 말해 각 개인을 국가의 통일과 화해시킨다는 점에서 푸코의 내치 개념은 사목 권력의 요소를 포함한다. 고든(Colin Gordon)이 언급한 것처럼, 사목 권력은 '모든 것과 각각인' 것으로 권력의 형식을 정의한다. 이렇게 내치는 시민들을 계속해서 행복하게 하며, 현대적인 국가 합리성 기술을 개발하는 일이 국가의 힘을 강화하는 방식으로 개인의 삶을 구성하는 요소들을 개발하는 일이다. 그러므로 통치한다는 것은 인간-사물 등 존재자들의 전 영역을 통치의 가시권 내에 몰아넣고 요람에서 무덤까지, 인간 삶의 세세한 일상까지 개입하는 사태를 말한다.

　18세기를 전후해 등장한 새로운 통치성으로서 자유주의는 개인의 권리와 자유에 바탕해 통치의 과도함을 문제 삼고 국가의 정당한 활동의 한계는 무엇인지를 묻는다. 이런 질문을 통해 국가하고 구분되면서 경제적 행위자 개개인들의 자유로운 활동에 기반해 통치한다고 간주되는 '시민사회' 개념이 발명된다. 국가 이성에서 통치가 국가의 존립과 부의 증대, 힘의 강화 같은 '국가의' 세속적 목적을 달성하기 위해 구성된 반면, 자유주의 통치는 '시민사회'가 최대한 제한 없이 작동하게 한다는 목적을 위해 재구성된다. 자유주의는 점차 확장되는 자본가 계급의 계급적 이익과 조화를 이루는 정책과 제도를 점점 발전시키게 되었다.

　통치성의 연구에 있어 푸코는 신자유주의를 하나의 통치성으로 파악한다. 신자유주의 통치성은 흔히 고전적 자유주의의 부활 정도로 치부되지만, 푸코의 관점에서 그 둘은 질적으로 다른 방식의 통치다. 자유주의는 국가의 통치가 넘어서서는 안 될 영역으로 시장 또는 시민사회를 발명한 뒤 그 발명품과 국가를 구분했다. 그렇지만 신자유주의는 한발 더 나아가 공적 영역과 사적 영역, 시장 또는 경제와 사회의 구분, 시민사회와 국가의 구분 자체를 해체하고 시장이나 경제 외적인 요소라고 간주되던 모든 영역을 시장과 경제의 영역으로 간주한다.

　신자유주의는 단순히 국가 정책이거나 경제 현상이 아니며 단순한 이데올로기도 아니다. 국가, 사회, 시장, 가족, 국가 등 사회 전 영역의 행위자들과 제도들을 새로운 통치 합리성의 원리에 따라 새롭게 배치하여 작동하는 통치 양식이다. 그 통치 합리성은 시장 모델에 기반하고 있다. 따라서 신자유주의에는 시장을 배경으로 전개된다고 할 수 있는 삶의 모형이 편재해 있다. 예를 들면 경쟁하는 인간, 성과제일주의, 경제동물 등으로 우리의 주체성을 양식화한다. 여기에 적응하지 못한 자는 패배자가 된다. 우리가 기를 쓰고 성공하려고 자기를 닦달하는 삶의 방식은 나도 모르게 거대하고 획일적인 통치성에 예속된 증거일지 모른다. 모든 사회적 상호작용은 기업적인 것으로 개념화하고 순전히 개인의 이익을 위해 이루어지는 것으로 개념화한다. 신자유주의 이론과 프로그램은 시장을 매우 강조한다.

– 자유로운 주체들의 관계로서 통치성

왜 인간은 권력을 행사하려 하는가? 푸코는 이렇게 말한다. 인간은 서로의 관계로부터 자유로울수록 타자의 태도를 규정하는 데서 더 큰 쾌락을 느낀다. 타자의 태노를 유노할 때 얻는 유희가 다양하고 자유로울수록 쾌락은 더 커진다. 권력은 행위의 유희/여유 공간을 전제한다. 이것이 없다면 폭력과 강제만 존재할 것이다. 권력은 악이 아니다. 권력이란 전략적 유희에 다름 아니다.

푸코는 권력관계가 지배가 아닌 권력관계이기 위해서는 필수 불가결한 두 요소가 있다고 본다. 하나는 타자(권력의 행사를 받는 사람)가 자체의 목적상 행위하는 자로서 철저히 인지되고 주장된다는 점이며 다른 하나는 반응, 반작용, 결과, 가능한 고안 등의 전 영역이 권력의 관계에 직면하여 열려 있다는 점이다. 권력관계를 자유로운 양자 사이에서 발생하는 열린 장에서의 작용이라고 보는 푸코에게 통치란 '다른 편의 행위를 변경시키려고 의도하는 또 다른 한 편의 시도'임을 확인할 수 있다. 그러한 의미에서 통치는 '행위를 위한 행위', 즉 특정한 행위들이 그들의 의도대로 유도하고 이끌어 가능한 결과를 이루려는 행위 방식이다.

푸코는 권력을 '타자를 그의 의지와 무관하게 복종시키는 힘'이라고 봤지만, 권력은 인격적인 것도 아니고 거시적인 것도 아니며, 억압만 하는 것도 아니라고 보았다. 권력은 일련의 주어진 가능성들 사이에서 선택할 수 있는 행위자들의 능력, 곧 행위자들의 자유를 전제한다. 따라서 개인을 예속적 주체화하는 권력의 행사는 '행위의 인도'이며 '가능성의 관리'다. 그리고 통치한다는 것은 '가능성의 장 또는 타인들의 행위를 구조화하는 것'을 의미한다. 푸코는 행위를 인도하고 형성하려는 활동의 형식을 '통치성'이라고 부르는데, 종종 통치성은 '행동에 대한 행동(the conduct of conduct)'으로 표현된다.

이 통치성이라는 범주는 푸코의 분석 내에서 '권력'이라는 개념을 대체하는 것처럼 보인다. 통치성의 문제설정은 수많은 변별적 평면으로서의 지식의 형태들, 권력의 관계들 그리고 주체화의 과정들 사이의 절합이라는 관념을 제시해 준다. 우리는 주체들에 대해, 그리고 지식의 도움으로 통치를 확립한다. 지식의 형태들과 자기 자신과의 관계[주체성]의 형태들은 점점 더 권력의 단순한 의족으로서가 아니라 통치성의 과정의 절합 지점들로서 사고된다. 이는 주체성으로부터 주어진 형태들 또는 규정된 지식들이 통치성의 특정한 과정들에 대한 저항의 역할을 수행할 수 있다는 점을 의미한다. 우리는 통치 형태들에 대해 저항할 수 있다.

푸코는 통치성 개념을 통해서 규율권력과 생명관리권력에서 잠시 방기되었던 주체 개념의 회귀를 알린다. 통치성 개념에서 개인들이 각자에 대해 가질 수 있는 전략들을 구성할 수 있고 정의할 수 있으며 조직할 수 있고 도구화할 수 있게 해주는 실천의 총체를 지목한다. 다시 말해 자기와 자기가 맺는 관계와 자기와 타자가 맺는 관계를 우선시한다. "권력은 자유로운 주체들에 대해서만 행사되며, 또한 이들이 자유로운 경우에만 가능하다. 이로써 우리는 다양한 행위 방식이나 반작용, 그 밖의 다양한 구성 요소들이 실현될 가능성의 영역에 직면하게 되는 개인적이고 집단적인 주체를 의미한다. 결정 요소들이 전체에 침투되는 곳에서는 권력의 관계가 있을 수 없다. 노예가 사슬에 묶여 있을 때 그의 상태는 결코 권력의 관계가 아니다."

그런데 사실 '통치하다'의 어원에 해당하는 라틴어 gubernare나 그리스어 kubernän은 「안전, 영토, 인구」에서 설명되듯이 원래 인간을 대상으로 취하는 동사가 아니라. 관리나 경영, 배의 조타 등 일반적으로 무엇을 '인도하는(conduire)' 것을 지시했다. 요컨대 통치한다는 것은 인도하는 것이고 그 역사는 인간의 통치인 사목(司牧)의 역사에 앞선다. 사목의 구조와 국민국가 체제가 결합된 근대의 통치성이 우리에게 대단히 중요하게 다가오는 것은 사실이지만, 역사적으로 본다면 그것은 통치가 존재하는 방식의 한 형태, 말하자면 '통치의 사건'일 뿐이다.

통치는 스스로 자신들의 행동 영역을 결정할 수 있는 구성된 주체들, 즉 자기 고유의 주체화 — 실제로 이 안에서 자유가 단언된다 — 에 힘입어 저항할 수 있는 자유로운 주체 사이의 관계다. 이러한 자기 통치가 후기 푸코에서의 윤리의 측면이고 자유와 실존의 미학의 중심 주제다. 푸코는 자기 통치의 기술과 윤리적 전환의 장소에서 현재의 진리 체제를 거부하고, 탈예속화된 앎, 실천의 감행을 통해 통치당하지 않으려는 존재론적 조건으로서의 자유, 즉 윤리의 조건으로서의 자유를 보았다. 푸코에게 "윤리가 곧 자유의 실천, 사려 깊고 신중한 자유의 실천"이다.

- 권력관계에서의 저항가능성

권력은 무수히 많은 물질성과 장치들을 확보하고 있다. 그것은 수레바퀴와 교수대를 갖고 있는가 하면, 각종의 의식과 행사를 갖고 있기도 하다. 이제 권력관계는 더 이상 주권적 제약을 통해서가 아니라 효과적인 조절을 통해 통치함으로 행위들의 효율성을 극대화하는 방식으로 조직되며, 타자들의 이질적인 행위들 또는 품행들을 단순히 배제하는 것이 아니라 자신의 내재적 평면 위에 위치시키는 방식으로 저항들을 '흡수'하여 '권력적 장치의 원동력 그 자체'로 삼는다. 권력들이 가지는 본래적이고 본질적이며 항구적인 기능은 사실상 효율성, 적성의 생산자, 생산물의 생산자가 되는 것이다. 이렇게 권력은 금지의 심급이 아니라 생산의 심급이다.

예컨대 규율권력의 일차적인 역할은 생산을 최적화하는 사회 구조를 창조하는 데 있다. 그를 위해 개인들의 사회적 행동을 조직할 필요가 있다. 규율은 일탈적인 행동을 처벌하는 데 한정된 것이 아니라 개인들로 하여금 이러한 일탈적 행동을 그들의 사회적 실천의 조직화와 방향 설정을 통해서 포기하도록 자극하는 것이다. 『감시와 처벌』에서 푸코는 규율권력의 주체가 누구인지를 말하지 않았고, 신체형으로부터 징역형으로 변화하는 과정에서 부르주아 계급이 어떠한 역할을 했는지를 규명하지 않았고, 그들의 사회적이고 이념적인 관점은 무엇인지를 밝히지도 않았다. 푸코에게 권력은 무엇보다도 관계적인 것으로 훈련, 전략, 기법 및 운영 원리로 이루어진 것이다.

우리가 권력의 작용을 타자들의 행동에 대한 행동 양식으로 정의할 때, 우리가 타자들의 행동 양식을 인간들의 서로서로에 대한 '통치'─ 이 단어의 가장 넓은 의미에서 ─ 로 특징지어질 때 우리는 자유라는 중요한 요소를 여기에 포함하는 것이다. 그리하여 우리는 통치 형태들에 대해서는 저항할 수 있다. 우리는 이러저러하게 통치받는 것을 거부할 수 있다. 통치에 대한 이러한 새로운 개념으로부터 푸코는 자신의 고유한 작업을 저항점들의 도입으로 사고할 수 있는 것이다. 푸코는 권력관계에 내재하는 균열들을 보여주려고 한다. 또한 그는 저항이 그 자체로 권력관계에 내속한다는 점을 보여주려고 한다. 권력관계는 지속적인 전략적 상호작용을 기반으로 삼기 때문에 우리는 언제나 주어진 전략적 상황에 저항하거나 그것을 수정하기 위한 능력을 가진다.

권력은 어디에나 있다. 긍정적일 수도 있고 부정적일 수도 있고, 강제될 수도 있지만 저항할 수도 있다. 권력관계가 어떤 전략의 모습을 갖추는 만큼 거기에 대한 저항이 있으며 이 저항은 지배적인 권력에 대해 이의를 세기하는 여러 중심으로서 서로 결합힐 수 있다. 여기서 문제가 되는 것은 계급투쟁과 같은 것의 부활이 아니다. 왜냐하면 선험적으로 존재하는 체계화된 저항의 심급은 존재하지 않기 때문이다. 그보다는 오히려 지배가 눈에 띄게 현저해질 경우, 이 지배의 특수한 상황에서 발생하는 저항의 다수의 "중심들"이 문제다.

예를 들어 프랑스의 국가권력이 1995년에 퇴직 연금 제도를 개혁하려고 결정했을 때 즉각적으로 저항 세력, 즉 퇴직자들 혹은 미래의 퇴직자들을 거리로 나오게 만드는 비판의 고리가 형성되었다. 이 개인들의 집합은 마르크스주의적인 의미에서의 "계급"을 형성하는 것이 아니라 노조나 압력 단체처럼 이전에는 가시적인 방식으로 드러나지 않았던 저항 세력의 결집을 형성하는 것이다. 이러한 저항력은 개인적인 권력, 즉 미시 정치적 수준에서 잠재적으로 존재하고 있었지만, 개혁 계획이 공표되자 이 저항 역량이 집단행동이라는 형태로 가시화된 것이다.

푸코는 특정한 정체성을 고착시키려는 통치의 기술들에 저항하는 일은 우리가 누구인가를 밝히는 작업이 아니라, 지금 우리가 무엇인가를 거부하는 일을 통해 가능하다고 역설적으로 주장한다. 자기를 거부한다는 것의 의미는 자신을 특정한 방식의 주체로 만들어 가는 권력의 방식들과 자기 자신을 떼어 놓은 일이며, 이 거리화가 가능한 분석을 이끌기 위해서는 반드시 그것이 발생한 특정한 힘들의 장 안에서, 그리고 그러한 힘들이 가능했던 역사적 배경 아래에서 논의해야 한다고 푸코는 강조한다.

앞에서 언급했듯이 푸코에게 권력은 제도나 구조로 고착된 것의 '지배'가 아니다. 그것은 "힘 관계들의 쟁투", 즉 다양한 힘 관계들의 게임이라 할 수 있다. 그러니까 항상적으로 상호역전 가능하고 변화하는 작용이다. 권력은 '행사되는 것'이다. 더 큰 힘이 더 작은 힘에 행사되는 것이다. 권력은 무수한 저항의 힘들과 더불어서만 권력으로 존재하게 된다. 그런데 지배적인 권력의 기술들은 내 삶에 개입하고 나를 개체화-복종화한다. 즉 권력의 기술들이 겨냥하고 있는 것은 개인의 예속화다. 그런데 이때 주체가 권력과 연결된 주체이고, 통치성의 주체라는 점을 잊지 말아야 한다. 권력에서 주체로 이동해서 바라보면, 주체는 저항이라는 자유를 실천할 수 있게 된다. 그리하여 주체의 자유 실천을 자기 통치라고 할 수 있다.

- 개인의 통치성으로서 목자[사목] 권력

푸코는 개인의 특수성에 따라 자신을 조정하려 하는 통치 형태들에 대해서도 검토한다. 여기서 말하는 통치는 좁은 의미에서의 국가 운영(행정)에 한정된 것이 아니었다. gouverner라는 프랑스어 단어는 '국가와 영토를 통치하기'라는 오늘날의 의미로 굳어지기 이전,

즉 16세기 이전까지 대단히 넓은 의미를 가졌다. 신체적, 공간적, 물질적인 의미, 더 나아가 윤리적인 의미에서 타인의 영혼을 영적으로 인도하는 행위, 품행의 좋고 나쁨, 또 다양한 대인 관계를 지시하는 데도 사용했다. 푸코는 통치의 대상이 개인과 집단을 막론한 '인간'이라는 점에 주목하고, 이렇게 통치의 대상을 인간으로 상정한 것이 그리스도교 고유의 사태임을 발견하며, 그리스도교의 제도화에서 '목자[사목]' 권력의 구조를 확인했다.

푸코는 목자[사목] 권력으로부터 논의를 시작한다. 목자 권력은 왕, 황제, 재판관 등과 같은 통상적인 정치권력과는 달리 이 권력이 대상으로 삼는 것은 다양한 개인들 또는 이동하는 무리 속에 있는 개인들이다. 푸코는 목자[사목] 권력이라는 개념을 통해 항상 변화하는 인민의 안녕을 책임지고 개인에 맞추어 자신을 조정하려 하는 통치의 형태를 지시한다. 이를테면 양 떼를 기르는 것, 즉 먹이를, 좋은 목초를 주고 샘물까지 인도하여 물을 마실 수 있도록 한다는, 개인과 집단의 생활을 보장하는 것이다. 왕은 경계를 게을리하지 않는 빈틈없는 목자로 간주된다. 요컨대 목자 권력의 통치란 "요람에서 무덤까지, 무덤 이후 구원까지 양들을 책임지고 보호하며 그들의 행동과 태도, 영혼의 상태까지 통제하고 관리하고 인도하는 방식"이다.

여기서 목자 권력이 개인을 지향한다는 특징이 나온다. 예를 들어 행정관의 경우에는 영지 내의 주민 총체를 구원해야 하는 데 반해, 좋은 목자란 집단 내의 개개인을 개개인으로서 다루고 그들의 구원을 생각할 수 있는 자여야만 한다. 물론 목자는 양 떼 전체의 구원을 생각해야 하지만, 그와 동시에 그 구성원 한 사람, 한 사람의 구원을 보장해야만 한다. 이를테면 기독교의 사목은 자신의 책무를 다하기 위해 그의 모든 양들이, 그의 양 떼를 이루는 구성원 한 사람 한 사람이 행하고 있는 것을 모조리, 모든 순간에 알고 있어야만 한다. 그 것은 개인의 내면을 안다는 것을 의미한다.

반면에 기독교 신자들은 모두 자신의 사목에게 자기 영혼의 내밀한 부분에서 일어난 모든 일들을 말할 의무가 있다는 것을 전제한다. 특히 기독교도에게는 자신의 사목에게 기독교 고유의 실천, 즉 전적이면서도 항상적인 '고백'이라는 실천의 의무가 있다. 기독교도는 자신의 내부에서 일어난 일에 대해서 그의 양심을 가르치고 이끄는 역할을 하는 인물에게 끊임없이 고백해야만 한다.

그렇다면 '성'의 역사에서 기독교 사회의 사목 권력은 아무런 역할도 하지 않았다고 말할 수 있을까? 기독교는 분명 하나의 역할을 했으며, 그것은 도덕적 요청을 가르치기 위한 일련의 권력 메커니즘이었다. 여기서 문제된 신체는 푸코가 성적 욕망을 핵심으로 형성되는 신체에 대한 '주관성'이라는 형태로 제기한 '기독교적 육체'였다. 그것은 아주 미세한 부분에 걸쳐 개인이라는 것에 기초하고 있으며, 자기 자신과 타인이 알게 된 개인에 대한 지식에 기초하고 있다.

바꾸어 말하자면, '주관성'의 형성을 통해, 즉 자신의 나약함, 유혹, 육체에 대해서 끊임없이 각성 상태에 있는 자기의 의식을 형성함으로써 기독교는 금욕주의와 세속적 사회의 중간에 있는, 결과적으로는 아주 평범한, 딱히 흥미롭지도 않은 도덕을 기능시키기에 이른다. 내면화의 기술, 자각=의식화의 기술, 자신의 나약함, 신체, '성', 육체에 관해서 자기 자신을 자기 자신에게 눈뜨게 하는 기술, 이것이야말로 '성'의 역사에 기독교가 가져온 최대의 결과라고 할 수 있다. 푸코가 고대 오리엔트 사회에서 찾아내는 이러한 형태의 권력은 이후 영혼에 대한 기독교적 통치를 특징지으며, 그리스 도시국가의 통치성과는 확연히 구분된다. 바로 이 사목 권력이 다른 품행을 선택할 수 있는 주체의 권리라는 형태로 최초의 거대한 저항들을 불러일으키는 것이다.

푸코는 사목적 통치성에 대한 주체의 이러한 저항을 비판적 태도라고 지시한다. 푸코가 말하는 비판적 태도란 칸트에게서 힌트를 얻은 것이라고 한다. 통치술의 반대항으로서 비판적 태도란 "이런 식으로 이런 자들에게 이런 방식으로 통치당하지 않을 기술"이다. 비판적 태도의 요체는 "진실에 대해서는 그 진실이 유발하는 권력 효과를, 권력에 대해서는 그 권력이 생산하는 진실 담론을 문제 삼을 수 있는 권리를 주체가 자신에게 부여하는 것과 관련된 활동"으로 '진실을 둘러싼 정치라고 부를 수 있는 활동 속에서 탈예속화를 그 본질적 기능으로 갖는 것'이다.

– 신자유주의 통치양식과 주체화 실천

기독교 교회의 사목 권력이 재구성하고 통합한 자기 통치와 타자 통치의 테크놀로지는 복지국가의 활동을 통해 계속해서 중요성을 갖게 됐다. 푸코가 고대 그리스 사회와 관련해 논의했던 자기 돌봄과 그 종용은 신자유주의 사회에서 국가가 담당하고 있다. 오늘날 자기를 돌보는 것, 자기 자신과 삶에 작업을 가하는 것은 사회적 노동 분업 속에서 우리에게 부여된 자리를 점유하는 데 필요한 말하기 방식과 처신 방식의 돌봄을 의미한다.

자기돌봄은 신자유주의 권력 테크놀로지가 우리에게 합당한 임무의 책임자로서 자신을 주체화하라는 명령과 같다. 스스로를 '조작 가능하고', '통치 가능한' 주체, 시장 원리를 내면화한 자기 관리의 주체인 호모 에코노미쿠스로 환원하려는 것이다. 문제는 주체화와 자기가 자기와 맺는 관계, 자기가 타자와 맺는 관계를 통해 형성되는 미시적인 권력관계의 문제를 어떻게 정치화하여 예속화 장치와 단절할 수 있는가와 관련된 전략, 전술인 것이다.

윤리는 '경험의 원천'이자 경험의 중심지다. 바로 이 경험의 공간에서, 가능한 지식의 형태들(지식), 개인행동의 여러 규범적 모태(권력), 가능 주체의 다양한 실존의 양식(자기와의 관계)이 서로 관계를 설정하는 것이다. 이 경험의 원천에 대한 문제화와 이로부터 비롯되는 단절 및 정치적 주체화의 실험은 서구의 역사를 가로질러 전승되어 19세기와 20세기의 혁명주의자들, 동시대 예술가까지 이어진다.

푸코의 탁월성은 아마도 우리가 새로운 삶의 양식을 발명할 잠재력을 얼마나 잊고 살아왔는지, 또 신자유주의가 우리 삶의 양식과 주체성을 '호모 에코노미쿠스'에 예속시키면서 이 잠재력을 파괴하고 있는 오늘날 그것이 얼마나 긴급히 요청되는 것인지, 그리고 이 잠재력이 얼마나 우리 가까이에 있는지를 환기시킨다는 점에 있을 것이다.

오늘날 신자유주의 사회에서 윤리, 경제, 정치는 결코 분리될 수 없다. 특히 권력이 어떻게 자기와 자기가 맺는 관계, 자기 돌봄, 요컨대 윤리에 개입하는지를 이해하지 않고서는 말이다. 우리는 삶, 실존, 투쟁적 주체화를 고찰하는 방식을 성찰함으로써 호모 에코노미쿠스로서의 주체성 생산을 가장 중요한 생산으로 여기는 신자유주의의 권력에 저항할 무기를 마련할 수 있을 것이다. 이분법적 분할을 가능하게 하는 미시적 권력관계가 이미 이 장치들을 관통하고 있다. 집단적 예속 기제를 통해 발달하게 된 남성/여성, 부모/자식, 선생/제자, 의사/환자의 관계는 계급 분할을 통해 관통하고 구축한다.

푸코의 마지막 초점은 이미 앞서 언급한 대로 주체의 잠재력 양태에 관한 것이었다. 감옥과 같은 제도나 신자유주의 체제 하에서 사람들이 다른 사람에 의해 통치되는 주체화 혹은 실천에 대한 푸코의 분석은 그 영향력이 입증되었다. 1980년대 들어 현재에 대한 푸코의 역사는 제도나 인구에 대한 관심을 넘어 자기(윤리)와의 관계—자기 통치를 통한 개인의 자기 만들기 실천인 주체화에 대한 비판적 성찰로 옮아간다. 그래서 푸코는 말년에 고대 그리스에서 온 대안적 자기 기술을 연구했다. 진정한 자율적 주체를 만들어내는 파레시아(parrhesia) 같은 것 말이다. 파레시아는 3가지로 정의할 수 있다. '진실을 말하기', '위험을 감수하는 말하기', '비판적 태도로 접근하기'를 지녀야 한다. 그것은 타인과의 기울어진 권력관계 속에서, 위험을 감수하는 말하기 실천을 통해 자신의 진실된 정치적이고 윤리적인 태도를 지키는 것을 의미한다.

이런 변화는 현재 지기들이 (재)구성된 기술들이, 대상화하는 동시에 지배를 돕는 주체화 방식을 만든다는 푸코의 주장을 반영한다. 그는 대상화와 주체화, 이 둘 모두의 '전술'을 식별 가능한 현실의 실천을 통해 분석해야 한다고 제안한다. 대상화 과정들은 이상적인 상호주관성의 소외로부터 생기는 것이 아니며 주체화 또한 이상적 자율성으로부터 시작되는 것이 아니기 때문이다. 특히 주체성에 관한 푸코의 정치 전략은 주체화가 구성되어 온 역사적 형식들에 대한 분석으로부터 시작된다. 푸코가 고대의 주체화에 관심을 갖는 것은 이것이 근대와는 다른 주체화 방식을 갖기 때문이다. 푸코는 자기 수련을 통해 "어떤 주체가 되는 법"을 배울 수 있다고 본다. 즉 주체는 실존의 테크닉 — 글쓰기, 독서의 기술, 자기 인식의 기술 등 — 을 통해 만들어지는 것이다. 자신을 다르게 주체화하는 힘은 나의 몫이다.

작은 변화를 실행하는 이 순간, 불현듯 진실을 만날지 모른다. 몇 가지 예만 들더라도, 자기 행동을 돌아보며 이산화탄소 배출량을 추적하는 것, 식단을 조절하는 것, 헬스장에 가는 것, 비아그라를 사용하는 것, 안식년을 갖는 것, 긍정적으로 사고하는 것, 요가를 하고 생태관광을 떠나거나 몸을 움직이는 여행(자전거 타기나 걷기)을 하는 것 등을 생각해 보라. 푸코에게 이런 기술들은 궁극적으로 복종과 자책에 뿌리를 둔, 개인의 진정한 자유나 자율을 방해하는 것이다. 그뿐만 아니라 건강을 위한 자전거 타기, 안식년 여행, 생태관광 같은 '기술'이 얼마나 주체성을 대상화하고 지배력을 만들어내는지에는 논란의 여지가 있다. 하지만 이들 실천들을 감각과 지각, 내재된 경험과 정동/감정과 같은 과정에 특히 민감한 이론적이고 방법론적인 렌즈를 통해 분석한다면 다양한 형태의 실천들이 전체적인 만족감, 자존감, 진정으로 긍정적인 감정을 발생시킨다는 점이 명백해진다. 일련의 이런 수행은 자기와 달라지는 힘의 생성을 위한 무수한 시도와 실천이 필요하다. 이를 푸코는 삶의 기술이라 말한다.

여기서 푸코의 자기의 포이에시스(poiesis) 개념이 탄생한다. 현재를 다르게 상상하고 다른 형태의 삶으로 변형시키는 자기의 포이에시스는 자기 삶의 변형뿐 아니라 더 넓은 바깥의 변형을 초래한다. 자기 에토스의 창조는 거대 권력의 통치성에 의한 규범이나 가치의 고착화를 막는다. 그래서 영속적인 자기돌봄이란 자기 에토스의 영속적인 재창조, 활성화와 연결된다. 이는 사유 방식이나 존재 방식을 바꾸는 실천행위라 할 수 있다.

- 국가 이성에 의한 통치, 치안[내치]과 안전

푸코는 1978년에서 1979년 사이에 국가 이성과 자유주의라는 두 가지 거대한 통치 형태에 대해 국가에 종속된 인구의 수준에서 중점적으로 연구한다. 국가 이성은 16세기와 17세기에 나타나 신성법이나 자연법 또는 인간법이 아니라 '국가를 다스리는 기술에 특정된 합리성'을 일컫는 특별한 '통치의 기술'을 형성했다.

푸코는 보테로(Botero)를 언급하는데, 그는 '국가가 자신을 형성하고 강화하며, 인내하고 성장하는 수단에 관한 완전한 지식'으로 국가 이성을 정의한다. 국가 이성에 의한 통치는 국가의 평화와 온전함을 유일한 대상으로 삼는다. 그래서 우리는 어떻게 국가 이성이 외교-군사적 장치와 치안 장치라는 두 가지 주요 장치를 갖출 수 있는지를 이해하게 된다. 특히 국내적으로 국가 이성은 치안(police)의 확립으로 표현된다. 치안은 국가 이성에 기반하면서도, 사법 장치를 경유하기보다 개개의 직접적인 기술로서 개입하는 권력이다.

고전주의적 의미에서 치안은 인간들이 형성하는 것, 즉 인간들의 활동 (풍속, 생산, 신체), 인간들 사이의 공존과 교통의 모든 형태를 대상으로 삼는 조직체다. 요컨대 근대적인 통치 기법 혹은 국가적 합리성이 목표로 해야 할 것은 개인들의 생명을 구성하는 다양한 요소를 발전시키고 그렇게 함으로써 국가의 힘을 강하게 하는 것이다. 국가를 그 안에서 살고 있는 인간 생명의 집합으로 파악하는 이런 발상은 18세기에 중요성을 더하게 된 어떤 개념에 대응한다. 그것이 '인구' 개념이다. '인구'란 "살아 있는 개인들로 이루어진 하나의 집단"이라고 정의된다.

17세기 이래, '좋은 국가 질서를 유지하면서 국가를 증대시킬 수 있는 수단들의 총체'인 치안은 국가를 위해 스스로를 살아 숨 쉬는 힘[노동력]으로 변형하는 인구의 평안을 보장해야 한다. 푸코는 인구 개념을 통해 "다수의 사람을 말하되, 그것이 개체로 요약된다는 점에서가 아니라 이 다수가 모든 생명 고유의 과정인 출생과 사망, 출산, 질병 등 인류 전체 과정에 영향을 받는 글로벌한 전체를 형성한다는 점"에 주목한다.

푸코는 "전체적인 것과 개별적인 것"에서 18세기에 인구라는 개념이 어떻게 활용되었는지를 언급한다. 인구는 동일한 종에 속하며, 서로서로 살고 있는 개인들의 집단, 즉 어떤 지역에서 내치 관심의 대상을 구성하는 사람들의 집단으로 이해된다. 내치는 인간들의 공동생활을 규제할 수 있게 해주는 심급이다. 내치는 인간이 살아 있고 활동적이며 생산한다는 사실에 주의를 기울인다. 개인들을 정상적으로 만드는 것이 내치의 1차 목표다. 달리 말해서 다수의 이질적인 개인들을 동질적인 인구로 변형하는 것이 1차 목표다. 이것은 통치가 여러 가지 목적에 관심을 베풀어야 한다는 사실을 함의한다. 예를 들면 규범화의 테크닉들이 개인의 신체를 촘촘히 에워쌌음은 물론이고, 이는 다시 공간 구획과 시간 분할 등의 전략을 통해 개인의 수준을 넘어 인구의 신체까지 확장되어 갔다.

푸코는 규범권력에 의해 주체가 생산된다는 점을 이론화하고자 한다. 규범은 단순히 체벌의 위협 아래서가 아니라 지배적 신념과 가치를 완전히 내면화하기 위해 행동을 끊임없이 조각한 결과 사회적 규범을 준수하는 순종적인 시민을 배출함으로써 내치의 여건을 조성한다. 내치는 행위의 억제를 넘어서서 잠재성의 통제, 일탈적 행동의 가능성을 통제하는 임무를 담당한다. 그 대가로 사회 내에서 인간들의 공존을 확보한다. 내치의 기능은 권력을 대표하는 자들에 의해 행사되는데, 이는 학교에서는 선생이, 공장에서는 십장이, 병영에서는 장교가 그 기능을 행사한다. 그 역할은 그것이 폭력 행위이든지 부적절한 행동이나 위험한 의견이든지 간에 사회조직의 가장 사소한 세부 사항에 이르기까지 모든 것을 표적으로 삼는다. 그러므로 내치 권력의 주된 특징은 그 세밀함에 있다.

푸코는 『감시와 처벌』에서 내치 국가는 안전의 세세한 것에 관한 관심과 연결되어 있다고 말한다. 푸코에게 통치술은 "위험을 확인하고 … 왕이 자신의 공국을 확실히 보호하기 위해 그에게 허용되는 힘의 관계를 능수능란하게 다루는 기술을 발전시킬 수 있는" 안전에 관한 것이었으며, 다스리는 자와 다스림을 받는 자 사이의 깨지기 쉬운 관계를 안정화하는 일, 그리고 그 일을 정당한 것으로 만드는 일에 관한 것이다. 통치성과 함께 안전이라는 개념은 푸코에게 매우 중요하다. 푸코는 일련의 테크닉, 테크놀로지 및 실천으로서의 안전이 자유주의의 자유에 따라 구현될 수 있는 통치 방식으로 등장했다고 주장했다.

안전은 국가가 예기치 않은 사건을 어떻게 다루어야 하는가, 비용과 결과를 어떻게 계산하고 평가할 것인가, 통지를 강요하기보다 제약 내에서 어떻게 인구를 관리할 것인가에 관한 것이다. 푸코는 안전 행위자는 자신의 노력이 향하는 대상을 찾아야 하고 구체화해야 한다고 말한다. 안전은 푸코가 '인구'라고 부르는 것에 따라 실행되고 수반된다. 안전의 대상으로서의 인구는 자기-조절적 집단, 즉 강력한 국가 규제로부터 자유로운 질서를 만들어내는 사람들과 사물들의 집합으로 이해된다. 안전 이슈는 18세기에 점점 더 많은 관심을 받게 된다. 주권은 법을 강제해 지배하는 문제에 관한 것이지만, 안전은 인구의 관리에 관한 것이다.

– 생명정치의 틀, 환경과 인구의 순환

무엇보다 푸코는 17, 18세기의 국가 이성(state reason)과 19세기의 자유주의 통치성(liberal governmentality)을 구별하고, 이들은 각각 어떤 관심과 작동 방식에 의해 통치 효과를 얻어 냈는지 분석한다.

국가 이성이 '주권의 완전성'과 '국가 자체의 강화'에 초점을 맞추었다면, 자유주의 통치성은 '통치의 효율성'이라는 차원에서 자체의 법칙에 따라 순환하는 다양한 사회관계들을 관리-조절하는 데에 집중했다. 즉, 자유주의 통치는 인구-시장-자유-안전으로 이어지는 자연적-사회적 과정들의 순환에 관심을 두고, 특히 사회적 자유와 안전장치의 관계를 중시했다. '자유'와 '안전' 간의 상호조절-순환 없이는 통치의 기술로서 자유주의는 존립할 수 없기 때문이다.

푸코에게 인구는 인간 존재뿐만 아니라 인간이 공존하는 물질성과 그 공존에서 발생하는 사건을 가리킨다. 인구는 "일련의 변수에 의존한다. 인구는 기후와 함께 변하고, 물질적 환경과 더불어 변한다. 인구는 무역의 활발함 정도, 부의 순환 활동과 더불어 변한다." 『안전, 영토, 인구』에서 환경에 대한 푸코의 논의는 17세기 물리학, 18세기 생물학의 등장과 함께 시작된다. 환경 개념은 일종의 인식론적 장치로서 특히 이 시기 생물학자들이 공간에 거주하는 것을 설명하는 데 사용되었다.

푸코에 따르면 환경은 18세기에 우발적인 것을 통치하고자 하는 자유주의적 통치성이 출현하는 사태에서 중추적인 한 요소를 이룬다. 푸코에 따르면 "환경은 하천, 습지, 언덕 등 자연적인 소여의 총체이자 개인이나 가옥의 밀집과 같은 인위적인 소여의 총체다. 환경은 거기에 거주하고 있는 모든 사람에게 영향을 미치는 일군의 효과다." 이를 뒷받침하는 인구라는 표상이 후속적으로 탐구되며, 그리하여 자유주의적 통치가 집단적 생명을 겨냥할 뿐만 아니라 통치의 매개물로서의 환경에 관한 이해에 의해 특징지어지는 생명정치의 개념이 제시된다.

환경 개념은 집합적인 인구를 구성하는 생명과 물질적 배경의 혼종적 형태를 말한다. 푸코의 환경 개념은 인간과 비인간 사이의 경계면을 관리하고 생명정치의 틀을 더 확실히 잡기 위한 무대를 설정하고자 하는 자유주의적 통치성의 전략적 요소를 구성한다. 그것은 생명체의 경험과 현존을 파악하는 보편적이고 필수적인 양식이 되고 있다. 조르주 캉길렘(Georges Canguilhem)의 용법을 떠올려 보면, 환경 개념은 공간 내 요소들의 공존과 이 요소들 사이의 관계성을 통해 어떻게 인구가 형성되고 배치되는지를 연구하는 데에 사용되었다. 환경 개념을 통해 보면, 인구 질서는 공간 내를 점유하고 공존하는 것으로 이해되는 다른 요소들의 상호작용을 통해 함께 구성된 것으로 간주된다.

환경 개념에서 특히 중요한 것은, 환경이 인구가 질서화되는 방법에 대한 구체적 개념이라는 점이다. 푸코는 안전 작업의 핵심 개념인 환경 개념에 초점을 맞춰 인구의 순환 확보에 다가간다. 푸코가 말했듯이 "환경은 순환이 이루어지는 곳이 될 것이다." 인구에 주의를 기울일 때 안전 기술은 "환경의 정리자(들)"로 이해되어야 한다. 안전은 "경계나 국경을 확정하는 것도, 부지를 확정하는 것도 아니다. 특히 핵심이 된 문제는 사람, 상품, 공기 등의 순환을 가능케 하고 확보하는 것이었다."

특히 19세기 자유주의 통치성에서는 인구, 시장, 자유, 안전 등 사회관계가 순환하며, 이 순환을 통해 통치가 효율적으로 이루어진다. 즉, '자유'와 '안전' 간의 상호조절이 통치의 핵심 원리로 작동한다. 푸코의 '순환'은 권력과 통치 행위가 특정 인물이나 영역에 국한되지 않고, 사회 전체에서 다양한 관계와 과정을 통해 끊임없이 반복·유지되는 구조임을 강조하는 개념이다. 푸코는 18세기에 출현한 순환 통제하기에 대한 관심을, 그가 한편으로는 주권과 구분하고 다른 한편으로는 규율과 구분하는 권력의 새로운 배치와 연계시킨다. 푸코는 권력이 한 사람에게 집중되거나 물질로 환원될 수 없다고 보았으며, 권력은 사회 전체에서 다양한 관계와 규범, 전략, 기술에 의해 끊임없이 순환·작용한다고 분석한다. "권력은 순환하는 것으로 분석되어야 한다. 특정 영역이나 인물에 국한되어서는 안 되며, 재화나 부로 다루어져서도 안 된다."

순환의 목적은 "정상적이고 일반적인 곡선에 비해 가장 바람직하지 못하고 일탈적인 정상성을 저 정상적이고 일반적인 곡선으로 되돌리는 것"이다. 도시 정비의 예를 든다면, 인구 요소가 자유롭게 순환해야 한다면 질서를 불안정하게 만드는 파괴적 사건이 일어날 수밖에 없다는 것이다. 안전은 파괴적인 사건이 가져올 수 있는 영향을 줄이는 방식으로 순환을 배치함으로써 실행된다. 환경 개념을 통해 읽으면 규범적 질서는 순환의 수준에서 다시 만들어진다. 따라서 통치 메커니즘으로서의 안전은 인구 순환에 적용된다. 일단 환경 개념이 피통치 인구의 순환을 개념화할 인식적 장치를 의미한다고 말하는 정도면 충분하다. 따라서 환경 개념은 푸코에게 중요한 안전 장치다.

푸코에게 인구의 자유는 인구 요소가 어떻게 순환하는지에 따라 파악된다. 안전 기술은 인구 순환을 통해 그리고 인구 순환에 따라 확립된다. 푸코는 이 주장을 뒷받침하고자 안전 메커니즘으로서의 도시계획 재협상 문제를 언급한다. 자유주의가 도래하기 전 도시계획은 '폐쇄된 빈 공간'을 구조화하여 운영되고 그 안에서의 움직임은 고정되고 미리 결정되었다. 이와 달리 안전 기술로서의 도시계획은 미래의 인구 변동을 수용하는 방식으로 진행된다. 도로와 수로는 "정확히 통제되지 않고 정확히 계측되지도 않고 계측할 수도 없는 미래를 향해 나아가며, 훌륭한 도시 정비란 발생 가능한 바를 고려한다." 안전 통치의 시대에 도시 정비는 인구의 열린 이동을 활성화하고자 한다.

애초부터 푸코는 순환이라는 사안이 인간과 사물의 복합체를 통치하기에 관한 문제를 제기한다고 강조한다. 그리고 안전 기술은 "사람과 사물 모두의 운동, 이동, 그리고 순환 과정들의 가능성"을 보증하는 자유주의적 자유 개념의 전제조건으로 간주한다. "주권은 영토를 가장 중시하면서 통치의 거처를 주요 문제로 제기하고", "규율은 공간을 조직하면서 요소들의 위계적인 기능적 분배라는 본질적 문제를 다루는" 한편, "안전은 사건들 혹은 사건들이나 가능한 요소들의 계열들, 가변적인 다각적 틀 내에서 조정되어야 할 계열들에 의거해 환경을 성비하려고 할 것이다."

5) 조직에서의 권력 생산 작용

- 통치체제로서의 조직

조직은 단순히 기능적인 집단이 아니다. 조직의 구조는 흔히 통치 체제의 도구로 활용되어 왔기 때문에 권력, 행정, 인사, 재정 등 다양한 요소들이 복합적으로 상호작용하며 유지되는 유기체로서의 면모를 통찰할 수 있다. 통치성은 푸코가 제시한 개념으로, 권력이 행사되는 방식과 주체가 스스로를 통치하는 방식을 포함하는 광범위한 통치 기술과 전략을 의미한다. 이미 언급된 바 있는 푸코의 통치성은 "통치란 적절한 목적에 이르기 위한 사물의 올바른 배치"라는 구절에 주목한다. 이것은 통치가 여러 가지 목적에 관심을 베풀어야 한다는 사실을 함의한다. 이러한 관점에서 조직은 목표 달성을 위하여 권력을 배분하고 의사를 결정하며 자원을 관리할 뿐만 아니라 구성원들의 사고와 행동을 특정한 방향으로 유도하고 통제하는 메커니즘을 가지고 있다. 조직에는 권력과 통제를 위한 다양한 전략과 기술이 존재한다. 푸코에게 통치술은 다스리는 자와 다스림을 받는 자 사이의 깨지기 쉬운 관계를 안정화하는 일, 그리고 그 일을 정당한 것으로 만드는 일에 관한 것이다.

푸코의 통치성과 어느 정도 맥락을 같이하는 미국의 정치과학자 로버트 달(Robert Dahl)에 따르면 권력이란 '다른 사람으로 하여금 만일 그렇지 않으면 행하지 않았었을 어떤 일을 행하도록 만들 수 있는 능력'을 의미한다. 푸코는 대체로 '통치'라는 용어를 '품행의 인도'라는 의미로 정의했다. 즉 통치는 사람들 일부나 전체의 품행을 형성, 지도하거나 그에 영향을 끼치려는 활동의 형태다. 우리들은 조직 내 권력의 역동성을 이해하고 또 조직구성원들이 자기 영향력을 행사해 나가는 다양한 방법들을 규명할 필요가 있다.

조직에서 흔히 권한과 권력 그리고 상·하급자 간의 권력관계는 푸코의 미시물리학적이고 해부 정치학적 이슈들과 본질적으로 크게 다르지 않다. 그런 점에서 보면, 조직의 구조와 규칙, 규제와 절차들은 대개 과업의 원활한 수행을 돕도록 고안된 합리적이고 객관적인 도구요 장치인 것처럼 간주된다. 이러한 구조와 장치들 역시 많은 상황에 있어서 통제를 위한 투쟁의 산물이요 또한 반영물로 이해될 수 있다.

조직에서 권력이란 이해관계의 갈등을 궁극적으로 해소해 나가는 하나의 중개 과정이다. 어떤 사람들은 권력을 하나의 자원 즉, 소유물로서 인식하는 반면, 다른 사람들은 그것을 어떤 의존관계로 특징지어지는 하나의 사회적 관계 즉, 시물이나 사람에 대한 영향력 관계로서 간주한다. 권력이란 몇몇 수중에 있는 무언가가 아니라, 모든 이를 연결하면서도 동시에 분리하고, 이들이 대립하는 갈등 내에 이들을 모으기 위해 이들 사이를 통과하는 요소다. 하지만 이러한 힘[세력] 관계는 지배의 일면적 관계로 축소되지 않는다. 권력은 오히려 계급들 사이에 존재하는 너무나 광대한 대립을 가로지르는 그리고 (비록 생산관계에 기반하고 있기는 하지만) 단순한 생산관계로는 환원할 수 없는 다중적 네트워크에 관한 것이다.

조직의 분화와 통합을 위한 계획들, 집권화 내지는 분권화를 위한 조직설계 방안들, 그리고 매트릭스 조직(matrix organization) 내부에서 발생할 수 있는 여러 형태의 긴장과 갈등들은, 실은 개인 및 부서 간의 상호의존성과 권력관계 등에 연관되어 있는 숨은 이슈와 동기를 내포하는 수가 많다. 따라서 조직구성원 사이에서 다양한 형태로 구현되는 권력의 고유한 메커니즘과 프로세스, 그 현실적이고 구체적인 방식과 기능, 효과 등을 파악하여야 한다. 규칙과 규정들은 조직 내 '파워게임'의 일부분으로서 의도적으로 혹은 사후적으로 만들어지고 또 활용되는 경우도 종종 있다. 모든 관료제적 규제 방식들, 의사결정의 기준, 계획과 업무추진 일정, 승진과 직무평가의 기준 요인들, 그 밖에 조직의 일상적인 기능을 이끌어 가는 모든 규칙들은, 사실 통제하는 사람과 통제당하는 사람 모두에게 잠재적인 권력 기반을 제공해 준다고 볼 수 있다.

곳곳에 권력의 다소간 복잡한 매듭들이 존재하지만, 어떠한 경우에도 권력은 제도들이나 장치들(국가 등)에 정확히 위치하지 않는다. 정부와 애인 사이, 감독관과 노동자 사이, 부모와 자녀 사이, 성 노동자와 성 구매자 사이, 선생과 제자 사이에서 독특하면서도 다면적인 수많은 권력관계가 형성된다. 사회조직은 갈등적인 방식으로만 유지되는데, 이러한 방식으로 분열된 전략들은 서로에게 의존할 수 있으며, 이런 방식의 전술들은 한 관계에서 다른 관계로 전파된다. 그러므로 푸코에게서 권력은 점유되는 것이 아니라 작용하는 것이다. 우리는 푸코에게서 권력관계가 전략, 전술, 힘[세력] 관계의 관점에서 사고되어야 한다는 점을 이해했다.

– 규율사회와 조직 개념의 기계화

산업 혁명기에 여러 국가와 기관은 제각기 일련의 복잡한 미시 기제나 기법을 조직했는데, 그 과정에서 규율권력이 작동했다. 이 기제들은 전염병 확산 통제, 시장의 재정적 통제, 범죄의 행정적 통제, 탈영병의 군사적 통제와 같은 모든 긴급하고 절절한 요구에 대한 반응으로 도입되었는데, 그 사안의 엄중함 때문에 통제하고 확산하는 일은 매우 중요한 과제가 되었다. 여기에서 푸코는 특정한 행위 프로그램에 기초한 규율사회가 형성되고 있음을 보여준다.

푸코는 권력이 몸과 개인의 행동에 행사하는 방식을 자세히 살펴 보면서 권력을 미시물리학으로 개념화한다. 그리고 이런 미시권력은 생산적이라고 한다. 가령 군사적 훈련이나 체육 시간에 권력은 신체 의 표면이 아니라, 그 세부적인 수준에까지 미시적으로 도달한다. 그 런데 신체에 대한 이러한 규율은 단순히 억압하고 금지하려는데 목 적이 있는 것이 아니다. 오히려 규율을 통해 신체의 효율이 증가하면 서 생산성은 높아간다. 그래서 더 많이 생산하는 노동자, 더욱 탁월 한 병사, 더 우수한 학생들이 만들어지는 것이다. 그런 점에서 푸코 는 규율권력을 생산적 권력이라 했다. 말하자면 푸코에 있어서 '노동 인간'은 규율권력에 의해 '생산'된 것이고 생산력의 극대화라는 지 상목표에 복종한다.

규율사회와 그 이질적 공간은 인간의 생산 행위에 기초한 축적-재 고-부라는 자본주의와 더불어 출현한다. 규율사회에서 개인들은 항 상 장소가 정해지고 조직화되었으며 그들의 모든 활동은 선생, 십장, 경찰관 등 규율과 교정이라는 항구적인 망상조직에 속박된 상태다. 푸코는 분명히 말하지만, 생산력의 극대화가 단순히 공장에서의 생 산량 극대화를 의미하는 것만이 아니라 학교에서의 지식과 능력 생 산의 극대화, 병원에서의 건강 생산의 극대화, 군대에서의 파괴력 생 산의 극대화 모두를 포괄하는 것이다.

규율 구조에서 권력의 중심적 심급은 그것이 위치와 시간 관리에 대해 갖는 강박관념으로 인해 매 순간 개인들이 어디에 위치하고 있 는지를 알 수 있다. 푸코의 특징적 통찰 중 하나는, 권력의 다양한 양식 — 다시 말해 지식과 메커니즘, 기술의 다양한 조합 — 이 규범 의 다양한 종류와 강도를 만들어낸다는 점에 주목한 것이다. 허용과 금지라는 이항대립 안에서 주권의 양상이 작용하는 경우, 대개 신체적 폭력을 동원하긴 하지만, 규율은 외부적으로 부과한 사회적 규칙을 따르게 만들고 비정상성을 제재하고자 개인을 집단이나 전체와 비교하고 차등화하는 '정상적 규범'을 만들어낸다.

푸코에게서 권력은 타인을 희생시킴으로써 특권을 갖게 된 제한된 수의 인물들이 공유하는 그런 실체가 아니며, 또한 권력은 사회계급의 배타적 전유물이 아니다. 즉 반대로 권력은 (비록 권력의 흐름이 사회의 한 부분만을 위하는 방식으로 테크놀로지와 장치를 통해 관리[통제]되고 규제된다는 것은 명백하지만) 사회조직의 모든 영역과 깊이를 순환하는 것이다. 신자유주의적 도시주의에서의 도심 속 파놉티콘 감옥, 학교, 병원, 광장에서, 혹은 심지어 도로, 공항, 국경 횡단 등에서 유사한 방식으로 행동하는 여러 사람에 의해 만들어진다.

우리는 규율이 권력의 새로운 경제를 구성한다는 점을 기억해야 한다. 푸코는 규율의 합리성을 통하여 신체의 복종을 보증하는 것으로서의 감시와 관리[통제] 원칙을 강조했다. 이러한 감시와 관리[통제]는 권력의 기계(machines)에 의해 행해지는 것이다. 규율은 권력의 확장, 강도, 지속성에 있어 그 효과를 증가시키려는 시도로, 즉 부드럽게 그리고 끊임없이 사회체에 침투하고자 하는 권력의 꿈으로 제시된다. 하지만 규율권력은 특히 자본주의에 의해 발전된 새로운 생산 메커니즘에 통합된다. 실제로 결국 규율이 생산하는 이 유순한 신체는 생산 기계와 연결될 수 있는 노동자의 유용한 신체이다. 규율권력은 또한 신체를 생산 규범에 맞게 조절하는 역할을 맡기도 한다.

1776년 간행되었던 『국부론』에서 스코틀랜드 출신의 경제학자 애덤 스미스에 의해 주창되었던 작업장에서의 노동의 분화 즉, 분업에 의한 생산방식은 기계와 감독자에 의한 통제를 강화하여 작업자의 재량권을 줄임으로써 작업의 효율성을 제고시키려는 생산주들에 의해 빠른 속도로 확산되어 갔다. 이에 따라 작업자들 역시도 공장제 생산방식의 새롭고도 엄격한 일상성과 작업규율을 체득하기 위해 새롭게 훈련해야만 했던 것이다.

조직 개념이 실제로 '기계화'되기 시작한 것은 특히 유럽과 북아메리카 대륙에서의 산업혁명과 궤를 같이하는 기계의 발명 및 확산과 더불어서다. 왜냐하면, 산업혁명 후 여러 산업과 공장에서 실제로 기계가 도입되고 사용됨으로써, 이제 조직의 운영 역시도 이러한 기계장치의 요구에 적응하도록 새롭게 요구됐기 때문이다.

특히 1740년부터 1786년까지 통치했던 프러시아의 프레데릭 대제는 기계적 조직회의 한 원형으로 간주된다. 그는 애초에 범죄자나 빈민, 외국 용병, 강제 징집병 등 한마디로 엉성한 오합지졸로 구성된 군대를 물려받은 왕이었다. 그는 즉위 후 이러한 군대를 변화시키려 했고, 곧 개혁에 착수했다. 특별히 프레데릭 대제는 규칙적으로 움직이는 사람 모양의 자동화된 인형의 작동 모습을 보고 크게 매료되었던 사람이었으며, 자신의 군대를 바로 이처럼 신뢰성 있고 효율적이며 일사불란하게 움직이는 자동인형으로 양성하기 위해 많은 새로운 개혁을 도입했다. 이러한 개혁들 가운데는 조직 내 위계와 표준화된 제복의 도입, 규칙의 제정과 확대, 과업의 전문화 확대, 표준화된 장비의 사용, 새로운 지휘 용어의 창조, 그리고 많은 군사적 훈련을 포함한 체계적 훈련 등이 있었다. 곧, 프레데릭 대제의 궁극적인 목표는 자신의 군대를 표준화된 부분적 수단을 통해 움직이는 하나의 거대하고 효율적인 기계장치로 만드는 데 있었다.

- 규율 기술의 재구성, 포드주의와 맥도날드화

규율사회는 단지 18세기라는 역사적 시간대에 국한된 것이 아니다. 오히려 규율사회는 이로부터 2세기가 지난 20세기 초에 이르러서야 실효적인 의미에서의 지배력을 갖게 된다. 그것은 물론 포드주의라는 축적 체계와의 결합을 통해 가능케 된 것이다. 페미니스트 정치철학자 낸시 프레이저(Nancy Fraser)는 푸코의 논의를 과거의 단층으로부터 끄집어내어 현재의 맥락 속에 재위치한다. "포드주의의 도래와 더불어 비로소 규율이 일반화되었으며 사회 전반의 상징적 표징이 되었다." 그녀는 푸코가 "더 이상 현대성 자체에 대한 해석자가 아니라 포드주의적인 사회적 규제 양식을 다룬 이론가"라고 말한다. 푸코가 마치 "미네르바의 올빼미처럼 포드주의적 규제 양식이 역사적으로 소멸해 가는 순간에 그것의 내적 논리를 포착" 했다는 것이다.

포드주의는 자체의 합리성의 체계에 따라 제반 사회적 관계를 그에 맞게 재구성해 왔는데, 이는 앞서 푸코를 통해 논의한 규율권력의 작동 메커니즘과 결코 다른 것이 아니었다. 포드주의는 대량생산-대량소비 사회의 성격에 가장 적합한 규제 양식을 바로 규율로부터 찾아냈던 것이며, 때문에 개인에 대한 규범적 구속, 시간의 분할과 엄격한 통제, 공간의 효율적 관리와 배치 등 규율 메커니즘을 그대로 혹은 정교한 형태로 변형해서 차용했던 것이다. 공장의 생산 라인 앞에 서서 마치 기계처럼 일사불란하게 움직이는 대규모 노동자 집단의 모습을 떠올려 볼 수 있겠다. 규율권력은 비록 18세기에 그 기원을 두고 있었지만 오히려 20세기 포드주의 시기에 이르러서야 자신의 에토스 혹은 합리성의 체계를 사회 전반에 스며들게 하면서 그 최대치를 달성할 수 있었던 셈이다.

프레이저는 포드주의와 규율권력의 접합을 논한 데 이어서 그렇게 정의된 포드주의적 규율의 특징을 다시 세 가지로 정리한다. 첫째, 포드주의적 규율은 사회 전체를 규율화한다. 포드주의적 규율은 단지 몇몇 영역에서만 한정적으로 적용된 것이 아니었다. 공장의 생산 라인뿐만 아니라 가족, 학교, 공동체, 공중보건, 안전, 양육, 가정경제, 사회복지, 치료, 대중문화 등 "모든 것을 합리적 통제하에 복속시키려 하는 노력에는 어떤 사회적 영역이든 제한이 없었다." 둘째, 포드주의적 규율의 핵심은 국민국가라는 영역으로의 집중에 있다. 전에는 다양한 형태로 분산되어 있던 규율기제들이 국민국가 내부로 수렴되었으며, 특히 사회적인 것으로 분류되던 영역들 또한 국민국가와의 연관성 속에 놓이게 되었다. 셋째, 이러한 포드주의적 규율은 개인적인 자기 규제를 최소 단위로 삼아 작동한다. 포드주의의 대량생산체제가 대규모 비숙련 노동자의 양산과 맞물려 있다는 점을 고려할 때, 이들에 대한 주체화·규범화·체제화 전략은 무엇보다 필수적인 것이었다. 요컨대 포드주의적 규율은 그 대상을 사회 전체로 확대하는 한편, 이 가운데 국민국가라는 영역을 중심으로 규율기제를 가동했으며, 무엇보다 개인에 대한 자기 규제적 전략을 기본 단위로 삼아 왔다. 이상의 논의에서 확인할 수 있듯이, 푸코가 제시한 규율권력은 20세기 상황에 맞게 포드주의적 규율이라는 버전으로 새롭게 현재화되었다.

사회 전반을 규율화하는 데 있어서 생산 부문에 포드주의가 있었다면 현대 사회의 서비스 유통 부문에서는 맥도날드화가 진행되고 있다. 사실 맥도날드화와 연관된 현상들은 너무도 광범위하여, 도대체 맥도날드화되지 않은 것은 무엇인가, 맥도날드화는 모더니티와 같은 것인가, 현대의 모든 것이 맥도날드화되어 있는가 하는 의문이

생길 수 있다. 조지 리처에 따르면 맥도날드화는 무(無)에서 갑자기 등장한 것이 아니었다. 간단히 말해 맥도날드화는 새로운 무엇을 의미하는 것이 아니라, 20세기 전반에 걸쳐 진행된 일련의 합리화 과정 ― 관료제화, 과학적 관리법, 포드주의의 조립생산라인 등 ― 의 절정을 의미하는 것이다.

맥도날드화 시스템 출현에 한몫한 관료제는 위계적으로 구성된 일종의 조직이다. 여기서 사람들은 특정한 책임을 맡고, 규칙이나 성문화된 규정, 그리고 자신보다 높은 직위의 사람이 행사하는 강제수단에 따라 행동하게 되어 있다. 관료제의 합리화 과정은 효율성, 예측가능성, 계산가능성, 인간을 통제하는 무인 기술 등의 특성을 갖는다. 맥도날드화에 장착된 권력의 생산성 역시 관료제의 합리화 과정을 그대로 장착하고 있다. 베버는 이러한 합리화 과정을 형식합리성(formal rationality)이라고 했는데, 즉 이것은 인간이 주어진 목표에 도달하기 위해 최적의 수단을 추구하는 것이 규칙과 규정 그리고 보다 큰 사회 구조에 의해 결정되는 것을 의미한다.

과학적 관리의 발전 역시 맥도날드화의 중요한 선례다. 과학적 관리를 체계적으로 다룬 사람은 테일러다. 그의 아이디어는 20세기 전반에 걸쳐 작업환경 형성에 결정적인 역할을 한다. 테일러는 작업의 합리화를 위해 시간과 동작 연구를 통해 고안된 일련의 원리를 개발했다. 우선 업무들을 분 단위로 세분화하고, 세분화된 단위들 각각에 대한 '최선의 방식(one best way)'을 모색하고자 했다. 과학적 관리는 인간의 활동을 제한하거나 그것을 기술로 대체하고자 했다. 예컨대 '최선의 방식'은 노동자에게 무의식적으로 일련의 단계를 따르도록 요구했다. 보다 일반적으로, 테일러는 작업 현장의 가장 중요한 부분은 노동자나 관리자가 아니라 작업을 기획하고 감독하고 통제하는 조직체계라고 믿었다. 결과적으로, 테일러는 '손' 작업과 '머리' 작업을 분리시켰다. 헨리 포드도 조립 라인에 대해 비슷한 견해를 가지고 있었다. 1920년대에 과학적 관리론은 산업관리의 지배적 양식이 되었으며 포드적 생산방식에 행정적으로 대응하는 짝이 되었다.

– 유기 조직과 생명관리권력

자율과 자유라는 자유주의 관념은 자기 조절과 자기보존이라는 생물학 개념과 밀접히 관련된다. 이들 생물학 개념은 당시까지 신체 탐구를 지배했던 물리적-기계론적 패러다임에 승리했다. 19세기 전환기에 생명에 관한 과학으로 출현한 생물학은 유기 조직(organization)이라는 기본원리를 상정한다. '살아 있는 유기체', '살아 있는 생물'로 이해된 유기 조직은 어떤 토대나 고정된 프로그램에도 의존하지 않고 생명의 우발성을 설명한다. 내부의 유기 조직이라는 관념은 생명을 주재하는 보다 높은 권위의 안배를 뜻하는 외부의 질서라는 관념을 대체하고, 이로써 생명은 모든 유기체에 공통적인 역동적이고 추상적인 원리로 기능하게 된다.

생명은 육체적인 사실이나 유기적인 존재로 이해되면서 이때부터 자기보존과 재생산, 계발 같은 범주들이 살아 있는 존재의 본성을 기술하는 데 사용된다. 이러한 관점에서 신체와 생명의 이름으로 주장을 정식화하고 인정을 요구하는, 인간의 생명을 대상으로 하는 생명관리권력은 자유주의 통제방식을 특징짓는 특수하고 역동적인 배치를 가리킨다. 이 같은 관점은 유기체로서의 조직 관리와 테크놀로지의 관계에 주목하게 만든다. 권력은 많은 유기체를 만들어내는 생산적 기능과 동시에 그 유기체를 생산적으로 만드는 기술을 필요로 한다.

권력의 기술은 단순히 유기체를 만들어내기보다 그 유기체를 가능한 한 변형시키고 새롭게 만들기 위해서 세밀한 작업을 거쳐서 유기체를 분해하고 절단시켜서 재조립한다. 이러한 권력 기술에 대해서 연구할 때 기본적으로 제기해야 할 질문은 다음과 같은 것들이다. 하나의 유기체는 어떤 형태로 분해되는가? 어떤 유기체에는 어떤 유형의 권력을 부여하고, 어떤 권력을 제외하는가? 등의 질문들이 그렇다. 권력 기술은 권력의 필요에 따라서 하나의 유기체를 분리하고 인위적으로 조립하기도 한다.

구체적으로 말해 자유주의 통제[관리] 방식은 신체 관련 테크닉과 자기 훈련 방식을 어떻게 활용하는가? 자유주의 통제[관리] 방식은 이익과 요구, 선호 구조를 어떻게 형성하는가? 오늘날 테크놀로지는 어떻게 개인을 능동적이고 자유로운 시민으로 형성하고, 어떻게 개인을 자치 공동체와 조직의 성원으로 구성하며, 어떻게 개인을 자기 생애의 리스크를 합리적으로 계산하는(적어도 이상적으로는) 자율적인 행위자로 주조하는가? 또한 신자유주의 이론에서 책임감 있고 합리적인 주체라는 관념은 인적 자본으로서 인간 생명이라는 개념과 무슨 관계를 지니고 있는가?

자유주의 통제[관리]에 관심을 가지면서 조직이 유기체에 더 가깝다는 새로운 생각은 우리의 관심을 보다 생존과 성장의 문제에 주목하게 한다. 그리고 욕구에 대한 강조는 조직 내부적으로도 균형을 이루어야 할 상호작용적 과정체계로서 조직을 볼 수 있도록 만들어 준다. 조직구성원들이 건강하고 충만한 삶을 영위해 나갈 뿐만 아니라 자신의 일터에서 효과적으로 과업을 수행해 나가도록 만들기 위해서는 이들이 가진 복잡한 욕구들을 충족시킬 필요가 있다. 근대적인 관점에 비추어 볼 때 이것은 너무나도 당연한 사실이기 때문에 돌이켜 생각해 보아도 이것은 하등 심오한 생각으로 여겨지지 않는다. 조직구성원들은 그들이 수행해야 할 과업에 의해 동기부여가 이루어질 때 일반적으로 가장 열심히 일을 하게 되며, 또한 이러한 동기부여는 그들의 개인적인 욕구를 충족시켜 주는 보상을 획득하도록 유인함으로써 가능해진다는 사실 정도는 우리 모두가 익히 잘 알고 있는 바이기도 하다. 하지만 20세기 초반만 해도 이러한 생각은 결코 명확한 것만이 아니었다. 많은 사람들에게 있어서 일이란 곧 기본적인 생존 수단일 뿐이었고, 또 초기 조직을 설계하고 관리했던 사람들도 일을 단지 이런 식으로만 간주해 왔다.

에이브러햄 매슬로우(Abraham Maslow)를 위시하여 여러 이론가에 의해 제기되어 온 동기부여 이론들은, 인간을 완전한 성장과 발전을 위해 사신의 욕구를 충족시키려고 노력하는 일종의 심리직인 유기체로서 제시했다. 특히 인간은 일련의 위계를 가진 생리적, 사회적, 그리고 심리적 욕구에 의해 동기화된다고 제안했던 매슬로우의 이론은 매우 중요한 의미를 가지는데, 왜냐하면 그것은 사람들을 단순히 금전적으로만 혹은 안정적인 일자리를 제공해 주는 것으로만 동기부여 시키려고 시도하는 관료제적 조직은, 결국 인간의 개발과 성장을 저급한 욕구 단계 수준으로만 제한하고 마는 것임을 새롭게 시사해 주었기 때문이다.

그리하여, 조직구성원들에게 의미 있는 직무를 제공하고 또 그들이 자신의 과업에 몰입할 수 있게끔 해주는 하나의 장치로서, 가능한 한 많은 자율성과 책임감, 그리고 인정감을 부여해 주는 한편, 이들이 조직 속에서 자신을 보다 유용하고 중요한 존재로 느낄 수 있도록 만들어주는 아이디어들에 특별한 관심의 초점이 두어졌다. 이를테면 구성원들이 바로 조직을 통해 자신의 개인적인 욕구를 충족시켜 나갈 수 있도록 함으로써 순응적인 조직-인간(organization-man)이라는 주체를 형성하게 된다. 한발 더 나아가 보다 참여적이고 민주적이며, 인간중심적 리더십 스타일과 결합한 직무 충실화(job enrichment)는 오늘날 이른바 '인적자원 관리'의 발전을 위한 강력한 설명 틀을 제공한다. 구성원들은 이제 만일 적절한 기회만 주어진다면 다양하고도 풍부한 방법으로 조직 활동에 기여할 수 있는 가치 있는 자원으로서 여겨지게 된다.

- 관리권력/관리사회

권력이란 유기체를 감옥뿐 아니라 유형·무형의 여러 가지 제도적 장치를 통해서 그리고 이것이 갖고 있는 생산적 기능에 의해서 많은 순응적 개인과 유기체를 만들어내고 또한 예속화시킨다. 지배와 예속이라는 권력의 전략은 다른 유기체들을 무조건 수동적으로 만드는 것이 아니라 그것들을 능동적으로 만들면서 예속시키는 효과적인 방법을 만들어낸다. 다시 말해서 권력은 다른 유기체의 힘과 기능을 위축시키는 것이 아니라, 그것을 생산적으로 만든다는 것이다. 권력이 강화되려면 다른 유기체들의 힘이 증가해야 하기 때문이다.

권력이 다른 유기체의 힘을 이용하여 유익한 결과를 이끌어내는 기술을 푸코는 '관리'(gestion)라고 부른다. '통치'(gouvernement)의 개념은 '관리'의 연장이다. 어떤 권력의 유기체라도 그것이 기능적이고 생산적으로 작동하지 않으면 아무 일도 할 수 없다. 정치권력은 그러므로 미시권력들이 기능적으로 활성화할 수 있도록 지원해야 하는 것이다. 말을 바꾸면 통치 권력의 중요한 문제는 미시권력을 만들어내고 복종시키면서, 또한 동시에 그것들에 권력을 부여하는 일이다. 바로 이런 점에서 권력의 까다로운 관리와 통치가 중요하다. 정치권력의 입장에서는 경제적인 효용성을 생각하면, 다른 미시권력들의 힘을 증가시키면서 동시에 정치적인 복종을 유지시켜야 하는데 그 힘을 감소시켜야 하는 이율배반적인 요소를 어떻게 기술적으로 처리하느냐가 중요한 능력으로 평가된다.

질 들뢰즈가 제안한 'The society of control'은 통제사회로 번역되지만, 이때의 'control'에는 사실 '통제' 뿐만 아니라 '관리'와 '제어'의 뜻도 함께 담겨 있다. 사회학자 제임스 베니거(James Beniger)는 제어(control)를 '한 행위자가 어떤 목적을 지향하면서 다른 행위자에게 그에 적합하게 행동하도록 영향을 가하는 것'이라고 정의하는데, 이 정의는 통제와 관리라는 다른 두 단어에 대해서도 마찬가지로 적용될 수 있다. 이 세 단어 모두 사람의 행동이나 사물의 배치에 작용을 가해 특정한 방향으로 이끌어낸다는 의미를 갖고 있기 때문이다. 특히 관리는 재무관리, 생산관리, 인적자원관리 등과 같이 자본주의의 관리(management) 메커니즘과 연결되어 상대적으로 여러 영역에 두루 쓰이고 있을 뿐만 아니라, 자기 관리와 스펙 관리처럼 앞의 두 단어에 비해 자유롭고 유연한 의미를 지닌다는 점에서, 신자유주의 안에서 사회적 변화를 담아내기에 더 적합하다고 여겨진다.

오늘날 자본주의에서 노동은 이제 부의 일차적인 요인이 아니다. 요컨대 우선적으로 관리해야 하는 것은 자본의 순환, 축적이 없이 '재고의 극소화'로 이루어지는 생산이다. 신자유주의 경제는 더 이상 규율 기술의 논리 내에 놓여 있지 않다. 규율의 논리는 신자유주의의 역동성을 완만하게 만들 뿐이다. 요컨대 규율로부터 결과되는 경제는 "계획화된" 경제이고 이러한 경제를 시간과 공간에 배분하는 것이 지닌 극도의 경직성은 시장 경제가 취하는 새로운 형식에 해롭다는 것이다. 푸코가 1978년에 지적했듯이 "최근 몇 년 사이에 사회와 개인 모두가 변했다. 사회와 개인은 점차로 다양하고 상이하며 독자적 형태로 되어 가고 있다. 규율에 속박당하지 않는 다양한 부류의 사람들이 점차적으로 증가하기 시작했다. 그 결과 우리는 규율 없이 사회의 발전을 생각하게 되었다." 들뢰즈의 'The society of control'은 이 개념이 규율권력/규율사회와의 대비를 강조하기 위해 제안된 것인 만큼 통제라는 강한 어감의 표현보다는 '자유'와 '통제'의 모순적인 의미를 동시에 포함하고 있는 '관리'라는 표현이 더 적절하다는 생각이 든다.

신자유주의적 관리사회/관리권력의 특징은 실로 사회 곳곳에서 찾아볼 수 있다. 예컨대 학교에서는 훈육·체벌·명령 등과 같은 엄격한 지도 대신 자기주도학습, 학습성과관리, 벌점제도 등의 자율화 전략이 폭넓게 활용되고 있다. 기업의 임금체계에서는 평생직장과 고용안정을 전제하는 호봉제를 대신해 개인의 능력과 성과를 강조하는 연봉제와 인센티브가 자리를 잡았으며, 범죄 예방 정책에서도 주민자율방범순찰, 안심 마을 만들기, 블랙키퍼(black keeper) 등의 거버넌스 전략이 엄벌주의 정책을 조금씩 대체해 나가고 있다. 이러한 사태들을 보면서 이제부터는 개인의 자발성과 사회적인 것들을 새롭게 조직화하여 그런 요소들을 통치 목적을 위해 적절히 배치하는 방식으로 작동하는 신자유주의 통치의 유연함과 복합적 성격을 직시해야 할 필요가 있다.

3장

자기보존과
감각 해방의 회로

1) 스피노자와 자기보존의 근대적 문제설정

– 근대의 자기보존문제 등장

자급자족적인 농경사회에서 산업사회, 즉 경쟁에 토대를 둔 자본주의적 시장 경제체제로 변화하기 시작한 유럽 근대의 경제구조는 생존을 포괄하는 자기보존문제가 주체적인 개인의 문제로 부각된다. 주체적 존재인 개인들은 자기 삶의 주인으로서 자기보존문제를 포함한 모든 문제를 자연이나 신과 같은 외적인 권위에 더 이상 의존하지 않고 스스로 해결해야 하기 때문이다.

유럽의 고대사회를 지배했던 농경문화에서는 개인보다는 '우리'라는 공동체 의식이 강했으며, 생존 문제를 해결하는 지배적인 생산방식인 농업은 전적으로 자연에 의존하는 형태를 지녔다. 따라서 개인들의 생존 문제는 자연적인 위력에 내맡겨지게 되며, 개인들의 삶은 자신들의 노력이나 능력이 아닌, 자연이, 혹은 이러한 자연을 지배하는 절대적인 신이 결정한다는 운명 의식이 개인뿐만 아니라 전체 사회를 움직이는 중요한 원리로 작용한다. 고대부터 행해진 자연, 혹은 신을 향한 다양한, 그리고 모두가 함께 참여하는 공동의 제사들은 자신들의 생명과 삶이 자신이 아닌, 자연이나 혹은 자연을 지배하는 신과 같은 외적 권위에 의존해 있다고 하는 농경 중심적인 고대사회의 시대정신을 반영한다.

고대 그리스의 소포클레스의 비극인 「오이디푸스」 신화는 고대적인 운명 의식을 구체적으로 보여준 대표적인 예라 할 수 있다. 오이디푸스는 신탁을 통해 왕인 아버지를 죽이고 어머니와 결혼한다는 저주받은 운명을 지니고 태어난다. 이를 피하려는 왕의 노력과 오이디푸스 자신의 노력들은 결국 실패하게 되며, 궁극적으로 오이디푸스는 신탁대로 자신의 아버지인 왕을 죽이고 어머니와 결혼하게 된다. 이러한 비극은 인간의 삶에 대한 신의 강력한 지배력을 나타낸다는 점에서, 즉 인간의 삶이 인간 자신보다 신에 의존해 있다는 고대적인 운명 의식을 상징적으로 보여준 대표적인 작품이라 할 수 있다.

고대 그리스와 로마 시대를 거쳐 기독교가 공식적 종교로 인정된 4세기 이후 유럽의 중세는 기독교적인 정체성이 전체 사회를 지배하는 궁극적인 원리로 작용하게 된다. 기독교적 신이 중심이 되는 중세 사회에서 인간의 존재는 신에 의해 에덴동산에서 쫓겨난 죄인으로, 그리고 항상 죄의 유혹 속에 있는 연약한 존재로, 그리고 자기보존을 포함한 인간의 모든 자연적 욕망은 신성한 것과 대립되는 세속적인 것으로 평가절하된다. 또한 기독교적 신이 인간을 포함한 자연에 절대적인 권한을 지님으로써 인간이 자기보존문제는 인간 자신의 문제가 아닌, 신의 권한에 속한 문제로 이해되었으며, 인간은 자신에게 주어진 삶을 수동적으로 받아들여야 한다는 운명 의식이 중세적 세계관을 지배한다. 따라서 유럽의 고대와 중세 사회에서 인간의 기본적인 욕망이라 할 수 있는 자기보존문제는 개인적 차원에서나 사회적인 차원에서 중요한, 보편적인 가치가 될 수 없었다.

유럽의 근대는 바로 이러한 고대적인 것과 중세적인 것으로부터의 결별로 시작한다. 이러한 결별과 함께 무엇보다도 중요한 현상으로 드러난 것은 '자기보존'에 대한 관심의 증가라 할 수 있다. 특히 시장경제 체제의 확산과 함께 경제구조의 획기적인 변화는 개인들을 더욱더 극단적인 방식으로 경쟁에 내몰리게 함으로써 실존적 위기의식을 확장시켰다. 이와 함께 자기보존문제와 관련된 개인들의 경제적, 실존적 관심이 근대사회의 보편적인 문제로 나타나기 시작한다. 개인들은 더 이상 운명공동체로 연결되어 있지 않으며, 각자가 자기 자신만을 확신하는 주체[개체적 자아]로서 자기보존을 유일한 목적으로 삼는다.

– 자기보존의 두 가지 노선, 홉스와 스피노자

서양 근세 이후 현대까지 인간이 자기 자신을 어떻게 이해할 것인가에 대한 물음이 있어 왔다. 인간이란 무엇인가? 자아란 무엇인가? 나는 누구인가? 서양 근세철학사에서 자아관을 해명해 보려고 던진 이 물음들은 결국 합리론과 경험론에서 자기보존의 두 가지 노선으로 귀결된다. 앞에서 던진 근본 물음은 자아의 본질이 보편적 이성인가 아니면 개별적이고 이기적인 본성 또는 감성인가 하는 문제로 이어진다.

근세 합리론자들의 자아 이해는 개체적 자아에서 출발하되 그 자아 안에서 보편적 존재 근거나 존재 원리를 찾아냄으로써 개체성과 보편성을 화해시키고 사유성과 연장성을 종합하여 인간과 신을 조화시키려는 노력이라고 볼 수 있다면, 경험론자들은 그와 같은 감각 경험 너머의 보편이나 신을 배제하고서 자아를 철저하게 그 개체성에 따라 이해하고자 한다. 모든 보편이나 신과의 연관은 우리 사유 속의 추상일 뿐이며, 실재하는 구체적 인간은 누구나 오로지 개체적 자기 자신의 보존 욕구에 따라 움직이는 이기적 존재일 뿐이다. 우리는 이러한 인간 이해의 전형으로 홉스의 인간관을 들 수 있다.

홉스에 의해 분석된 자연 상태의 인간은 철저하게 자기보존과 편안한 생(生)만을 목적으로 삼는 이기적인 인간이다. 인간 개인은 철저하게 충동과 욕구의 복합체일 뿐이며, 자기보존의 욕구에 따라 끊임없는 힘의 추구에만 매몰된 동물일 뿐이다. 홉스에 따르면 인간의 본질은 세계 존재의 이해 즉 그의 이성 능력에서 찾아질 수 있는 것이 아니라, 오히려 그의 기계론적 자연관에서 비롯된 관성의 법칙에 따르는 운동의 본능, 자기보존 본능, 그리고 그것을 위한 "힘의 추구"라는 의지 능력에서 찾는다.

무엇을 욕구하는 인간 의지의 본질은 그 욕구의 대상 자체에 머무는 것이 아니라, 끊임없이 욕구에서 욕구로 전진해 나가는 운동성 그 자체다. 그래서 인간은 아무리 긴박하게 추구된 욕구일지라도 그것이 일단 충족되면 인간은 그 만족 상태에 계속 머물러 있지 못한다. 그러므로 끊임없이 한 욕구에서 그다음의 욕구로 나아감은 설정된 목적의 끊임없는 수단화, 탈목적화 과정이다. 따라서 각각의 개인성을 넘어서서 인간의 행위를 이끌 만한 보편적 이념, 사랑, 관심, 공감, 정의감 등은 인간의 본성에 속하는 도덕심이 아니며, 또한 죽음의 의식을 통한 삶의 유한성에 대한 통찰 및 맹목적 충동의 허망함에 대한 통찰로부터 얻어지는 자기 절제와 자족의 정신 역시 그런 인간에게서는 찾아볼 수 없게 된다.

홉스가 역설한 자연 상태에서 자기보존 본능이 지니는 두 가지 측면, 한편으로는 내가 원하는 대로 욕구에서 욕구로 나아가며 나의 힘을 무한히 확대하고 싶은 자유와 다른 한편으로는 그 자유를 죽음의 공포 없이 향유하고자 하는 계산(즉 자유의 사용이 스스로 자기보존의 가능성을 파괴해서는 안 된다는 계산)의 법칙이 바로 힘의 추구를 본질로 삼는 인간이 자연적으로 지니게 되는 권리(자연권)와 원칙(자연법)이다. 자연 상태를 낳는 자연권의 근원이 인간의 욕구와 감성이

고, 그러한 자연의 투쟁 상태에 제한을 가하는 자연법의 근원은 이
성이라고 할지라도, 이때의 이성은 자연권으로서의 욕구의 최대 충
족을 헤아려 보는 계산 능력 이외의 다른 것이 아니다.

한편 스피노자는 자기보존욕망을 인간의 본질적인 특성으로 이
해하고, 이러한 자기보존욕망을 철학의 출발점으로 삼는다. 그런데
스피노자는 인간의 자기보존욕망을 단순히 존재론적으로 접근하
는 것을 넘어서 윤리적 차원으로 확장한다. 그에게서 자기보존욕망
은 다른 모든 생물체와 마찬가지로 인간의 실존적 조건일 뿐 아니라
동시에 인간을 다른 생물체와 구별하게 하는 윤리적 태도다. 홉스가
자기보존욕망을 절대화시킴으로써 개인들의 관계를 오직 배타성을
통해 규정하는, 이와 함께 이성에 도구성이라는 부차적 지위를 부여
한 것과는 달리 스피노자는 인간의 자기보존본성에 이미 타자성이
내재해 있는 것으로, 그리고 이성을 자기보존욕망과 마찬가지로 인
간의 본질을 구성하는 것으로 이해한다. 요컨대 자신의 존재를 보존
하고 자신의 역량을 증가시키기 위해 노력하는 것은 다른 이들에게
도 같은 것을 바라는 것이다.

따라서 스피노자에게서 자기보존욕망은 타인에 대한 윤리를 포
함하고 있으며, 이성에 따른 참된 자기보존본성은 필연적으로 타인
의 자기보존본성과 항상 일치한다는 사실을 함축하고 있다. 이성의
인도 아래 생각하고 살아가는 능동적인 역량이 크면 클수록 사람들
은 자신의 선에 더욱 헌신하게 될 것이라고 주장한다. 그에 의하면
"인간에게는 인간보다 더 유익한 것은 없기 때문에" 이성적인 자기
보존노력은 필연적으로 사회적 성격을 지니게 된다. 즉, "각각의 사
람이 자신에게 유용한 것을 최대한 추구할 때, 사람들은 서로에게
가장 유용하다"고 한다.

스피노자는 인간의 자기보존욕망과 이성의 능력을 서로 밀접하게 연관되어 있는 것으로 이해하며, 진정한 자기보존은 오직 타인에 대한 윤리를 내재하고 있는 이성에 의해 인도될 때만 실현될 수 있음을 강조한다. 그에게서 인간의 욕망은 이성에 의해 억압되어야 하는 부정적인 성격을 지닌 것이 아니다. 오히려 그는 이성에 의해 인도된 자기보존욕망 속에서 "덕과 도의의 기초"뿐 아니라 진정한 자유의 실현을 위한 중요한 단초를 발견하며, 이와 함께 욕망과 이성, 그리고 자유를 상호 매개한다.

– 스피노자의 코나투스와 생명체의 자기보존으로서 항상성

'살아 있음'의 생명 현상이 자기 자신을 유지하고자 하는 힘의 흐름이라고 한다면 삶의 본질은 움직임이라고 할 수 있다. 유기체의 특징은 살아 움직인다는 것이다. 하지만 단순히 살아 움직이는 것이 아니라 어떤 목적성을 지니고 적극적으로 살아가는 것이 모든 유기체의 본성이다. 요컨대 유기체는 움직일 때 자기를 보존하기 위해 움직인다. 스피노자를 참고하면, 모든 물질은 그것이 무엇이든 자신의 존재를 계속해서 유지하려는 성향을 지니고 있다. 생물학적으로 코나투스는 개체의 생명 유지의 본능이며, 진화론적으로는 종의 보존을 지향한다.

우리는 지금 여기를 살아가는 존재로서 모든 존재는 자신을 개별적으로 유지하려는 노력을 하고 있다. 그래서 코나투스는 개개의 것들의 본질을 형성한다. 스피노자의 코나투스는 단순히 정신적인 힘이 아닌, 정신과 신체에 동시에 적용하는 생산적인 힘을 가리킨다. 그것은 존재하고 활동하는 능력을 의미하는바, 자신의 능력을 증대시키거나 자신에게 적합한 것과 결합하도록 만들며, 반대로 자신의 존재를 위협하거나 자신에게 부적합한 것에 대해서는 피하게 한다.

모든 생물은 자연스럽게, 그리고 필연적으로, 자신의 존재를 보존하기 위해 노력한다. 그와 같은 필연적인 노력은 그것의 현실적 본질을 구성한다. 생물은 생존을 위해서 자신의 생명 현상을 조절할 수 있는 능력을 획득하게 된다. 그리고 역시 자연스럽게도 생물은 자신의 기능을 '보다 완전한 상태'로 끌어올리기 위해 노력한다. 단순한 아메바에서 사람에 이르기까지 살아 있는 모든 생명체는 자동으로 자신의 문제를 해결할 수 있도록 설계된 도구를 가지고 태어난다.

그렇다면 해결할 문제는 무엇인가? 에너지의 원천을 찾고, 에너지를 자신의 신체에 편입시키고 전환하며, 생명 활동이 가능하도록 내부의 화학적 균형을 유지하고, 닳고 낡아버린 신체 부분을 수리함으로써 생명제의 구조를 유지·보수하고, 병이나 물리적 상해를 일으킬 외부의 요인으로부터 신체를 방어하는 것이다. 이와 같은 생명체의 조절과 조절한 삶의 상태를 한마디로 표현한 말이 바로 항상성(homeostasis)이다. 생명체는 자신의 개체를 중심으로 해서 항상성을 유지하는 존재다.

생명은 스스로 자신의 존재를 창조하여(autopoiesis), 그 자체로 자신을 유지하는 존재다. 생명체는 무생물과 달리 스스로 자신의 존재를 보존하고 유지하면서 생명으로 성장해 가는 내적 원리에서 나타난다. 이때 항상성 절차의 총합은 매 순간 우리 신체의 모든 세포 안에서 우리의 생명을 통치한다. 이 통치는 간단한 과정을 통해서 일어난다. 첫째, 한 생물 개체의 환경 ─ 내부 환경이든 외부 환경이든 ─에서 무엇인가가 변화한다. 둘째, 이러한 변화는 생물이 가지는 삶의 경로를 바꾸어 놓을 수 있는 잠재력을 가지고 있다. 그것은 생물의 본래 상태를 깨뜨리려는 위험일 수도 있고, 생물의 향상 가능성일 수도 있다. 셋째, 생물은 그 변화를 감지하고 그에 따라 자기보존 및 효율적 기능에 가장 이로운 상황을 만들기 위해 활동한다. 모든 반응이 이러한 과정에 따라 일어나며, 그 결과 생명체가 처한 내부 및 외부의 환경을 가늠(appraise)하여 그에 따라 행동하도록 하는 수단이다. 그들은 문제점이나 기회를 감지하고, 활동을 통해 문제점을 제거하거나 기회를 향해 다가간다.

2) 정서의 발생과 존재구조

- 정서에 대한 철학적 접근

스피노자는 삶의 움직임을 코나투스라는 개념으로 파악한다. 그리고 스피노자는 코나투스가 특별한 것을 욕망하도록 어떤 변용을 일으키는 힘을 정서라고 정의한다. 국내에서 흔히 정동으로 번역해온 이 개념은 능력 일반, 즉 하나의 사물이 다른 사물의 양태를 변화시키는(변양하는) 힘을 뜻한다. 인간을 포함한 모든 사물은 다른 모든 사물에 영향을 끼치고 어떤 결과를 산출하므로, 과감하게는 정서가 곧 존재라고 할 수도 있다.

스피노자의 정서는 인간의 육체적 실존을 처음으로 철학의 주요 과제로 등극시키는 단서를 제공한다. 정서는 코나투스에 작용함으로써 능동적/수동적 성향, 즉 특정한 방향으로 힘을 쓰게 만든다. 이 과정은 쾌락과 고통이라는 차원을 통과하며, 이것이 생명체의 실존을 구성한다. 일반적으로 정서는 생명체가 명료한 의식을 가진 주체가 되기 전에 막연히 쾌와 불쾌, 호감과 반감 등을 나타내는 감정의 특징이다. 감정은 어느 정도 의식적인데 정서는 감정 이전에 그것을 형성하는 의식, 무의식적 재료를 이루는 내적 상태라고 할 수 있다.

스피노자에게서 인간의 모든 인식은 외부 물체가 인간의 신체를 변용하는 데서 출발한다. 그런데 우리 신체를 변용한 이 물체는 대개의 경우 우리에게 이로운 것이거나 해로운 것이다. 이로운 대상은 자신에게 기쁨을 주어 사랑하게 될 것이고 해로운 대상은 슬픔을 주어 미워하게 될 것이다. 스피노자에 따르면, 영혼과 신체가 하나라는 원리에 따라, 모든 신체 활동 역량의 증가에 상응하여 영혼의 활동 역량도 증가한다. 영혼과 신체는 그것들이 적합한 원인일 때 다

같이 능동적이며, 부적합한 원인일 때 다 같이 수동적이다. 그러므로 능동성으로의 이행은 정서들의 삶에 대한 인식을 함축한다.

　미국의 철학자 스티븐 샤비로는 모든 존재자가 어떤 형태로든 느낌이나 정서를 가진다는 범심론적 관점을 제시한다. 정서는 진공 상태에서 발생하는 것이 아니라 항상 관계적 맥락 속에서 형성된다는 것이다. 즉, 샤비로는 "어디에도 없는 곳에서 세계로 유입되는 것은 전혀 존재하지 않는다"라는 존재론적 원리를 통해, 모든 정서적 반응이 선행 이유들로부터 완전히 자유로울 수 없음을 강조한다. 우주의 광대한 상호연결들 속에서 모든 것은 지각하면서 지각된다. 하나의 존재는 다른 존재들을 파악함으로써 존재하게 된다. 모든 사건은 다른 사건들에 대한 파악이다. 반드시 주목되어야 할 점은, 이 모든 것이 주체와 객체 사이의 만남뿐만 아니라 한 객체와 다른 객체 사이의 만남에도 적용된다는 사실이다. 이는 인간의 인식과 무관하게 존재하는 사물의 자율성과 그들 간의 관계에 주목하는 철학적 태도라고 할 수 있다.

　샤비로는 인간 중심적 사고의 한계를 넘어서는 비인간적 존재의 정서와 경험을 상상하고 철학적으로 사유하는 방식의 사고가능성을 탐구한다. 샤비로는 인간중심주의적 시각에서 벗어나 모든 존재자가 느낌이나 정서를 가지고 있으며, 이러한 정서는 상호작용하는 과정에서 발생하는 '사이'의 결과라고 본다. 그는 인식 주체와 객체의 상관관계를 넘어선 '비(非)상관주의적' 감수성을 강조하며, SF문학 등을 통해 인간을 넘어선 존재들의 정서적 경험을 탐구한다. 이는 정서가 단순히 인간의 내적 상태를 넘어선, 세계의 근본적인 역동성을 이해하는 중요한 자원임을 말해준다.

　샤비로의 비상관주의를 미학적으로 뒷받침하는 들뢰즈의 감각론을 행동학적 정서론의 형태로 다룰 때, 문제가 되는 것은 감각의 발생에서 주체와 관련된 측면, 흔히 감정이라고 일컬어지는 측면이다. 마치 별들이 서로를 비추는 별빛으로 연결되어 있듯이, 우리가 늘 만나는 사람들과의 관계에서도 그런 빛이 새어 나온다. 그 빛이란 바로 우리의 감정이다. 다시 말해 사람들과의 관계에 의해 만들어져 우리의 영혼과 몸에서 피어나는 정서적 변화가 바로 감정이다. 그런데 들뢰즈는 스피노자의 신체론을 참조하면서 그것을 신체 역량의 증가와 감소로 이해한다. 들뢰즈 행동학의 문제의식은 결국 신체 역량을 어떻게 이해하고 활용할 것인가라는 문제로 집약된다.

행동학의 입장에서 보자면, 감정이란 신체 역량(변용능력)의 지속적인 증가(기쁨)와 감소(슬픔)에 다름 아니다. 그것은 선과 악이 아니라 좋음(적합함)과 나쁨(부적합함)에 관한 것이다. 그런데 여기서 제기되는 난점은 우리가 흔히 그 증가와 감소의 잠정적 국면(정서 상태)을 인식할 뿐, 그러한 변이 자체(정서)를 포착하지는 못한다는 데 있다. 따라서 행동학적 탐구는 정서 상태를 넘어 정서에 도달할 것을 요구한다.

정서 상태와 정서는 모든 나의 신체를 변용시키는 다른 신체와의 관계 속에서 규정되지만, 양자가 상호관계를 맺는 대상은 서로 다르다. 정서 상태는 "변용시키는 신체의 현존"— 기쁨의 적합한 상태와 슬픔의 부적합한 상태 — 을 함축하는 데 반해, 정서는 "변용시키는 신체의 변이" 즉, 행동 능력의 증대-감소-증대-감소의 형태로 연속적인 변이를 고려한다. 바로 이 지점에서 정서는 행동학적 문제의식과 연결된다. 즉 '나의 변용능력을 증가시키는 정서(기쁜 정념)를 어떻게 조직할 것인가(좋은 만남)?' 그런데 우리의 처지를 보면, 스피노자가 제기한 문제인 '신체가 무엇을 할 수 있는지' 우리가 제대로 알지 못한다는 데 있다.

"나는 태양이 내게 내리쬐는 것을 느낀다." 아니면 "한 줄기의 햇빛이 너에게 떨어진다." 이것은 우리의 신체의 정서 상태를 드러낸다. 즉 태양이라는 하나의 존재는 한 사람에게 영향을 주었고 그렇게 형성된 존재들은 느낌으로써 자기 자신을 구성하거나 창조한다. 그것은 태양이 아니라 태양의 행위 혹은 우리에게 내리쬐는 태양의 효과다. 우리는 이 정서상태를 지각할 뿐이다. 그것은 신체가 다른 신체들과 조우하고 있거나, 다른 신체들에 속해 있다는 표지다. 무언가를 느낀다는 것은 그 무언가에 의해 변용된다는 것이다. 그래서 그 존재는 다른 존재들을 공간적으로 그리고 시간적으로 자기 자신과 구분되는 존재로 느끼게 된다. 그렇게 함으로써, 그 존재는 자신의 차례에 있는 다른 존재자들에 의해 느껴지도록 스스로를 제공하며, 그 결과 그것은 "그 자신을 넘어서는 것과 관계"하게 된다.

느낌의 활동은 본래 갖추어지고 미리 결정되어 있는 관계 맺음이라기보다는, 어떤 마주침 — 어떤 우발적 사건, 어떤 외부로의 열림 — 이다. 그러나 우리는 내 신체 위에 내리쬐는 태양의 효과 그 원인들, 다시 말해 내 신체적인 것, 태양의 신체적인 것, 그리고 하나의 신체가 다른 무언가가 아닌 다른 신체를 위해 특별한 효과를 낳는 것과 같은 이러한 두 신체들 사이의 마주침 혹은 부대낌의 관계, 이러한 것들에 대해서 우리는 아무것도 알지 못한다. 이것은 아직 제대로 논의되고 있지 못한 어떤 동요의 흔적에 관한 것이라고 할 수 있다. 예를 들면 슬픔이나 외로움, 불안, 환멸, 사랑 등은 그 부대낌 속에서 생기는 격렬한 동요를 말하는 것이다. 그러한 동요들은 언어로 표현할 수 없는 느낌이다.

말 그대로 힘-관계와 이에 따른 부대낌의 양태들을 통해, 그 동요로 나타나는 부대낌의 징후들, 그 희미한 떨림과 흔적들과 파동을 뒤쫓아 가는 일은 다양한 부대낌의 상태들을 통해서만 가능하다. 부대낌의 양태로 나타나는 그 미정형의 힘은 우리 안에 고도로 잘 투자되어서 더 나은 미래를 위해 무엇인가 마술적인 것을 제공해 줄 것처럼 믿는 것은 과도한 낙관이다. 부대낌의 정서가 그 자체로 진보적이거나 우리에게 희망적인 무언가를 가져다줄 보고 같은 것이라기보다는 오히려 '아직 아님'의 미정형의 지평에서 사유되어야 한다.

- 정서적 사고의 기능과 특징

우리가 실제로 느끼는 정서는 어떤 때는 상당한 기간 지속되기도 하고 어떤 경우에는 한순간 스쳐 지나가는 것과 같이 변화하지만, 이것은 정서의 원래 특징이 아니다. 정서적 느낌은 뇌와 마음이 생명체 내부와 외부의 환경을 평가하고 그에 따라 반응하고 적응해 나갈 수 있는 자연적 도구를 제공한다. 실제로 많은 경우에서 우리는 정서를 일으키는 대상을 의식적으로 평가할 수 있다. 이 경우에 '평가'라는 표현은 매우 적절하다고 볼 수 있다.

어떤 상황에서 정서적 느낌이 일어나면 정서는 자동적으로 그 정서에 적합하게 사태를 선택적으로 재구성하며, 그 정서에 맞지 않는다고 생각되는 것은 스스로 간과하거나 무시하는 경향이 있다. 그렇기 때문에 예술은 있는 상태 그대로를 기술하는 것이 아니라, 주어진 상황에 대해 어떤 측면을 강조하는 선택적 성격을 가진다. 정서가 촉수를 세우고 사방을 두리번거리는 동안에는 정서에 포착되지 않는 것들은 의식의 대상이 될 수 없다.

정서가 어느 정도 탐색을 마치고 정서적 긴장이 완화되고 사라지고 난 후에야, 비로소 정서의 해소나 완성과는 별로 관련이 없는 사물들이 의식의 범위로 들어오게 된다. 이처럼 일련의 연속적인 행동 속에서 발견되는 정서는 주변에 있는 대상에 대하여 매우 강력한 선택적 작용을 가지고 있다. 그것은 정서적 반응에 대한, 또는 반응의 결과인 생명체의 상태에 대한 뇌의 지도, 그리고 뒤를 이어 심상을 생성해 내는 기구, 즉 느낌의 기구가 작용하여 정서에 어울리는 사고가 출현한 것이다. 느낌의 정서적 사고는 신체의 특정 상태에 대한 지각인 동시에 사고의 특정 방식, 그리고 특정 주제를 가진 생각에 대한 지각이다.

정서는 경험 안에서 일어나는 현상이다. 정서는 인간 삶의 근본 충동을 반영하는 행위 또는 움직임이다. 정서는 신체 활동 능력과의 연계 속에서 파악된다. 정서 중 상당수는 공개적이어서 얼굴 표정, 목소리, 특정 행동에 드러나는 정서를 다른 사람들이 볼 수 있다. 정서는 실제적으로든 상상적으로든 밖에 있는 대상에서 생기는 것이며, 대상에게 향하여 있는 것이며, 대상에 관한 것이다.

정서적 힘은 주변에 있는 대상에 대하여 매우 강력한 선택적 작용을 가지고 있다. 이를테면 어떤 상황에서 지배적이고 핵심이 되는 정서가 있을 때 이 정서에 들어맞지 않는 것들은 배제할 수밖에 없다. 사실 정서는, 의미 있는 경우라면, 변화하며 발전하는 복잡다단한 경험의 질적 특성을 가리키는 것이다. 이렇게 정서적인 힘을 행사함으로써 관념이나 이성의 실천성도 새롭게 부각된다. 이성은 관조하거나 추론하는 것에 머무르지 않고 그 자체가 어떤 활동을 산출하는 욕망의 정서가 된다.

우리가 일상적으로 정서를 경험하는 경우는 연극을 관람하거나 소설책을 읽을 때다. 우리가 책을 읽거나 연극을 보는 동안에 나타나는 정서는 바로 그 사건의 전개 과정에 참여하는 것이며, 이 경우에 정서는 사건이 전개될 공간과 이야기가 전개될 시간을 필요로 한다. 경험은 분명히 정서적이다. 정서는 경험을 변화시키고 강화하는 힘을 가지고 있다. 실제로 경험되는 사건이나 상황은 모두 두 번 다시 반복될 수 없는 고유한 질적 특성을 갖는다. 이때 정서는 주어진 상황에 대해 어떤 측면을 강조하는 선택적 성격을 갖는다. 이것이 표현행위에서 정서가 차지하는 역할이다. 그래서 일상적 정서와 미적 정서의 구별이 중요하다. 일상적인 분노와 분노를 표현한 그림과는 그 정서의 성격에서 차이가 날 수밖에 없다. 일상적 분노도 엄청난 힘을 뿜어내지만, 그 힘이 질적 특성을 갖는 의미 있는 힘은 아니다.

- 정서에서 감성의 발생

정서는 생명체의 생존을 촉진하고 그럼으로써 신화 과성에서 우세할 수 있도록 만들어주는 간단한 반응에서 비롯되었다. 이것은 자동화된 생명 조절 현상의 주인공과도 같은 것이다. 우리는 심지어 슬픔이나 사랑, 죄의식과 같은 '협의의 정서'에도 이와 같은 과정이 남아 있다는 사실을 보게 된다. 일반적으로 정서라고 하는 것은 우리가 여러 가지 감정에 대해 이름 붙인 말들처럼 단순하거나 그저 느낌일 뿐이라고 생각하는 것이 보통이다.

화이트헤드는 ― 꼭 칸트가 공간과 시간을 감성의 초월론적 조건들로서 확립한 것처럼 ― 느낌을 경험의 한 조건으로 가정한다. 이것은 우리를 초월론적 감성론으로 다시 데려간다. 달리 말해서 느낌은 모든 존재들이 그것을 통해서 공간화하고 시간화하는 과정이다. 공간과 시간은 정감성(affectivity)의 기본적 형식들이다. 그것들은 미리 가정될 수는 없지만, 경험의 과정 속에서, 그리고 경험의 과정들을 통해서 구성될 필요가 있다. 따라서 화이트헤드는 "공간은 그 아래에서만 우리에게 외적 직관이 가능한 감성의 주관적 조건일 뿐이다.” 또한 “시간은 그 아래에서만 모든 직관이 우리 안에서 일어날 수 있는 주관적 조건일 뿐이다”라는 칸트의 주장에 동의한다. 만일 시간과 공간이 형식들 — 제각각 내적 직관과 외적 직관 형식 — 이라면 느낌은 그것들의 공통적 모체가 된다. 내가 사물들을 공간과 시간 속에 위치 짓는 것은 느낌의 수용하는 활동을 통해서다. 이때 현실적 존재들은 공간 안에서 원초적으로 위치 지어지며, 시간에 의해서 순서가 지어진다. 하나의 존재는 그것에게 영향을 주었고 그것을 형성한 다른 존재들을 느낌으로써 자기 자신을 구성하거나 창조한다.

정서는 우리의 육체적 절차와도, 우리의 이성 사용과도 엄격하게 분리될 수 있는 것이 아니다. 실제로 많은 경우에 우리는 정서를 일으키는 대상을 의식적으로 평가할 수 있다. 감정 또는 정서는 대상에 관한 것이기 때문에 정서는 관념에 관여하고 의존한다. 마음은 무수히 많은 관념으로 이루어진 복합체이며, 또 그만큼 많은 정서로 이루어진 복합체이기도 하다. 마음은 정서적 힘들이 서로 부딪치는 장이 된다. 그것은 우리가 자연의 일부이며 자연 안에는 우리를 무한정하게 압도하는 것들이 있기 때문이다. 이런 조건에서는 비록 상대적이고 부분적일 수밖에 없지만 정서에 대한 제어를 위한 교육이 필요하게 된다.

정서교육은 인간 정서의 미분화에 초점을 두는 것이다. 쾌나 불쾌, 좋고 싫음, 분노와 화와 같은 일차적 정서에서보다 미분화되는 정서들, 예를 들면 기다림, 지루함, 즐김과 기분 좋은 상쾌함과 나른함과 같은 정서의 다양한 형태들인 이차적 정서를 연습해 가는 것이다. 정서교육이 일차적 정서들의 동물적 상태들을 통제하고 제어해

나가는 정서적 조절 능력을 가르치는 데 목적이 있다면, 심미 교육에서 강조하는 감성은 이차적 정서의 성질이다. 즉 동물적 본능이나 미분화된 일차적 동물적 감정들에서 보다 세련되고 통제될 수 있는 다채롭고 안정된 정서로 나아가는 것이 이차적 정서라고 본다. 이러한 이차적 정서는 좀 더 미분화되고 세련된 함양하도록 지원하는 것이고, 감정의 미분화와 세련미, 통제와 적절한 표출 방식 등을 학습하는 것이다. 미학에서 강조하는 보다 고차적이고 풍부한 정서에는 '감수성', '상상력' 그리고 '심미감' 등이 속한다고 본다.

특히 심미성은 감성적 삶의 한 방식을 가리킨다. 다시 말해 심미적인 삶은 곧 감각적인 세계로서 삶의 세계가 지닌 한 방식이다. 마르크스가 "풍부한 주관적인 인간적 감성"이라는 말로 지칭하고자 했던 인간의 감각적 능력 일반은 저절로 인간에게 주어지는 것이 아니다. 그것은 일단 인간의 "능력의 가능태"로서 주어져 있을 뿐이다. 바로 그런 까닭에 그것은 가꾸어 길러져야 하는 어떤 것이다. 심미 교육의 목적은 '감성'의 활성화이고 '감성' 중에서 가장 세련되고 고차원적인 '심미감'을 함양하는 것이다. 심미감은 인간이 가질 수 있는 정서 중에서 가장 탁월하고 귀한 능력이다.

알랭(Alain)에 의하면 심미적 감수성은 가장 높은 단계의 정서다. 감수성이 세상에 대한 깊은 수용감을 가지며 받아들이고 느끼는 능력이고, 심미적 감수성은 세상에 존재하는 다채로운 사물과 현상을 아름답고 풍요롭게 느끼고 받아들이며 자신과 교감하는 능력이라고 볼 수 있다. 또한 심미감은 세상을 아름답고 풍부하게 지각해 가는 것이고, 예술가의 섬세한 감성으로 세계를 느끼고 표현하도록 돕는 것이다. 우리는 세계의 발생에서 감성을 만난다. 무언가 안으로부터 작용하는 어떤 불가사의한 힘이 감성의 영역에서 발생한다. 감성은 세계의 기본적인 가능성을 이룬다. 감성은 세계의 모습을 받을 수 있는 모든 것의 초월론적 조건이다.

우리의 여러 가지 경험 형태 중에서 삶 전체를 총체적으로 느끼게 하는 하나의 일관된 체험 형식이 있다. 사람의 삶은 전체적 완성을 지향한다. 예컨대 이것 옆에 다른 것, 이것 아래 다른 것은 어떤 통일성 안에서만 이런 식으로 배치된다. 모든 요소는 하나의 세계에 속한다. 그러므로 세계는 전체처럼 주어진다. 그러한 것을 주는 직관이 있다. 이 직관은 사태 자체의 주어져 있는 바로 그대로의 세계와 직결된다. 이성이 작용하는 방식이 논리라고 한다면 감성이 작용하는 방식은 직관이다. 상황을 한눈에 간파하는 일은 합리적 추론에 기인하지 않고 그 상황의 의미를 감지해 낼 수 있는 능력에서 비롯된다. 감성의 장에서 직관은 매 순간 개별적이며 그 자체일 수밖에 없는 체험에서 출발한다. 이를 통해 감각 역시 새롭게 태어난다. 직관은 전혀 지적이지 않은 요소로 시작해서 하나의 의미 깊은 경험을 형성하는 것이기 때문에 인식보다 더욱 분명하고 뚜렷하다. 그것은 미처 생각이나 말을 하기 전에 생생하게 현실성을 보이며 주어진다.

- 하이데거의 실존적 정서, 기분의 개시성

대부분의 사람이 경험하는 세계는 평범하고 일상적이며 매일 같은 일이 반복되는 세계다. 살아가는 동안 인간에게는 근심, 걱정거리도 많고, 마음 써야 할 것도 많다. 하이데거는 이러한 인간 존재를 "염려"라고 규정한다. 인간은 끊임없이 염려하는 마음을 지닌 채 살아간다. 염려하는 마음은 무수히 많은 관념으로 이루어진 복합체이며, 또 그만큼 많은 정서로 이루어진 복합체이기도 하다. 마음은 정서적 힘들이 부딪치는 장이 된다.

　이성이나 경험 혹은 어디에서 유래하든 우리의 앎의 구조 속에는 일정한 정서가 선행하고 있다는 사실에 하이데거는 주목한다. 일정한 정서가 동반되지 않는 이성적 판단이나 경험적 지각이 어떻게 가능하겠는가. 그래서 하이데거는 일정한 정서에 사로잡힘을 인간 실존의 지층에서 발생하는 가장 근원적 사건이라고 부른다. 살아 있다는 사실은 우리가 일정한 정서에 사로잡혀 있음을 의미한다. 행여 우리가 가장 무미건조한 상태에 놓여 있을 때조차도 우리는 일정한 정서에 노출되어 있다는 사실에는 변함이 없다. 그렇기에 하이데거는 정서를 우리의 '사유 행위나 의지 행위에 일시적으로 일어나는 수반 현상'이 아니라고 강조한다.

　일정한 정시에 사로잡혀 있음은 우리가 세계와 만나고 있는 가장 근원적인 지점이다. 하이데거는 정서에 대하여 존재론적 접근을 통하여 기분 체험에서 일어나는 마음의 특징을 제시한다. 기분의 존재론적 성격을 이해하게 되는 경우에 대개 기분은 불안정한 것으로 체험되지만 더욱이 우리의 마음을 덮치고 사로잡는다. 예를 들어 기쁨이나 슬픔과 같은 기분은 스스로 노력해서 얻을 수 있는 것이 아니다. 그렇다고 그 기분은 나와 무관하게 존재하는 것도 아니다. 오히려 내가 기쁘거나 슬퍼지는 것은 기쁘거나 슬픈 사건을 경험할 때다. 그 사건은 나의 외부에서 벌어지는 것이다. 결국 기분은 내가 관계를 맺고 있는 세계를 통해 밖으로부터 덮쳐 와서 나의 내면을 지배하는 것이다. 기분은 세계 안의 존재자로 향함으로써 나와 세계 그리고 타인을 단일한 전체로서 드러나게 하는 것이다. 이런 의미에서 하이데거는 자신에게 덮쳐 오는 기분에 젖어들고 빠져들게 되는 이유가 세계-내-존재이기 때문이라고 말하는 것이다.

우리는 언제나, 심지어는 기분을 전혀 느끼지 못할 때조차 기분에 사로잡혀 있기에, 기분은 일시적이거나 제거할 수 있는 현상이 아니라 우리가 벗어날 수 없는 불가피하고도 근원적인 현상이라는 것이다. 하이데거는 스피노자를 참고하면서 "우리는 결코 기분에서 해방되어 기분을 지배하게 될 수는 없고, 오히려 그때마다 어떤 반대 기분에 의해서 지배할 뿐이다"라고 말한다. 그런 점에서 보면 기분은 나에게서 비롯되는 것이라고 할 수는 없다. 우리 주위의 누군가가 슬픔에 빠져 우리와 그 사이에 어색함이 흐를 때, 혹은 어떤 유쾌한 사람 덕분에 모임이 흥겨워질 때, 우리는 다만 거기에 빠져들 뿐이다. 이때 변한 것은 슬픔에 빠진 사람과 우리가 함께 있는 방식이며, 쾌활한 사람과 우리가 함께 있는 방식이다. 이와 같은 특성들은 기분이 한낱 주관적인 심적 현상이 아님을 보여준다.

기분은 항상 인간 존재와 연관되어 있다. 기분은 '사람이 어떤 상태에 있으며, 어떤 상태로 되는가'를 드러낸다. 기분은 인간의 내면이 만들어내는 것도 아니고 인간과 무관하게 밖에 존재하는 것도 아니다. 보다 중요한 것은 하이데거가 기분에 개시성을 부여함으로써 존재론적 전환을 제시한다는 점이다. 하이데거는 공포와 불안, 그리고 권태라는 몇몇 기분만을 분석의 대상으로 삼으면서 기분의 존재적 측면이 아니라 기분의 존재론적 역할에 주목한다. 기분의 개시성이란 기분이 우리가 어떤 것에 대해 반성적 인식을 갖기 이전에 우리에게 개방의 공간을 마련하고 밝혀줌을 뜻하며, 이렇게 개방의 공간 속에서 비로소 어떤 것과의 만남도 또 그것에 대한 반성적 앎도 가능하다. 이처럼 기분은 인식의 범위를 열어주는 것은 물론 세계 내부의 존재자와의 만남도, 이 만남의 한 양상인 지각도 기분에 의해 미리 윤곽 지어짐으로써만 가능하다. 지각은 이미 기분에 젖은 인식이며 지각이나 인식의 개시성은 기분의 개시성 안에서만 가능한 것이다. 이처럼 기분의 개시성은 이를테면 사고나 인식의 질료 혹은 사고나 인식의 가능 조건이라고 볼 수 있다.

3) 감각적 존재의 활동성

- 감각적 존재의 대상 활동

인간은 수많은 감각기관과 신체 기관을 가지고 있다. 엄밀히 말하면 인간은 그러한 기관이 유기적 관계를 맺고 있는 복합체다. 생물학적 기초—유적 존재와 같은 개념은 우리 자신을 어떤 종으로 이해하고 우리가 살고 있는 세계와 관련하여 우리의 특정한 능력과 힘을 이해하는 어떤 방식을 전제 가정하는 것이다. 인간은 수많은 실제 경험 사태에서 이것들 각각이 따로따로 작용하는 것이 아니라 일정한 유기적 관련을 맺고 작용한다. 이때 특정 기관이 선도적으로 작용하여 전체가 유기적으로 작용함으로써 우리는 사태를 감각하고 파악한다. 그런데 이 엄연한 사실을 강조하는 이유는 무엇인가?

인간은 동물과는 달리 자기 밖의 다른 사물들을 자신의 대상으로 삼는다. 그것은 변화된 조건에 대한 반응으로 그들의 활동을 수정하며 상이한 가능성을 열어놓는 새로운 조건에 그들 자신을 위치 지운다. 인간의 대상 활동은 인간으로 하여금 자신의 외부에 있는 대상, 즉 자연과 끊임없이 관계한다는 것을 의미하며, 이러한 관계 속에서 인간은 자연에 대한 지식을 확장한다. 인간의 모든 활동은 대상적 활동이라는 본연적 특질을 가지고 있다. 의미 있는 인간 삶은 그 주체의 대상 활동이 전제되어 있어야 가능하다. '인간의 자연과의 물질대사'는 자연과 끝없는 변화를 전제로 하고 있고 그 변화에 상응하여 그때그때 인간의 관심과 인식에도 끝없는 변화가 수반된다.

마르크스에 따르면, 자연의 모든 사물은 그 자체로 분리되어 설명되거나 규정되지 않는다. 그것들은 언제나 다른 것들과의 연관관계에서 설명된다. "자신의 자연을 자기 바깥에 갖고 있지 않은 존재는 자연적 존재가 아니며, 자연의 본질에 참여하지도 않는다. 대상을 자기 바깥에 갖고 있지 않은 존재는 대상적 존재가 아니다." 예컨대 태양은 식물의 대상, 곧 식물에 필요불가결한, 식물의 생명을 확증해주는 대상이다. 이와 마찬가지로 식물은 태양의 대상인바, 생명을 일깨우는 태양의 힘, 곧 태양의 본질적인 대상적 능력을 나타내는 표현이다.

인간은 '자연을 자신의 것으로 하는 과정'에서 대상을 인식하며, 더 나아가 그 대상을 새로이 형성한다. 그럼으로써 동시에 인간은 자신의 능력을 계발하고 자아를 풍요롭게 한다. 우리는 이것을 대상적 활동이라고 불렀다. 그런데 대상적 활동을 담당하는 중추 기관으로서 인간의 감각이 무조건 인간적 향유를 담보하는 것은 아니다. 감각은 그것이 '인간적 감각'인 한에서만, 즉 그것이 '전반적 소외'라는 조건에서 벗어날 때만 인간이 자기 자신을 향유할 수 있게 하는 유용한 기관이 된다. 각각의 생명체는 자신들의 몸이 허락하는 범위 내에서만 인지하고 행동할 수 있다. 감각은 몸에 속해 있고, 몸에 의해 그 상태가 결집되기 때문이다. 인간의 몸은 카멜레온처럼 자신의 환경 색들과 결합하고 정황들에 맞게 자신을 변형시키고 적응시킬 수 있는 놀라운 능력으로 스스로를 완성하는 능력을 갖춘 미완성적 존재다.

― 대상적 활동에서 공통 감각의 형성

다른 종과 마찬가지로, 우리는 자신의 유지와 재생산에 유익하게 환경을 수정하는 데 사용되는 특별한 능력과 힘을 가지고 있는 지구상의 한 종이다. 이런 점에서, 우리는 자신이 만든 환경에 보다 잘 적응할지라도 자신의 환경을 수정하는 다른 종(흰개미, 벌, 그리고 비버)과 전혀 다르지 않다. 모든 것을 감지할 수 있는 동물은 없으며 그럴 필요도 없다. 이게 바로 환경세계가 존재하는 이유다. 소유자의 필요에 따라 진화하는 감각은 무한한 자극을 분류해 무의미한 것들을 걸러내고, 먹이, 피난처, 위협, 동맹자 또는 짝에 대한 신호를 포착한다. 마치 분별력 있는 개인비서처럼, 그것은 가장 중요한 정보만 챙겨서 전달한다. 다른 생물의 환경세계를 고려하는 행위가 너무나 인간적이고 의미심장한 이유이기도 하다.

감각은 인간적 실천의 필수 구성요소, 세계와 맺는 관계의 양태다. '감각적인 활동'으로서의 육체는 목표를 지향하는 이동이나 운동 속에 있는 운동 감각이다. 육체의 운동 감각은 노동이나 제작 활동을 통해서 객관적 사물이나 관계를 기능적 관계로 보고 스스로를 목적 지향적 행위로 경험한다. 사물은 감각을 통해 몸으로 연결되고, 몸은 감각을 통해 사물로 연결된다. 그러기에 이때의 감각은 몸과 사물을 아우르는 감각의 두께라고 할 수 있을 정도로 그것의 존재 의미가 크다. 우리의 감각은 우리에게 필요한 것을 걸러낸다. 감각은 세상의 혼돈을 우리가 반응하고 행동할 수 있는 지각과 경험으로 변환한다. 우리는 '필터를 통과한 것'에 대해 배우기로 마음먹어야 한다.

최초의 인류가 등장하는 순간부터 수렵채집은 인류의 유일한 식량 확보의 수단이다. 수렵채집인은 유용한 사냥감과 식물을 따라서 넓지만, 제한된 지역 안의 이곳저곳으로 옮겨 다니는 작은 집단에서 생활한다. 사냥과 채집을 주로 하는 부족이 주변 환경으로부터 필요한 것을 그때그때 조달할 수 있었다. 이런 상황이라면 더 많은 생산 활동에 대한 어떤 유익도 없다. 지금 먹을 수 있는 양 이상으로 먹을 거리를 조달하기 위해 시간을 쓴다면 어리석은 낭비일 뿐이다. 하지만 사냥은 인간을 사회적 동물로 만들었다. 이때 인간의 몸은 언제나 일하고 있으며 자연적이고 사회적인 환경의 표지를 담고 있다.

그 부족은 수렵과 채집 활동에 대한 공통의 감각을 공유하면서 만들어진 소규모 공동체다. 사냥을 제대로 하기 위해서는 서너 명 이상이 함께 움직여야 했고 코끼리 같은 거대한 사냥감을 잡기 위해서는 더 큰 집단이 함께 사냥에 나서야 했다. 이러한 단체 행동이 성공을 거두려면 서로 어떤 생각을 하고 있고 어떤 행동을 할지 예측할 수 있는 능력이 필요했다. 이와 동시에 인간을 위협하는 포식자의 행동도 예측할 수 있어야 했다. 이러한 것들이 가능해지려면 상대방의 생각과 관점에 대해 상상할 수 있어야 했다. 이것은 전략과 기술을 통해 상내방을 오랜 시간에 걸쳐 끈질기게 관찰해아 일을 수 있는 능력이다.

우리는 우리 주변의 세계와 신진대사적 관계를 맺는 감각적 존재다. 인간의 몸은 자신의 외부 세계와 맺고 있는 관계들을 통해 구성되고 시공간적으로 다양하게 변화한다. 감각 지리학에서 공간과 시간은 추상적이지 않고 살아 있으며 육화된 것이다. 인간의 주체와 감각 그리고 공간은 상호 생산한다. 인간은 동물의 흔적을 찾아 따라가고 동물의 행동이 의미하는 바를 이해하는 방법을 배웠다. 사냥을 나설 때면 세심하게 계획을 세웠고 앞으로 어떤 일이 벌어질지 머릿속으로 미리 그려보게 되었다. 이렇게 사냥은 사회적, 정신적으로 복잡한 행위이며 함께 힘을 모아 사냥을 하기 위해서 지적 능력이 많이 필요한 활동이다.

감각은 신체를 넘어 물질적이다. 인간은 직접 사물을 감지하기도 하지만, 다양한 사물을 매개로 감각적 실천이 일어나기도 한다. 감각은 인간의 신체에만 내재하지 않으며 사물과 기계를 통해 변형되고 확장되기도 한다. 감각 지리학에서는 지리적 경험의 구성에 있어서 감각의 역할을 다루면서 개인과 환경의 관계 그리고 사회 및 문화의 지리적 실재를 분석한다. 우리는 감각적이며 자연적 존재로서 우리 존재의 보편적 특성, 즉 유전학적 부여와 급속하게 축적해 가는 물질 문화적 습득 양자의 측면에서 우리의 종에 특성을 남기는 생물학적이고 역사-지리적 진화 과정의 산물로부터 결코 벗어날 수 없다.

– 대상적 활동과 인식의 발생

인간이 동물과 다른 것은 인간이 생산할 수 있기 때문이다. 사람이 생산수단을 사용하여 생산할 때 거기에서 나타나는 관계는 노동을 매개로 한 물질과 물질의 관계다. 이 물질과 물질의 관계, 즉 생산수단과 생산 대상의 관계 속에서 생산수단을 사용함으로써 인간과 자연 간에 새로운 관계가 생겨난다. 생산수단의 사용은 예컨대 막대기를 휘두르는 것은 사람이 나면서부터 가지고 있는 능력이지만 이 막대기를 사용하여 토지를 경작하는 것은 질적으로 새로운 것이다. 막대기를 쟁기로 사용하는 경우, 막대기를 움직이는 힘은 물론 인간이 원래 가지고 있는 것이나, 경작지를 매개로 하여 막대기와 종자 사이에 형성되는 관계는 이제까지의 관계와는 질적으로 다른 사물과 사물의 관계다. 예컨대 나무의 열매는 자연 그대로의 상태에서는 인간에게 음식물의 하나다. 인간은 열매와 단지 음식물로서만 관계한다. 그러나 생산수단이 일단 사용되고 재배가 행해지면, 이 나무열매는 즉각 인간과의 음식물로서의 관계를 이탈하여 인간의 자연적 질에서 독립한 별개의 것, 하나의 '사물'로 되어버린다. 이제 열매는 음식물이 아니고, 인간에게서 떨어져 나간 어떤 순수한 사물, 즉 그 본래 의미에서의 '열매' 자체가 된다.

이제 의식은 새로운 사명을 부여받는다. 인간의 자연적 행동에 대해 지시하는 것을 멈추고, 단지 대상을 '보는' 방법밖에 없다. 그것은 현실을 단순히 있는 그대로 보는 것이 아니다. 보기 위해서는 우선 눈이 새롭게 현상하여 오는 이질의 세계에 강제되어 눈이 자신을 바꿀 필요가 있다. 눈은 이질의 세계가 현상해 오는 것을 도움으로써 자신의 눈을 바꾸는 것이다. 다시 말해 눈은 이질적 세계가 스스로 현상하도록 돕는 방법으로 스스로를 변화시켜야 한다. 여기서 물음이라는 것, 바로 관찰한다는 것이 성립한다.

인간이 관찰할 수 있는 형태로 대상을 전화시키는 것이 생산수단으로서의 토지의 역할이다. 토지를 매개함으로써 사물은 인간이 '볼 수 있는' 형태를 취한다. 사물은 현상의 형식을 갖는 것이다. 본다는 것은 이렇게 현상하여 오는 것, 즉 순간순간 그때마다 미지의 세계에 직면하게 될 때 비로소 성립하는 것이다. 그것은 물음에 매개되어 지각이 사고로 성장해가는 계기가 된다. 결과적으로 대상이 시간적이고 볼 수 있는 '형태'를 취하게 되어, 필연적으로 인간의 의식은 단순한 심상으로부터 '관념'으로 승격될 수 있게 된다. 관념은 사물의 감각적 재생이 아니라 대상의 여러 성질이나 관계의 추상적 재생이다. 대상을 감각적으로 나타낸 대로의 모습이 아니라, 지속적이고 일정한 전개형식을 가진 것으로 파악하는 것이 관념이 성립하는 기본 조건이다.

관념은 대상에 대한 관념일 뿐 아니라, 자신의 제 조건에 관한 의식을 포함하고 있다. 대상의 '시간적 구조'는 대상과 그 제 조건의 관계 — 그것은 물론 주체의 행동도 포함한다 — 도 현상시키므로 대상 관념 속에는 그 제 조건에 관한 의식이 반드시 포함된다. 종자라는 관념에는 토지, 물, 태양, 비료 등의 의식이 구별하기 어렵게 결합되어 있다. 따라서 종자의 관념은 종적(縱的)으로 종자 자신의 시간적 운동의 의식이고, 횡적(橫的)으로 토지라는 장에 통일된 제 조건의 공간적 관계의 의식이다.

물질은 끊임없이 변한다. 물질은 계속 운동·변화하기 때문에 그것을 대하는 인간에게는 끝없는 대상적 활동이 필연적으로 요구된다. 물질적 생산과정에서 인간의 관념은 물질화되어 비로소 대상의 형식을 취하게 된다. 그 대상은 인간의 의식과 의지에서 독립된 객관적 실재가 된다. 정신적 활동이 객관적 실재로서 주체와 대립하고 있는 대상적 세계로 전화하는 것이다. 이러한 인간 정신활동의 대상화는 노동의 일반적 기제다. 대상적 활동의 기본적 특성으로 지속성은 무엇보다도 부단한 변화라는 내적 메커니즘을 바탕으로 가능해진다. 물질이 계속 운동하듯이 인간 활동에도 끝이 있을 수 없다. 자연과의 물질대사로서 인간의 노동 활동 자체가 대상적 활동이다.

– '지금'과 '여기'에서의 감각적 확신

몸은 움직이면서 느끼고, 느끼면서 움직인다. 다시 말해 운동과 감각이 서로를 호출하는 이러한 내적 연관을 전제하지 않고서는 몸을 생각할 수 없다. 이러한 움직임과 느낌은 몸의 능력으로서 그것은 살아 있음의 자기-느낌, 활력 또는 생생함이다. 당신의 심장 박동이 목에까지 올라와 뛰는 것을, 손바닥에 땀이 나는 걸 느낄 수 없다면, 당신이 사랑에 빠졌다는 걸 어떻게 느낄 수 있겠는가? 몸의 움직임에서 감각과의 연계와 아울러 주의해야 할 것은 강렬함의 변주는 느껴진다는 것이다. 감각은 그 자신에게 일어나는 사건의 도처에서 자기 자신을 기록하면서, 확실한 경험의 최초 미광이 되기 때문이다.

우리의 그때그때의 삶의 현실을 충만하게 하는 것은 감성으로 들어오는 감각적 인상들이다. 그 삶은 '지금'과 '여기'로 이루어져 있다. '지금'과 '여기'는 시간적으로, 공간적으로 가장 개별적인 것을 가리킨다. 감각적 인상들이 포착되는 그 순간에는 다른 순간이 함께 겹쳐 들어가 있을 수 없고 그것만으로 있는 단순한 것이다. 이러한 점이 감각적 확신으로 인해 '이것'이라는 대상을 생겨나게 하는 것이다. '이것'은 감각적 확신에 의해 직접적으로 지시되고 파악되는 구체적 개별 사물이다. 어떤 혼돈의 여지도 없는 감각적 확신은 따라서 사물의 이름을 가지고 그 사물을 지칭해서는 안 된다. 이미 이름은 다른 것과의 구별을 포함하기 때문이다. 그래서 감각적 확신의 대상은 '이것'이다.

우리의 현재, 우리의 실존은 순전히 감각에 의하여 지탱된다고 할 정도로 그 비중은 높다고 해야 할 것이다. 감각의 가득한 흐름이 우리로 하여금 어떤 사건과 상황에 우연히 사로잡히게 하여 그것은 우리에게 개체적 실존의 독자성을 부여한다. 사실 이런 경우의 감각적 확신이 파악한 '이것' 속에는 단순하지만은 않은, 많은 다른 것들이 함께 놀고 있고, 복잡한 여러 규정을 포함하고 있다. 그 안에는 많은 '지금'의 예들과 '여기'의 예들이 두루 펼쳐져 있기에 보편적이고 복잡한 것이다.

이런 관점에 서면, 모든 인간적 활동의 바탕에 감각 수용 능력이 있음을 인정하지 않을 수 없다. 감각 수용 능력을 — 현실과 접촉하는 인간의 생명 기능으로서 — 세계와의 공감적 전체 관계로 이해하게 된다면, 감각, 감정, 의지, 지성 역시 전체적인 관여 작용의 부분적 측면으로서 각각 의미를 지니게 되는 것이다. 또한 유동적인 현실에 밀착하여 그것을 이성적인 질서 속으로 거두어들이려고 한다면 그것은 삶에서 느껴지는 현실감의 핵심을 이루는 지각 작용을 통해서 이루어질 수밖에 없다. 지각은 본래 개개의 사물보다는 전체 세계, 즉 그 사물을 포함하고 우리를 둘러싼 세계를 대상으로 삼는다. 설령 개개의 사물을 지향하는 경우에도, 그와 같은 '세계'라는 지각을 지평으로서 자연히 포함하고 있다. 따라서 감각은 지각을 통해서 우리의 과거 경험과도 결부되고 세계라는 전체성과도 결부된다.

하이데거는 모든 살아가는 방식은 삶의 가능성의 범위 안에 있다고 한다. 어떤 체험이나 사물을 감각적으로 재현한다고 할 때, 그 체험이나 사물의 재현은 불가피하게도 단편적일 수밖에 없다. 그러나 우리는 인식이나 활동을 하기 전에 이미 문화 역사적으로 구성되어 있는 사물의 체계 또는 세계 속에 산다. 비록 시작은 단편적인 체험이나 사물의 감각적 재현에서 출발하지만, 그 자체로 그치는 것이 아니다. 그것은 사물에의 소유와 변형, 제작 과정에서 감정과 감각의 풍요를 추구하면서 세계의 테두리에 대한 이해에 연결되게 된다. 이것은 감각적인 움직임을 통해서 드러나는 풍부한 삶에 대한 갈구이기에 그것이 세계의 테두리에 접근할 수 있게 한다는 것이 무엇보다 중요하다. 또한 풍성한 감각적 재현이 중요한 또 다른 이유는 상투적 재현에서 벗어나 사물의 실감을 환기해 현실감각을 예민하게 해주어 세계의 테두리를 섬세하게 느끼게 해준다는 점이다.

– 감각적 존재의 미학적 역량

인간 존재는 사물 존재가 아니기에 살아지는 몸 — 우리가 보는 눈, 감촉할 수 있는 손, 듣는 귀 등을 갖고 있을 때 — 의 그 존재 방식을 떠나서 달리 규정할 수 있는 것이 아니다. 몸은 자신의 실재를 구성하는 다양한 행위들에서 벗어나면 존재론적 지위를 상실한다.

삶의 현장은 감각이다. 세계는 분명 감각을 통해서 알려진다. 삶의 만족 여부 역시 궁극적으로 이 감각에 의해 시험된다. 우리는 오직 감각적 우회로를 통해서만 존재를 경험할 수 있다. 가장 기초적인 감각 활동조차도 상당량의 물질적 무대 장치를 전제한다. 우리의 촉각과 미각의 배후에는 인간과 세계 간 거래의 역사 전체가 놓여 있다.

마르크스의 주장에 따르면, 역사 서술은 "항상 이 같은 자연적 토대를, 그리고 역사 속에서 인간의 활동을 통해 일어난 그 토대들의 변형을 출발점으로 삼아야 한다." 사람들은 물질적 본성 — 마르크스의 표현으로는 "유적 존재"를 표출하며, 그 본성은 자신을 실현하고 재생산하는 능력, 그리고 그 와중에 실존의 조건들을 바꾸는 능력을 포함한다. 이것이 '역사를 가진다'라는 말의 의미다. 다시 요약하면, 마르크스의 관점에서는 역사보다 사연이 더 근본적이다. 왜냐하면 우리가 역사를 가질 수 있는 것은 우리의 유적 존재로서의 몸 덕분이기 때문이다. 몸은 우리가 결코 선택할 수 없는 물질덩어리며, 우리는 결코 몸을 완전히 소유할 수 없다. 몸은 한편으로 우리의 표현 매체이지만 또한 자기 고유의 밀도와 부분적 자율성을 가진다. 아무리 생각을 깊게 하더라도 결코 몸을 꿰뚫을 수는 없다. 몸이 우리 생각의 기반이요, 원천인데도 말이다. 요컨대 어떤 의미에서 주체성의 물질적 토대 자체가 주체성을 위태롭게 만든다. 몸은 우리에게 부과된 운명인 동시에 친밀하게 우리 자신의 것이다.

마르크스가 말한 대로, 자기를 확인하고 자기를 완성하며 자기를 거듭 새로이 산출하기도 하는 감각들은 그 자체로 인간의 고유한 능력들이다. 그러한 감각들은 이미 그 자체로 인간이 무언가를 인간적으로 향유할 능력이 있음을 의미한다. "대상적으로 전개되는 풍부한 인간의 본질을 통하여 비로소 풍부한 주관적인 인간적 감성, 음악적인 귀, 형식미를 보는 눈이 생성된다." 또한, 감각들은 언제나 다양한 방식으로 생성된다. "눈의 대상과 귀의 대상은 서로 다르다. 눈의 대상은 귀의 대상과 다른 어떤 것이다." "나를 향한 어떤 대상의 감각은 나의 감각이 미치는 바로 그만큼만 미치게" 된다.

그런데 인간 스스로 자신의 감각적 능력을 가꾸고 길러야 한다는 사실은 인간이 펼치는 예술 활동을 통해 잘 설명된다. 예술의 학문으로서의 미학은 감각성과 연관이 있고 몸의 본성에 의존한다. 몸은 단지 창조물이 아니다. 그것은 창조자다. 감각들을 넘어, 예술적 역량을 지니고 있는 것은 바로 몸 전체다. 감각적인 것과 지성적인 것의 전환점에서, 예술은 물질 안에서 아름다움을 출산하는, 활동 중인 몸의 힘을 표현한다. 순수예술은 몸을 통해서만 인간 정신의 창조적 능력을 표명한다. 몸은 작품에서 작품으로, 그 고유한 운동과 감수성에 의해 예술을 낳는다. 순수예술의 영역은 감각적 장의 한계들과 일치한다. 게다가 예술의 위계와 예술의 발달이 감각의 발달을 재생산한다는 사실이 분명하게 확인된다.

이로써 분명해지는 점은 이러한 인간의 감각들은 "길러져야 하는 어떤 것"이라는 사실이다. 이처럼 '음악적인 귀' 혹은 '형식미를 보는 눈'과 같은 예술적 능력이 인간 능력의 '잠재 혹은 가능태'를 예시하는 표본에 해당한다는 사실은 그다지 긴 설명이 필요로 하지 않는다. 순수예술에서도 촉각, 미각, 후각에 비해 시각과 청각의 탁월함을 증명한다. 회화, 조각, 건축, 무용, 음악은 특히 눈과 귀를 끌어들이고, 눈과 귀의 우위를 확고하게 한다. 인간에게서 시각과 청각은 특권의 기능들인바, 인식을 위한 모델로서, 인식 능력의 묘사를 위한 모델로서 사용된다. 예를 들면, 정신이 대상들을 관조하는 지적 직관이나 정신이 대상을 이해하는 오성은 두 가지 능력이라고 할 수 있는데, 이 능력들은 시각적 모델과 청각적 모델의 흔적을 포함한다.

시각과 청각에 비해 촉각, 미각, 후각은 반대로 홀대받는 모습으로 비치면서, 진정한 예술작품의 원인이 되지 못한다. 요리 기술이나 향수 제조 기술은 순수예술로 분류되지 않으며, 장식 예술 속으로 들어간다. 그런데 한 가지 분명한 사실은 '그 무엇'을 만들어내는 예술적 능력은 인간 개개인에게 주어져 있고 또 개개인 스스로가 만들어 가는 삶의 조건에 의해 '생성되고 소멸하는 어떤 힘'으로서 감각들의 미학적 역량이라는 사실도 분명하다. 우리가 흔히 예술적 능력(=재능)이라고 이름 붙이는 것은 바로 이러한 '힘'이 운동하여 남긴 결과물일 것이다.

– 감각 평면에서의 초월성

색, 소리, 향기, 맛, 촉감 그 밖에 육체적 감각 전반에 걸쳐 힘의 작용은 경험적으로 특별한 예외 없이 존재한다. 예컨대 우리에게 싱그러운 풀잎, 눈부시게 푸르른 하늘, 황량한 사막, 찬란한 별들만이 있을 뿐이다. 존재는 오직 감각적인 것으로서만 우리에게 자신을 나타내지만, 감각적인 것은 현상에 속한 것일 뿐 존재 자체와 동일한 것으로 오인되어서는 안 된다. 즉, 존재는 단지 신체 위에 작용하는 힘들의 행위 혹은 감각인 것이다.

몸으로 존재하는 자는 살 위에서 일어나는 감각의 평면 위에 거하는 자이며, 오직 그 감각의 평면 위에서만 존재를 경험할 수 있다. 소리를 듣거나 살 위를 스쳐 지나가는 바람을 느끼거나 감각은 언제나 우리와 우리가 아닌, 그 어떤 존재자 사이에 형성된 상호작용의 연속적이고도 통일적인 장을 이루며 일어난다. 예컨대 밤하늘의 별들은 우리로서는 도무지 닿을 수 없는 먼 곳에 있다. 우리는 멀리 떨어져 있는 별들을 보는 것이 아니라, 실은 별들이 뿌리는 빛과 그 빛을 감각할 수 있는 우리 몸이 함께 만들어내는 통일적인 힘의 장 안에 머무는 것이다. 자신이 감각의 평면 위에 머물고 있음을 자각하는 것은 사물과 공간의 관점에서 벗어나 모든 것을 하나로 아우르는 절대적인 통일성 안에서 존재를 이해한다는 뜻이다. 감각의 평면은 우리 자신으로는 환원될 수 없는 초월적 존재의 경험과 더불어서만 형성되는 것이다.

듀이는 "자아와 우주 간의 조화"는 희망적 사고의 결과가 아니라고 한다. 그것은 "특별한 의지 행위"를 통해 존재하게 된 단순한 의지적 선택도 아니다. 그것은 즉각적인 것을 넘어선, 즉각적인 것에 뿌리내린 투영이다. 그것은 느끼고 감사해야 할 어떤 것이다. 이를테면 그 경험은 "걱정과 두려움이 사라지고 우주와의 깊은 신뢰와 일체감으로 가득 찬 행복한 경험이었다"라고 할 수 있다. 그렇기 때문에 감각의 평면 위에 머무는 밤하늘의 별들은 나의 의식 안에 내재하는 환영일 수는 없다. 감각은 분명 살 위에서 일어나는 것이고, 살 위의 감각을 통해 알려지는 것인 한 별들은 감각이 일어나는 살 위로 돌출한 초월자여야만 한다. 그것은 무한의 깊이와 높이로 펼쳐지는 세계로 다가온다.

인간에게 감각이란 자신의 존재를, 자신의 존재로 환원될 수 없는 그 어떤 초월자와 자신 사이에 맺어진 힘의 관계 속에서 이해하는 것이다. 감각의 평면 위에서는 누구도, 그 어떤 것도, 다른 것으로부터 동떨어진 것일 수 없다. 감각의 평면이란 모든 것을 하나로 아우르는 힘의 장이다. 우리는 자신의 안과 밖으로 넘나드는 존재의 힘을 이해하는 법을 배워야 한다. 예컨대 듀이에 따르면 '경외감'과 '존경'은 "더 큰 전체의 협력적 부분으로서 인간 본성에 대한 감각"에 기초한다. 더 넓은 자연환경에서 지성적인 참여자로서 인간의 감각에 기반한 경건함은 "삶에서 올바른 관점을 형성하는 본질적인 요소"다. 듀이가 보존하고자 하는 것은 인간의 선택으로 만들어진 힘보다 더 큰 힘들 — 초자연적, 자연적, 인간적이라는 세 힘들 —과 협력하는 감각이다. 힘이란 오직 감각할 수 있는 존재자에게만 예감할 수 있는 존재의 역량을 표현하는 말이다. 오직 힘으로서 존재하는 것만이 우리에게 알려질 수 있고, 우리 자신 역시 오직 힘으로서 존재하는 한에서만 자신이 아닌 다른 존재자를 경험할 수 있다. 그리하여 주위의 모든 것들과 언제나 연합한 자신을 느껴야 한다.

4) 지각의 발생과 존재구조

- 듀이, 경험의 생물학적 기반으로서 지각

삶이라는 과정은 환경 안에서 그 환경과 교섭을 통하여 진행된다. 생명은 환경에 어떤 행동을 취해 가며 자기를 갱신하는 과정이다. 듀이는 경험의 생물학적 기반을 가장 설명해 주는 두 원리로 상호작용과 계속성을 든다. 듀이에게 "자연 세계에서 고립된 사건이란 결코 있을 수 없다." 경험 역시 지각이 있는 유기체가 세계와 상호작용할 때 발생하며, 지각이 있는 모든 존재는 기능적인 통합을 이룬다. 지각은 결코 자극에 관한 정신의 순간적, 수동적 파악이 아니다. 지각하는 것은 '감각-운동 협응'이라는 기능을 가진 유기체에 의해 취해진 활동이다. 이런 이유로 모든 국면에서 경험의 특정한 형식, 즉 행함과 겪음의 형식과 연루되어 있다.

지각은 결코 가공되지 않은 원초적 자료와의 만남이 아니다. 듀이는 협응 회로의 개념을 통하여 생태학적 모델을 선호한다. 정신, 육체, 세계는 지속적인 상호작용에 의해서 상호적으로 창조된다. 듀이의 경험론에 따르면 유기체는 반드시 환경과의 통합을 유지해야 한다. 그 통합은 역동적이고 교호작용이 이루어지며 평형을 유지하는 일이다. 유기체와 환경이 통합하는 과정, 즉 '조정'은 두 가지를 포함한다. 하나는 유기체가 환경에 맞추어 스스로를 바꾸는 적응이고, 다른 하나는 유기체가 자신의 환경을 바꾸는 조절이다. 유기체가 생존한다는 것은 환경과 역동적이고 교호적이고 항상적인 통합이나 조정을 이루는 것이다.

듀이의 경험은 생물학적 기능론에 입각하여 "대단히 복잡한 과정으로, 유기체 자체의 생명 유지와 같은 특별한 목표를 이루기 위해 유기체 안에서 일어나는 작은 과정들은 배열하고 협조하는 일을 포함"한다. 듀이는 생명 기능의 수행과 관련된 상호작용을 이른바 '일차적 경험'이라고 불렀다. 그에게 일차적 경험은 실존적이고 질적이며 즉각적인 경험이다. 경험은 세계가 우리의 연루됨을 통해서 생기하는 모든 제한적 방식으로서 인간이 실존에 거주하는 방법이다. 경험은 인위적으로 만들어지는 것이 아니라, 그냥 느껴지거나 갖게 된 것으로서 기본적인 느낌, 사유, 행함과 같은 모든 활동을 포함한다. 듀이의 경험론은 여기에 근간한다. 그런 점에서 보면 듀이에게 경험함은 세상에 있음에 관한 인간적 양상이다.

- 제임스 깁슨의 <지각 생태학>과 어포던스

우리는 매일 주변 환경과 상호작용하며 살아간다. 문을 열고, 계단을 오르내리고, 음식을 먹는 등 일상적인 행동들이 어떻게 가능할까? 우리 인간은 책상 앞에 미동도 하지 않고 앉아서 '머릿속'에서 이것저것 생각을 하는 것이 아니라 늘 환경 속을 움직이면서 돌아다니고 있다. '움직이고 돌아다닌다'라고 해도 그냥 주위를 왔다 갔다 하는 것이 아니라 '뭔가를 하려고' '어딘가에 가려고' 하고 있다. 깁슨(James J. Gibson)은 생태학적 지각 이론의 제창자로 당시 심리학 주류의 반대편에서 지각, 인지, 사고, 행동 전반에 대하여 새로운 시각을 제시했다. 의자가 '앉기'를, 문손잡이가 '잡기'를 어떻게 유도하는지, 우리가 움직이는 자동차 안에서 어떻게 안정적으로 세상을 지각하는지 등 일상 속 다양한 예시를 통해 생태학적 지각의 원리를 생생하게 설명한다.

연령과 경험이 증가함에 따라 사물의 속성에 대한 이해가 달라지고, 그에 따라 영아나 걸음마기 아동들은 어떤 환경에서 어떻게 행동할지 알게 된다. 깁슨이 생애를 통해서 던졌던 물음은 사람과 동물이 '돌아다니는 행위'를 통해서 세계가 어떤 식으로 되는지를 알고, 자신이 어디를 어떻게 움직이는지를 알고, 어디로 향하는지를 알고, 이런저런 도구가 어디에 어떻게 도움이 되는지를 알고 '바늘에 실을 어떻게 통과시킬까, 자동차를 어떻게 운전할까 등 어떤 일을 하는 그 방법을 사람은 어떻게 알까'와 같은 것이었다. 깁슨의 생태학적 지각발달 이론에 의하면 영유아들은 환경 내의 사물이나 사건으로부터 사물의 변하지 않는 특성을 찾아내는 한편. 다른 사물과 구별되는 특성을 찾아냄으로써 주변 환경에 대한 정확하고 분화된 지각능력을 발달시켜간다.

깁슨은 지각이라는 것을 정지한 물체를 실험실에서 주시했을 때의 '판단 내용'으로 보는 것이 아니라 사람이 외부 세계에 다양하게 '뭔가를 하는' 활동의 흐름 속에서 그것에 보조를 맞춰 외부 세계를 수용하는 것으로 봤다. 그에 따르면 환경은 그 자체가 많은 정보를 가지고 있기 때문에, 감각을 통해 정보를 얻거나 그것을 해석할 필요가 없이 바로 환경으로부터 필요한 정보를 끄집어내게 된다. 따라서 지각을 연구한다는 것은 '머릿속이 어떻게 되어 있어서 그것이 자극을 어떻게 수용하는가'를 보는 것 혹은 '거기 놓여 있는 사물이 어떻게 보이는가'를 연구하는 것이 아니고, '외부 세계가 어떻게 되어 있고 거기에 사람이 어떻게 작용을 가하며 나아가 그것에 대해 외부 세계가 사람에게 어떻게 어떤 반응을 되돌려 주는가', 즉 '사람이 그 사물에 어떻게 작용을 가해서 무엇을 하려고 하는가'를 탐구하는 것이다. 그렇기에 외부 세계에 있는 사물의 형태, 그 사물의 생태학적인 의미, 그것에 대한 인간의 온몸을 이용한 관계 맺기가 주목의 대상이 된다.

그는 지각에서 행동도 매우 중요한 요소로 봤다. 즉 하나의 환경에 동물의 존재 가능성은 행동으로 증명될 뿐만 아니라 행동이 결여된 지각과 존재는 불가능하다고 생각했다. 따라서 지각은 곧 행동과 연관된다. 예를 들어 좁은 길(즉, 환경적 정보)을 갈 때는 몸을 다소 옆으로 돌리고(행동), 무엇을 잡으려고 할 때(즉, 환경적 정보)는 두 손을 벌려 올리게(행동) 된다. 행동을 움직임과 변화를 활용하는 지각의 구체적 전략이라고 본 것이다. 쿠키커터를 가만히 손에 쥐는 것보다 능동적으로 움직이면서 만져보아야 더 정확히 지각된다는 실험도 지각에서 행동의 중요성을 강조한 것이다. 나아가 지각의 목적은 자신의 항상성 유지를 위한 행동, 그 자체라고 보았다. 정리하면 지각은 행동가능성이라는 원재료와 동물의 적극적인 협응으로 이루어신다고 보았고, 행동은 지각 자체이자 결과물로 봤다.

깁슨은 우리의 지각과 존재가 단순히 한 순간 눈으로 들어온 정보를 이해하고 분석하는 데 그치지 않는다고 보고, 더 큰 시각에서 생태적으로 바라보아야 한다고 생각했다. 그런 흐름에서 그는 기존 심리학의 대안으로 진화론에 기반한 생태주의적 지각론을 주장했다. 생태학적 관점에서는 인간이라는 생물을 환경과 연결시키고 자체의 여러 부분이 서로 연결되어 있다. 생태계를 성립시키려면 연결망을 풍부하게 만들어야 한다. 깁슨의 인간 지각에 대한 생태학적 입장은 동물이 오랜 진화의 시간 속에 환경과 상호 작용하며 유전적으로 발전해 왔다는 점을 강조한다. 환경적 상호작용은 자기보존의 근본이기 때문에, 이러한 교환은 동물의 생명과 형태를 유지하는 데 결정적으로 중요하다.

깁슨의 주장에 따르면, 지금 이 순간의 개별 개체는 과거 선대가 환경과의 작용으로 획득한 지각의 생물학적 체계를 유전되어 받았고 이를 통해 현재의 환경과 상호작용하는 것이라고 보았다. 이런 유전적 발전 과정에서 동물은 그들의 환경에서 가장 생존과 번식에 유리한 방향으로 점차 진화했으며, 동물은 능동적인 지각 체계를 갖추는 방식으로 현재에 이르렀다는 진화론적 관점을 주장한다. 이 주장에서는 동물이 단순히 현재의 의도를 가지고 행동하는 것도 아니며 환경도 의도를 가진 존재로 행동하지 않는다. 그들은 서로 존재의 항상성을 유지하기 위해, 미리 진화된 방식으로 상호작용하는 것이다. 그러므로 생태적 인지주의자들의 주장에 따르면 환경과 동물의 지각 작용은 환경-동물이라는 하나의 통일장에서 이해되어야 하는 것이다. 즉, 각 개체는 동물과 환경이라는 개념으로 나누어지더라도 지각이라는 행위 자체는 서로 분리되어서 이루어질 수 없다고 이해해야 한다.

또한 주변 환경과의 상호작용을 강조하며 '어포던스'라는 개념을 제시했다. 어포던스는 'afford'에서 발전시킨 단어로, "지각의 생태학"을 창시한 깁슨은 외부 환경이 주는 긍정적 행동 유도 기회(약)와 부정적 행동 유도 기회(독)로 구분되는 '어포던스'라는 신조어를 만들었다. 물, 공기, 대지, 먹거리 등 생명체가 살아가는 데 필수적인 환경 자원들은 긍정적 어포던스이고, 환경 오염이나 독버섯 등은 부정적 어포던스다. 깁슨의 생태주의는 이런 식으로 환경이라는 것 자체를 특정한 개체가 생활하고 있는 '생태계' 혹은 '생활 공간' 속에서 상호의존해서 '발현되는' 성질이라고 생각하자는 발상이다.

환경을 이런 식으로 정리하면, 뭔가를 알아차리고 지각한다는 것은 환경 속 사물의 속성, 즉 외부 세계가 그 개체의 활동을 유발하거나 방향 짓는 성질을 '직접 끌어낸다'라고 할 수 있다. 깁슨은 그러한 '개체의 활동을 유발하고 방향 짓는 성질'을 어포던스라고 명명했던 것이다. 즉 지각이란 개체가 자신이 하는 활동의 흐름 속에서 외부 세계로부터 자신의 어포던스를 직접 끌어내는 행위를 가리킨다. 그런 점에서 몸은 어포던스와 동등한 위치에서 상호연계되어 지각이 이루어지게 하는 인지 체계의 주요 요소로 해석할 수 있다. 이렇듯 환경과 몸의 생태적 양립 가능성은 지각과 인지의 기본 조건이자 존재의 필수여건이라고 볼 수 있다. 어떤 대상의 '의미'라는 것도 그 대상 독자의 '객관적 성질'만으로 규정되는 것도 아니고 그렇다고 인식자의 개인적인 주관으로 정해지는 것도 아닌, 대상이 인식자를 유발 (afford)하는 활동이 어떤 범위 내에서 개체들 사이에서 공통적이어서 상호 전달이 가능한 것을 가리킨다고 볼 수 있다.

깁슨은 대상의 표면에서 오는 빛 자극이 어떤 지각의 형태로 변화되어야 우리에게 이해되는 것이 아니라 환경에 내포된 어포던스를 각 동물 개체가 특별한 노력이나 사고 작용, 언어의 지시 작용이 필요 없이 직접 획득할 수 있다고 주장한다. 다시 말해 어포던스는 환경에 이미 포함되었기 때문에 지각 체계는 단지 그에 공명할 뿐이라고 생각한 것이다. 이런 관계에서 지각은 환경이 개체에 어포던스를 제시하면, 개체는 생태적 몸을 통하여 이와 공명하는 과정에서 능동적으로 이루어진다. 또 깁슨의 어포던스는 개체의 필요나 선호와는 무관하게 환경에 존재하는 특성임과 동시에 개체의 신체적 조건에 영향받는 개념이기도 하다.

- 지각의 미메시스적 행위

미메시스의 과정들은 인간 및 인간이라는 종의 삶과 발전 과정 전체에 중요한 역할을 한다. 그것은 주체가 주변 세계를 대하는 경우에, 대상에 밀착하는 행위, 다시 한번 만들어낸 행위, 존재하는 것을 동화시키는 행위, 현상들을 모방하는 행위 등을 알 수 있다. 그런데 이러한 행위들은 세계와 감각적인 관계가 구축되는 신체적 과정에서 일어나고, 구성적인 행동들에서 일어나는데, 물론 인지 과정의 단계 아래에서 일어난다. 우리는 이러한 과정을 신체를 통해 세계를 알게 되는 과정이라고 부를 수 있다. 미메시스 과정들은 신체적이고 기술적인 양상을 띤다. 그 과정들은 어떤 재료를 특수한 방식의 도움으로 하나의 고유한 세계로 빚어내는데, 이렇게 빚어진 세계는 그 자체가 다시 물질적이고 감각적인 측면을 지닌다.

미메시스는 많은 사람들이 장차 살아갈 세계를 향해 취하는 태도를 특징짓는다. 특히 보기(보는 행위)의 과정들은 인간의 미메시스 능력을 참조하지 않고서는 충분히 설명할 수 없다. 미메시스 과정은 모방과 재현, 이미지와 허구, 타인에의 동화와 타인의 체험을 산출한다. 그것은 주어진 세계를 반복하여 만들어내는 일로 파악된다. 그런 행위 속에서 사람들은 세계를 다시 한번 그들의 세계로 만든다. 하지만 이론적 사유의 도움을 받아 만드는 것이 아니라 감각의 도움을 받아, 즉 감각적으로 만들어낸다.

우리는 미메시스 능력이 두 세계 사이의 매개를 만들어낸다는 점을 가정한다. 첫 번째 세계는 현존하는 것이고, 그것의 현존이 한 공동체에 의해 인정된다. 그리하여 우리의 지각세계는 이미 정돈되어 있으며 상징들의 도움으로 해석되어 있다. 바로 이 세계와 관계를 맺는 미메시스적 세계는 자신의 고유한 질서와 상징 체계를 만들어낸다. 미메시스 형식들은 모든 다른 세계를 향해 있다. 그 형식들은 미메시스를 추구하는 저자 및 그의 세계라는 한쪽과 첫 번째 세계나 타인들이라는 다른 한쪽 사이에 이루어지는 대화 과정의 일부다. 미메시스는 가능한 현재로부터, 살아 있는 기억으로서 시간의 흐름으로부터 건져내어진 실제의 현재를 만들어낼 수 있다. 미메시스는 현상들의 감각적 측면들을 포착함으로써 현전과 복제 가능성을 가져다준다. 세계와의 미메시스적 만남은 모든 감각을 동원하여 이루어지며, 이 감각들은 그 과정이 진행되면서 감수성을 펼친다.

아이가 세계를 미메시스적으로 해명할 가능성은 나중에 성인이 되어 감각적·감정적으로 느낄 수 있는 능력을 발현하기 위한 전제조건을 이룬다. 이것은 특히 아이의 심미적 감수성, 공감 능력, 동정심, 호감과 사랑의 능력이 발달하는 데 해당된다. 미메시스 능력은 타인의 느낌을 대상화하거나 냉담하게 반응함 없이 그 느낌을 추체험하는 일로 이끈다. 미메시스 능력은 사물의 비밀스러운 면, 심미적 체험에서 아우라(aura)적 요소, 그리고 "살아 있는 경험"의 가능성을 가리킨다.

미메시스의 힘은 본질적으로 그것이 산출해내는 이미지들 속에 놓여 있다. 미메시스는 현상, 가상, 미학의 세계를 산출한다. 이미지들은 물론 물질적 현존을 지니지만, 그것들이 재현하는 것은 경험적 현실을 구성하는 불가결한 부분이 아니다. 이미지가 재현하는 것은 경험적 현실과는 다른 질서의 지식에 속한다. 이미지들은 인간과 경험 현실 사이의 결합을 만들어내지만 환영, 시뮬레이션, 허구, 기만의 측면도 내포한다. 이미지들은 자율화하는 경향을 보여준다. 이미지들은 그 후 현실과 관련이 없는 감각적 사건들, 시뮬라크르, 시뮬라시옹들이 된다. 주체 없는 이미지와 텍스트가 생겨난다. 미메시스는 자기준거적이 된다.

- 지각의 창출행위적 접근과 현상학과의 연관성

우리는 이미 이 세계와 결합해 있고, 친숙해 있으며, 그 세계에 뿌리를 내리고 있다. 우리의 생활 전체가 실제이고 거기서 영위되는바, 현실에서 경험되고 또한 경험될 수 있는 세계인 것이다. 생명체의 인지는 세계 안에서 행위하는 신체 그리고 그 상호작용하는 환경과의 관계에서 생성되는 현상이다. 자기생성(autopoiesis) 개념은 생물학에서 세포의 자기유지 과정과 조직 원리를 설명하기 위해 도입된 것인데, 마투라나와 바렐라는 그것을 처음으로 인지에 적용했다. 이는 인지가 신체적 행위를 통해 성립한다는 것을 보여준다. 특히 바렐라가 강조한 것은 지각의 성립에 뇌만을 통한 정보 처리가 아니라 그 생물학적인 기반인 신체 기구가 불가결하다는 점과 신체 기구는 행위에 이끌려 기능한다는 점이다.

마투라나와 바렐라의 연구를 통해 주목받게 된 "오토포이에시스" 개념은 시스템의 내부와 외부 사이의 기능적 경계를 재정립한다. 마투라나와 바렐라는 "신경 시스템의 행동이 시스템의 구성에 의해 결정된다면, 그 결과는 순환적이고 자기반영적인 역학이다"라고 주장한다. 다시 말해서, 마투라나의 설명에 따르면, "신경 시스템의 활동은 신경 시스템 자체에 의해 결정되는 것이지, 외부 세계에 의해 결정되는 것이 아니다. 따라서 외부 세계는 단지 신경 시스템의 내부적으로 결정된 활동을 유발하는 방아쇠 역할을 할 뿐"이다. 시스템의 내부와 외부가 연결되어 있지만, 외부로부터의 자극은 시스템의 자체적인, 즉 자기반영적인 신호로 전환되어 내부에서만 순환한다. 그 결과 시스템의 독자성을 담보하는 경계가 유지되는 것이다.

자기생성체계의 전형적인 예는 세포다. 살아있는 세포는 세포막을 통해 외부와 분리되어 있지만 외부와 물질을 교환하면서 항상성을 유지한다. 마찬가지로 유기체는 활동을 통해 동일성과 항상성을 생성하고 유지하며 그런 과정을 통해 인지를 정의하는 자율적 행위자다. 이런 의미에서 마음은 유기체의 자기조직적이고 자기생성적인 활동, 즉 몸·신경계·환경의 반복적인 감각·운동적 결합으로부터 창발한다. 인지는 처음부터 주어진(애당초 거기에 있던) 마음(pregiven mind)에 의한 표현도 아니고 처음부터 주어진(애당초 거기에 있던) 세계(pregiven world)의 재현(representation) 또한 아니다. 바렐라와 톰슨에 따르면, "인지는 세계 내 존재가 보여주는 다양한 행위(action)의 역사에 기초한 행위를 통한 마음과 세계의 산출/생성(enactment)이다. 우리는 이 확신에 계속 육박하면서 인지의 양상을 강조하기 위해서 'enactive'라는 어휘 꾸러미로 이 현상을 설명하고자 한다." 인지는 체화된 행위며 한 존재가 행하는 세계의 창출 행위(enaction)는 『지각의 현상학』 저자 메를로 퐁티의 사유를 생물학적으로 계승한다.

이제 서양 형이상학 학자들이 오랜 세월 찾아 헤맨, 믿을 만한 근거를 갖는 (미리 주어진) 객관 세계라는 것은 없으며 세계의 무근거성을 주장하게 된다. 게다가 이러한 관점에 섰을 때 세계는 정보의 재현/표상으로서 존재하는 것이 아니라 어떤 유기체와 대상과의 관계성 속에서 그때마다 형성된다. 유기체와의 관계성은 그 생명이 가진 신체 구조, 그것이 가능하게 되는 운동 행위의 패턴에 의한 대상 데이터를 질서 지우는 그 학습 프로세스 등에 의해서 규정된다.

이러한 창출 행위가 중요한 것은 '구조접속'과 직결되는 개념이기 때문이다. 구조접속이란 "개체와 환경의 재귀적 상호작용"에 따라 "환경의 구조는 자기 생성 개체의 구조에 변화를 유발할 뿐"이라는 것이다. 즉, 환경은 개체의 변화를 결정하거나 명령하지 않는다. 반대로 개체 역시 환경에 대해 환경이 개체에 하듯이 동일한 변화를 '유발'한다. 다시 말해 개체와 환경이 서로 순환적으로 상호작용함으로써 환경과 개체 양측 모두 변화한다는 것이다. 요컨대 이 말은 우리의 환경은 진화의 여러 경로 중 하나일 뿐이며, 다른 진화의 세계를 우리가 창발할 수 있다는 것이다. 인간의 세계란 다른 가능성에 열려 있는 세계라는 말이다. 이때 '의식' 또한 눈앞에 펼쳐지는 세계에 노출되어 무수한 정보를 감수하면서 각각 무수한 피드백을 만들고 계속해서 만들어지는 질감, 즉 세계에 녹아들면서 세계가 성립하는 것 그 자체다.

가장 쉽게, 우리가 생각하는 '것', 생각에 '번뜩 떠오르는 대상', 생각이 향하게 되는 대상에 대해 말해 볼 필요가 있다. 즉, 체험 속에 어떤 것이 들어 있고, 그 어떤 것을 의식하는 의식이 작동하고 있다. 그것이 바로 의식의 흐름이다. 우리의 현실은 의식의 흐름 안에 주어지는 유동적인 현상이며, 사물에 대한 객관적 인식도 그런 의식의 흐름 안에서 종합되어 얻어진 구성적 동일성인 것이다.

후설(Edmund Husser)이 창안한 의식의 지향성이라는 개념에 따라 우리 앞에 놓인 세계는 나와 독자적으로 대립해 있지 않고 나의 의식이 지향하는 대상으로 하나의 끈으로 연결되어 있다. 나와 세계는 연결체이기 때문이다. 그러한 세계 속에서 나는 세계와 연결된 하나의 특이점으로 살아 움직이는 세계를 함께 창조해 나간다. 이러한 존재 조건에 의해 인간은 항상 무언가를 하고자 하며, 어떤 것과 관계를 맺고자 한다. 분명 세계는 주어진다. 하지만 세계는 우리가 그것을 받아들이는 방식대로만 주어질 수 있을 뿐이다. 주어지는 것은 의식의 흐름 안에서 특정한 방식으로 수용된 것이다. 요컨대 후설은 원칙적으로 의식에 나타나는 것에 탐구를 한정한다.

20세기 초에 후설에 의해 제창되고 그것을 이어받은 하이데거가 발전시킨 현상학이 '사태 그 자체로'라는 표어를 내건 것은 잘 알려져 있다. 언뜻 보면 '사태 그 자체' = '사물 자체'로 생각될지도 모르지만, 현상학에서의 '사태'란 의식에 나타나는 '현상'을 가리키지 현상을 가능하게 하는 '사물 자체'를 말하는 것은 아니다. 게다가 하이데거에게서 사물이란 다양한 '염려'에 따라 나타나는 '도구 존재'다. 사물은 단지 공간적인 '연장'으로서 거기에 있는 것이 아니라, 우리의 관심에 따라 그 의미를 개시한다. 즉 사물은 그때마다 특정한 목적을 위해 수단성, 유용성, 이용 가능성의 연관으로서 그 자신의 '무엇'을 주는 것이다. 하이데거는 세계에 관계하는 존재인 '현존재'의 짜임새를 '세계 내 존재'라고 부른다. 현존재는 언제나 이미 특정한 관심에 토대하여 세계에 관여하고 있으며, 주위의 세계는 그 관심에 대한 수단-목적의 연관으로서 현상한다.

- 하이데거, '거기 있음'의 지각과 실존의 개별성

먹고 마시며 즐기는 것은 분명 삶을 영위하는 데 필수불가결한 요소로 보인다. 우리는 단순히 먹고 마시는 게 아니라 자신에게 주어진 일정한 목적을 실현하기 위해 존재하며 그 실현의 의미가 바로 행복이라는 것이다. 우리는 삶에서 목적을 추구하는 의식적 노력에 앞서는 것으로, 특히 인간적 삶이 무언지를 묻는 상황 앞에서 우리는 당황하지 않을 수 없다. 그것은 익명의 사람들 속에서 사회적으로 부과된 정체성과는 다른 것으로 오직 자신이 누구인가에 대한 근원적인 물음인 것이다. 모든 인간에게 중요한 것은 당연히 자기 자신의 존재다. 하이데거는 인간을 근대적 자아나 주체와는 구별하기 위해서 존재 물음을 묻고 존재를 드러나게 하는 실마리로서의 현존재(Da-sein, 거기 있음)를 제시한다.

하이데거가 보기에 인간의 사는 모습이 큰 틀에서 목적론적으로 흘러가고 있다는 사실을 부정할 수는 없었다. 잘 알려진 것처럼 하이데거의 철학적 반감은 다분히 근대적 이데올로기 또는 총체적인 이데올로기적 세계관에 관한 것이다. 이러한 이데올로기들은 지구를 인간의 만족과 자기 확장이라는 것을 목적으로, 웅대한 전체 기획 또는 경쟁적인 전체 기획의 이행을 위한 영역으로 변형시키려는 시도다. 하이데거의 평생의 과업이 통상 인간이라는 현존재를 통해 존재의 의미를 밝히는 것이었음은 잘 알려진 사실이다. 인간 현존재만이 자기 자신의 존재를 문제시하면서 암묵적으로나마 존재 일반을 이해하기 때문이다. 사실 정신이나 의식과 같은 범주들은 도움이 되는 통로가 아니라, 오히려 존재 질문의 장으로 보이는 현존재에 대한 접근을 저해하는 장애물이다.

그렇다면 별다를 것 없어 보이는 이 일상에서 무슨 일이 일어나고 있는 것인가? 이 물음이야말로 하이데거의 일상성의 존재론에 주목하게 한다. 하이데거는 현존재가 일상적 삶 속에서 세계와 불가분리의 관계를 맺고 있음을 '세계 내 존재'라는 개념을 통해 표현한다. 우리가 '자신의 세계를 갖는다'라고 스스럼없이 말할 수 있는 것은, 우리가 이미 이 세계에 대해 친숙하고 또 이 세계에 대해 선이해를 갖고 있기 때문이다.

그런데 세계는 지각 안에서 주체에게 자신을 내어 준다. 하이데거에게 있어서 자신과 세계에 대해 현존재 즉, '거기 있음'의 지각은 일반적인 인식보다 더 근원적이다. 하이데거가 즐겨 사용하는 '근원적'이라는 표현에 주목해 보자. 현존재의 지각은 일상적인 경험이나 이성적 추론이 아니다. 하이데거는 더 근원적인 영역으로 내려간다. 바로 '거기 있음'의 현존재가 요청되는 것이다. '거기 있음'의 근원적 지각은 이미 열린 장(場) 속에 살고 있기 때문에 일상에서의 그저 그러한 경험이나 추론이 발생할 수 있는 존재론적 근거가 된다. 예를 들면 현상학에서 모든 지각이나 인식 작용이 일정한 지평 안에서 일어난다고 하는 경우, 이것은 현존재의 근원적 지각의 현상을 지칭하는 것일 수 있다. 한마디로 말해 인간 현존재는 객관적 대상화 또는 사물화에 앞서 세계를 이미 일정한 지평 속에서 그 의미 연관성을 이해하고 있다는 것이다. 모든 지각에는 이미 이것이 작용하고 있다. 우리의 모든 지각, 체험과 사고는 일정한 지평의 존재 안에서 일어난다.

'나'라는 현존재는 근원적인 지각에 의해 자신을 이해하며 동시에 자신을 드러내는 모습을 통해서만 비로소 자신을 드러낼 수 있다. 현상학적 범주로서의 '내다봄'을 사용한 그 드러남은 '지금'과 '여기'의 지평 안에서 어떤 식으로든 지각되어아 한다. '내다봄'의 근원적 지각은 멀리 둘러봄으로써 주위 세계 내에서 방향을 잡게 할 뿐만 아니라 그때 열리는 지평은 부분적이기도 하고 총체적인 것이기도 하다. 그러나 일상적인 삶에서 지평은 제대로 인식되지 않는다. 그렇기 때문에 그 지평의 존재는 하나의 가능성이며, 현존재는 그의 존재에 있어 자기 자신을 선택하여 얻을 수도 있고 또 잃을 수도 있는 것이다.

'내다봄'의 구체적 참여를 통해 열리는 주위세계는 이때부터 우리에게 '단 하나밖에 없음'이라는 고유성의 영역에 발을 내딛게 된다. 인간은 지금 여기에 자리한 존재이기 때문이다. 인간의 '있음'의 독특함은 인간의 '있음'이 각기 나의 존재라는 점이다. 이것은 전통적 인간 규정인 "이성적 동물"에서 강조된 인간 본질의 보편성(종적 본질)에 대한 반대 주장이다. 인간의 '있음'의 독특함은 바로 개별성에 있다. '나는 누구인가?'라는 물음은 바로 각자성과 유일회성 그리고 고유성의 존재가능과 관련된 물음이라 할 수 있다. 오직 그만이 자신의 질문으로 살아갈 수 있기 때문이다. 그것은 일정한 조건 아래서 특정한 방식으로 행동하고자 하는 신념에 찬 결의이기도 하다. 신념은 우리의 욕망을 인도하고 행위를 가다듬게 하여 존재론적 참여를 독려한다. 모든 이해 행위는 존재 의미를 탐색하는 사유의 철저함을 동반하는 존재론적 참여를 통해 사태 혹은 사건 자체와 만남으로써 이루어진다.

하이데거에 의하면 '그때마다 나의 존재'로 자신의 존재를 던져나가는 것이 실존이다. 물음과 함께 우리의 실존은 대상화될 수 없는 '누구'의 모습으로 등장한다. 실존은 오직 각 개인에 의한 수행에 의해서 비로소 얻어지는 것이며, 따라서 각각의 실존에 대해 그 본래성과 비본래성을 구분해 볼 수 있는 것이다. 인간은 이 세계에 내던져진 존재이지만 자신의 실존을 기획하고 그것을 넘어서는 존재이기 때문이다. 그리하여 인간의 거처인 열린 장에로의 나아감은 각각의 실존이 구체적으로 수행해야 하는 초월이며 자유다. 이 자유 안에서 비로소 인간은 자신의 가능성인 실존을 수행하면서 자기 자신의 본래성의 실현을 위한 기획을 감행할 수 있는 것이다.

5) 메를로퐁티의 감각적 실존과 심미적 이성

- 감각 덩어리 몸과 애매성의 의미

몸은 객관적인 몸도 기계적인 몸도 아닌, 체험되고 체험하는 몸이며, 살아 있는 몸이다. 몸은 대상으로서의 몸이 아니라 활동하는 몸이다. 실천이 곧 몸이다. 루드비히 비트겐슈타인은 저서 『철학적 탐구』에서, 영혼의 이미지를 원한다면 인간의 몸을 보라고 말한다. 그가 말하는 몸은 대상으로서의 몸이 아니라 활동하는 몸이다. 비트겐슈타인에게는 기호의 사용이 곧 기호의 의미인 것과 같은 뜻에서 실천이 곧 몸이다. "한 생물에게, 몸을 가진다는 것은 특정한 환경에 얽혀든다는 것, 특정 프로젝트들과 자신을 동일시하고 끊임없이 그것들에 몰두한나는 것을 의미한다"라고 메를로퐁티는 말한다. 인간의 몸은 하나의 프로젝트, 의미작용의 매체, 세계 조직화의 출발점이다.

인간의 몸은 행위자성(agency)의 한 양태, 타자들과의 교감과 상호작용의 한 형태, 단지 타자들 옆에 존재하는 것이 아니라 타자들과 함께 존재하는 방식이다. 몸은 개방되어 있고, 미완성이며 항상 현재 나타내는 활동보다 더 많은 활동을 할 수 있다. 몸은 우리가 다른 몸과 관계 맺는 다양한 방식의 원천에 놓여 있다. 그리고 몸은 우리에게 활동의 장을 제공하며, 그 장은 몸에게 외부적이지 않다. 왜냐하면 우리는 체현(體現)된 존재이며 우리의 하수도 시스템과 마찬가지로 세계 안에 있으니까 말이다. 세계는 우리의 건너편에 놓인 객체, 우리가 우리 두개골 내부의 어떤 알쏭달쏭한 위치에서 관조해야 할 객체가 아니다.

메를로퐁티에 따르면, 몸은 우선 감각 지각, 운동성, 종의 생물학적 토대와 연결되어 있는 감각 덩어리다. 그것은 유(類)의 생물학적 토대 — 감각기관, 운동기능 장치, 지각능력들 — 다. 중요한 것은 감각함을 어떻게 보느냐다. 감각은 직접적인 접촉에 의해서 가능하다. 몸인 팔과 다리는 각각의 감각으로 동일한 몸에 속해 있다. 감각함은 우리 몸에 대한 지시성을 갖고 있기에 세계를 바라보는 데에서나 우리의 실존에서 이미 의미를 띠고 있다. 또한 감각함은 우리의 삶에 친숙한 장소를 만들어낼 뿐만 아니라 더불어 생생한 의사소통의 장을 구성한다. 여기서는 타 자아의 문제는 없다. 감각 덩어리가 있음으로 해서 나의 몸에 의한 지각과 타자의 지각 사이의 경계가 불분명하기도 하지만, 이는 한편으로는 나의 지각에 타자의 지각이 공동으로 참여한다는 의미도 지닌다.

감각과 지각 영역에서는 '나'의 감각 혹은 지각의 참다운 주체라는 것을 의식하지 않는다. 오로지 몸짓과 몸짓으로 서로의 의도를 지각하는 소통만이 존재할 뿐이다. 나는 타인의 몸짓에서 그의 의도를 알아차리면서 그의 주체성을 아울러 파악하며, 타인은 나의 몸짓에서 나의 의도를 알아차리면서 나의 주체성을 파악한다. 나의 몸과 타인의 몸이 만나 일어나는 모든 지각의 사태들은 상호주체적인 의미를 지닌다.

몸과 몸들은 언제나 밀착되고 얽혀 있다. 다만 '어떤 몸들과 얽혀 있는가'가 문제라면 문제겠다. 몸과 몸이 서로 만질 때 몸은 '감정적' 몸이 된다. 감정이란 몸에서 유발되는 것이다. 메를로퐁티에게 감각은 감정적인 것을 동반한다. 감정은 슬픔이나 기쁨이라는 정서로 나타나기도 한다. 그러나 원래 슬픈 몸이 있는 것이 아니다. 몸이 슬픔의 상황 속에 있고, 그 상황을 몸이 표출하는 것이다. 이는 몸이 언제나 관계를 벗어날 수 없음을 의미한다.

그런데 우리 몸은 세계와의 '애매한 관계' 속에서 존재한다. 애매성의 의미는 몸과 세계가 분리될 수 없는 인간 존재의 근본적인 양식이다. 애매성의 길은 세계와 몸의 소통 방식이다. 그래서 몸, 세계, 타자 등은 애매한 몸의 존재 방식과 분리될 수 없는 구도를 형성하고 있으며, 여기에서 드러나는 본질적 애매성이 바로 객관주의를 비판할 수 있는 핵심적 근거가 된다. 이는 곧 우리의 지각이 비결정성으로 이루어진다는 것을 의미한다. 지각의 대상은 본질적으로 애매하게 나타나고, 항상 그때마다 새롭게 열려야 할 지평으로 가지고 있다는 것이다. 지각의 비결정성이 바로 애매성의 의미다. 애매성은 인간의 의식과 세계의 존재와의 사이에 이른바 '능동성/수동성', '참여/부정'의 양자택일적 논법을 적용시키는 데 어려움을 지적한다. 그러므로 몸, 타자, 세계는 교직, 교접, 직물, 이명적 관계를 통해서 서로를 들추어내는 애매한 방식을 지닌 것이다.

이제 몸이 문제다. 몸은 감각적이기는 하나 원리가 없는 것은 아니다. 우리는 과거의 누적과 과거로부터 생겨나는 결정론적인 과정들에 의해 강제된다. 그러나 이와 동시에, 그러한 결정론적인 과정들 자체는 끊임없이 확장되는 미결정성의 지대를 열어준다. 그것은 인간 삶의 애매성들과 어려움들과 대결하면서 자신의 세계가 미완의 상태로 남아있게 한다. 이 몸이야말로 불투명하기 짝이 없는 것이다. 이러한 점을 정확하게 찌르고 들어간 메를로퐁티에게 나는 감각 덩어리라는 존재의 근본적인 모습으로 제시된다. 이때 감각이란 그저 지성적인 이성에 의해 처리되기 위한 소재로서의 감각이 아니라 내부에서부터 끝없이 떨림을 자아내는, 강도와 밀도를 기본으로 삼아 오로지 감각하는 나 자신의 힘으로부터만 영향을 받을 뿐이다. 메를로퐁티가 존재의 근본으로 제시한 감각 덩어리는 인간이 자신의 온

몸을 통해 직접 공명하여 실제 생동적인 삶으로 이미 관통해 들어가 있음을 알리는 것이다.

우리가 성취할 수 있는 자기 결정은 더 심층적인 의존의 맥락 안에 존재한다는 점에 주목할 필요가 있다. 우리의 완성에 관여하는 불가해한 복잡성을 구성하는 힘들의 미묘한 얽힘에 주의를 기울여야 한다. 이른바 자율적 인간 행위자가 제작되는 과정에서 관습, 습관, 운, 신체 구조, 우연한 경험들 등이 하는 역할을 주목하는 것이다. 우리가 그 많은 힘의 산물이라고 지적하는 것은 인간 행위자란 자기중심의 신화에 동조하는 것이 아니라는 점 때문이다. 이의 뚜렷한 증표 하나는 우리의 살이 타인들의 살에서 파생되었다는 사실이다. 자신의 엉덩이에서 튀어나오는 사람은 없다. 의존적 행위자성의 가장 중요한 증표는 몸이다.

몸은 단일한 실체가 아니다. 몸은 관계적 실재로서, 혹은 집합체로서 자신을 드러낸다. 몸들의 상호성은 몸의 주체적 역량을 회복하는 데 필요한 과정이다. 몸들은 어떠한 목적도 없이 움직인다. 몸과 몸의 우연한 만남은 예상치 못한 세계를 만들어내지만, 그 몸들은 경향성을 지니기 때문에 습관을 가지게 된다. 이 습관으로부터 몸의 능동성이 나타나며, 이 점에서 몸은 주체다. 메를로퐁티는 몸이란 우리가 세계를 가지는 습관적인 방식이라고 본다. 그런데 나는 내 눈을 볼 수 없다. 하지만 나는 내 팔과 다리를 볼 수 있다. 타인과의 관계에서 어떠한가? 나는 당신을 바라볼 수 있고, 당신을 통해서 내가 존재한다는 것을 이해할 수 있다. 그러나 내가 내 눈을 볼 수 없듯이, 나의 몸 자체를 볼 수 없다. 그래서 몸들의 상호성에 주목할 필요가 있다. 몸들의 상호성으로 우리는 타인의 경험 또한 나의 경험으로서 그리고 통일적 체험으로서 이해하게 된다.

메를로퐁티는 내가 무엇을 관념적으로 파악하여 나의 관리·지배 하에 두기 전에 그 무엇과의 관계 자체에 '존재'가 기입되며, '존재' 가 나의 몸에, 몸을 통해 지각에 휘감겨 들어온다고 말했다. 의식은 나 아닌 것을 관념에 동일화된 것으로 추상화시키며, 이때 내가 나 아닌 것과 맺는 생생한 관계들 또는 관계들의 사건 자체, 즉 '존재'는 무시되거나 화석화되고 만다. 그에게 중요했던 것은 감각의 자유나 감정의 격양·도취나 몸의 방종과 같은, 흔히 우리가 '주관주의'나 '비 합리주의'라는 딱지를 붙이곤 하는 것들이 전혀 아니었고, 오직 나 아닌 것과의 관계들과 그 관계들로 열리는 엄밀함 — 깨어 있는, 반 (反)주관적인, 반 나르시시즘적 —움직임일 뿐이었다.

– 감각 존재론: 살과 키아즘

메를로퐁티는 서양철학에서 늘 2차적인 것으로, 또는 열등한 것 으로 취급되어 왔던 주체의 몸을 강조하고, 이 몸을 둘러싸고 펼쳐 지는 지각적·감각적 세계에 주목한다. 메를로퐁티가 감각적 살을 이 야기할 때 살과 함께 우리는 촉각적 경험을 떠올린다. 감각적 주체가 다른 누군가를 만질 때 그가 만지는 자인지 만져지는 자인지를 알 수 없는 순간은 온다. 하지만 이 순간은 완전한 융화나 뒤섞임을 의 미하는 게 아니라, 촉각적 경험 속에서 나의 신체가 감각적 주체가 될 수도 있고 감각의 대상이 될 수도 있음을 의미한다. 이것이 바로 살의 논리다. 살은 경험의 대상 세계에도 경험의 주체에도 속하지 않 는다. 그것은 경험 가능한 사물(감각 가능한 사물)과 경험하는 자(감각 하는 자)의 관계의 사건(감각이 주어지는 과정 또는 감각하는 행위) 가운데, 즉 둘 사이에 존재한다. 그런 의미에서 살은 사이-세계다.

이를 시각 경험에 적용한다면, 본다는 것은 보는 자가 언제든 보이는 것이 될 수 있고 반대로 보이는 것이 언제든 보는 자가 될 수 있다. 이를테면 양자 사이에서 이루어지는 봄에는 보는 자가 보이는 것에 가하는 작용(보는 행위)이 있을 뿐만 아니라, 보이는 것이 보는 자 안에 정념을, 보는 자 내부에 새겨지는 흔적을 남기는 작용이 있다는 것이다. 이는 인간이 보는 자로서의 절대적 힘을 영원히 보유할 수 없다는 것을, 보이는 것들에 의해 보는 자로서 자신의 위치를 상실할 수 있다는 것을 의미한다.

요컨대 우리의 존재는 '보는 자'이고 세계는 '보이는 것'이다. 보는 자와 보이는 것 사이에는 주관과 객관과는 다른 특이한 관계, 즉 '뒤섞임의 존재' 관계가 있다. 그것은 주체와 대상이 나의 몸속에서 뒤섞인다는 것을 의미한다. 그리하여 몸은 낯설고 기이해야 한다. 낯설고 기이한 몸을 이상한 몸으로 배제하는 것은 인간 중심적, 혹은 자기중심적 패러다임 속에 갇혀 있는 사고 때문이다. 살은 의식의 합리적·언어적 조작으로 규정된 대상들 그 이전 또는 그 이하의 세계, 그것들의 구성 조건이 되는 야생적인 감각적 세계다. 살은 객관적으로 가리킬 수 있는 어떠한 공간도 아니며 의식적 내면의 표상들에 대한 총합도 아니고, 차라리 관계의 사건들이 펼쳐지는 안이자 바깥의 공간, 바깥이자 안의 공간이다.

우리는 감각적인 존재로서 감각적인 사물들 가운데 놓이게 될 때, 사물들은 우리의 눈이 의도한 것 이상의 것을 우리에게 보여준다. 보이는 것(나아가 만져지는 것, 들리는 것 등 감각적인 것 일반)이 보는 자 안에 남기는 내면의 흔적, 떨림, 그것을 메를로퐁티는 '음악적 또는 감각적 관념'이라고 부른다. 세계에서 드러나는 어떠한 사물도 단순히 보이는 물질적 대상이 아니며, '나'를 보고 '내'게 말을 걸어오면서 '내' 안에서 어떤 정념을 불러일으키는 — 설사 경우에 따라서는 그 정념이 매우 미약한 것이라 할지라도 — 보이지 않는 음악적 관념으로 전환된다(보이는 것과 보이지 않는 것의 가역성). 그러한 관념을 그 자체에 가장 근접해서 표현하는 자는 예술가 중에서도 특히 음악가, 작곡자나 연주자일 것이다. 왜냐하면 음악가가 택한 표현 수단인 음과 리듬이 화가의 선과 색이나 문인의 언어보다도 훨씬 더 미규정적이고 가장 보이는 이미지로부터 멀어져서, 즉 보이는 것을 가장 모방하지 않으면서 정념을 표현하기 때문이다.

하지만 모든 예술가 각자가 나름의 표현 수단을 통해 표현하는 음악적 관념이 내면의 흔적이고 내면의 울림을 가져오기에 모든 예술 작품은 어느 정도 음악적이다. 보이는 것(사물)이 보이지 않는 것으로, 내면의 흔적으로, 즉 개념에 결코 귀속되지 않는 음악적 관념으로 선환되는 과정, 그 과정은 근본적으로 살로 이루어진 세계에서의 경험 일반에서 진행되며, 그 과정에 누구나 참여하고 있다. 음악적 관념은 개념화할 수 없고 소유할 수 없는 보이지 않는 것, 부정적인 것 — 결정되지 않은, 규정될 수 없는 — 것이다. 다만 문인은 보이지 않은 음악적 관념들을 언어에 투영하고, 화가는 색과 선에, 작곡가나 연주자는 음과 리듬에 투영할 뿐이다.

살은 보이는 어떠한 공간도 아니며, 보이는 것과 보이지 않는 것(즉 음악적 관념들)을 총체적으로 아우르는 공간이다. 보이는 것이 내면으로 나타나는 보이지 않는 흔적, 즉 음악적 관념을 통해 우리는 살에 접촉하며 또한 살에 의해 수동적으로 접촉 당한다. 메를로퐁티가 말하는 음악적 관념의 새로움은, 모든 경험의 시작과 중심에 인간과 사물들 사이의 상호 역동적인 동사적 관계가 놓여 있다는 사실을 가리킨다는 데에 있다. 그것은 우리의 모든 경험의 구조를, 즉 인간과 사물들이 서로 영향을 주고받으면서 얽혀 있다는 사실을 가리킨다. 그 때문에 인간의 눈이 절대적 권력을 놓아버릴 때, 자연의 사물들이 다채로운 모습으로 나타날 수 있다. 보이는 것과 보이지 않는 것(즉 음악적 관념들), 만지는 것과 만져지는 것의 교차와 가역성이 바로 살의 내적 논리인 키아즘이다. 이러한 교차와 얽힘은 인간과 세계, 나와 타인에서만 아니라 빛과 물, 물과 바람, 파란색과 붉은색 등 감각적인 모든 존재들 사이에서 일어난다. 감각적 존재들은 키아즘이라는 어떤 논리에 의해 직물처럼 짜여 있다.

메를로퐁티는 감각적인 모든 것들이 교차-얽힘 가운데 있다는 의미에서 존재론적인 '살'을 이야기한다. 몸과 몸의 직접적인 접촉의 얽힘과 교차의 방식, 즉 키아즘은 살의 속성이다. 살은 초월적이거나 형이상학적인 것이 아니라 우리의 생생한 실제 경험 속에 퍼져 있다. 이 때문에 몸은 개별적 존재가 아니라 주위의 다른 몸들을 변화시키고 스스로도 변화하는 과정이다. 살은 모든 개체의 연결, 연대, 동맹을 가능케 하는 이념 혹은 관념으로서 의미를 가진다. 스테이시 앨러이모(Stacy Alaimo)의 용어를 사용하면 몸은 횡단신체적이다. 예를 들면 카카오톡 문자나 이메일, 육필 편지와 같은 매체를 경유하면서 내 몸의 반응은 달라진다. 육필 편지를 받는 경우 몸이 진동하면서 마음이 부르르 떨리는 경험을 한다. 이때 문자의 물질성과 나의 몸은 분리된 개체가 아니라 개체화의 상호작용이 일어나는 상호 구성적인 횡단적 몸이라고 할 수 있다. 살은 가장 원초적인 '지각세계', 즉 '지각장'의 물질적 표현이다. 이로 인해 메를로퐁티의 철학은 실재성의 의미를 획득함과 동시에 존재론의 가능적 토대를 마련한다.

- 주객미분리 하에서의 지각적 종합

세계는 지각하는 신체로서의 나에게 가장 근원적인 방식으로 주어져 있다. 메를로퐁티는 인간의 경험을 더 풍부하고 다층적으로 이해하기 위해 인간이 세계와 맺는 가장 근본적인 방식이 지각이라고 보았다. 메를로퐁티는 감각적 경험을 단순히 수동적인 정보 수용이 아니라, 세계에 의미를 부여하는 창조적인 과정으로 보았다. 그러므로 이러한 주체는 몸으로 보고 만지고 듣는 육화된 주체다. 세계를 정신의 대상으로 삼기 전에 언제나 움직임을 통해 고유한 관점을 가지는 우리의 신체가 이미 이 세계 안에 있다.

우리 인간은 걷거나, 인사를 하거나, 말하거나, 생각할 때, 몸을 가지고 그렇게 한다. 우리는 몸으로써 세계에서 위치를 차지하며 몸의 행동에 의해 확인될 수 있는 존재다. 인간 존재가 세계와 불가분적인 것은 그것이 신체적 존재이기 때문이다. 몸은 그만치 주변 환경과 세계의 내부로 깊이 침투해 있으며 주변 세계와 합일되려는 성향이 강하다. 이는 궁극에서는 주객미분리의 상태를 지향한다고 이해할 수 있다. 주관과 객관이 분화하기 이전의 원초적 상태는 사실 현상학이 추구하는 바이기도 하지만, 인간의 근원적인 본성이 지향하는 바이기도 하다. 메를로퐁티는 몸을 기반으로 좀 더 철저하게 주객미분리성을 추구한다.

그러므로 이 세계의 유일성을 객관적으로 사고하는 것은 불가능하며 그것은 단지 참여적으로 체험할 뿐이다. 우리가 세계를 이해하는 일을 시작할 수 있는 유일한 길은 세계에 대한 우리의 구체적 참여를 통해서다. 그것은 주위의 세계로의 실천적이고 물질적인 얽힘을 통해서 주어진다. 그런 점에서 신체는 그 자신이 감각들을 소통시키고 종합하는 역할을 하는 근본적인 주체다. 우리가 극장에서 자막이 나오는 외국 영화를 관람할 때, 대사, 그림, 소리, 음악을 종합하는 것은 순수 지성의 작용이 아니라, 고유한 몸의 종합이며 지각적 종합이다. 지각적 종합은 신체적 경험을 통해 드러나며, 이를 통해 추상적인 사고가 아닌, 구체적이고 감각적인 방식으로 세계를 이해한다.

그렇다면 감각들을 소통시키고 종합하는 주체로서의 신체는 어떻게 그렇게 하는가? 신체가 하는 종합은 우리의 정신이 행하는 지적 종합과 다른 지각적 종합이다. 우리의 의식은 육면체의 전개도를 그리듯이 세계로부터 잠시 떨어져서 추상적이고 기하학적인 사유를 할 수 있다. 그렇지만 보다 근본적으로 우리는 늘 세계와 관계를 맺고 있는 우리의 신체를 전제하고서만 그렇게 할 수 있다.

몸과 세계는 동시에 탄생하게 되는데, 이때 펼쳐지는 것이 하나의 장(場)이다. 지각장은 몸과 '세계'와 연관되어 있는 개념이다. 여기서 말하는 세계는 관계적 실재면서 동시에 공생적 집합체다. 감각들의 복수성으로 지각장이 펼쳐진다. 다수의 감각으로 펼쳐진 지각장은 배경을 의미하며, 몸들은 배경 위에 표현된 개별자들이다. 예를 들어 '원고를 쓰다가 진한 커피를 마시고 싶어 주방으로 걸어가는 나'와 같은 방식으로, 여기서는 시간성과 공간성이 교차하면서 하나의 장을 이룬다. 그러나 그 교차지점은 매 순간 다르다. 걸어가는 시점, 커피를 내리는 시점, 커피를 마시는 시점, 그것을 우리는 각각의 시점으로 이해한다. 그 시점들이 내 세계의 전체성을 이룬다.

이처럼 지각적 종합은 우리의 신체라는 지평 안에서 몇 겹씩 얽혀 있는 개개의 관점들이 다른 관점들로 넘어가면서 점차로 전개된다. 영화는 이 점을 잘 보여준다. 우리는 영화를 한 장면 한 장면 따로 떼어서 보는 것이 아니라, 늘 새롭게 갱신되는 종합 자체를 본다. 메를로퐁티에 따르면, 그것이 수행하는 종합은 그 자체로 시간적 현상이고, 흘러가며, 그 자체 시간적인 새로운 행위에서 재파악될 때만 존속한다. 영화는 우리가 늘 타인과 공존하고 있다는 것을 알려주고 영화에서 발견하는 타인의 행위가 표현하는 감정은 내가 나 자신의 감정을 표현하는 것과 근본적으로 다르지 않다는 것을 알려준다.

- 메를로퐁티의 고유한 몸과 신체적 지향성

메를로퐁티가 말하는 '고유한 몸'이란 무엇인가? 고유한 몸은 본래 자신이 가지고 있는 몸이다. 고유한 몸은 독특하고 유별나고 가치가 있다. 그 몸은 단 하나뿐인 몸이기에 그 자체로 가치가 있다. 나는 나의 몸으로부터 분리될 수 없는 몸-주체다. 그리고 나는 내 몸을 매개로 세계를 경험한다. 그것은 몸이 운동성을 지녔기 때문이다.

몸은 감각세계에 내리는 닻이다. 나는 닻을 내리고 세계는 열린다. 그리고 곧 나는 닻을 올리고 항해를 할 것이다. 이때 고유한 몸은 지금 여기에 살고 있는 몸이다. 그것은 내가 있고, 내가 몸을 소유하는 그런 방식이 아니다. 나는 몸 안에 거주하지 않는다. 몸이 나다. 내가 너와 다른 이유는 내 몸이 너의 몸과 다른 이유와 같다. 나는 몸이기 때문이다. 그래서 나의 몸은 고유한 몸이다.

그래서 개인은 하나의 스타일을 가지며, 그 스타일은 각각의 스타일과 함께 새로운 스타일을 만들어낸다. 각 개인이 개별적이고 구체적인 존재임에도 서로를 이해하는 것은 특정 시대의 스타일로 묶일수 있기 때문이다. 그래서 우리는 같은 일을 두고도, 또는 같은 상황속에서도 무수히 많은 이야기를 할 수 있다. 이렇게 스타일이 드러나는 방식을 메를로퐁티는 몸짓이라 한다. 나의 세계는 이와 같은 방식으로 만나며 서로를 탄생시킨다. 이렇게 고유한 몸인 나는 타인과 구별되는 개별적 존재인 내가 되며, 이 몸이 세계와 관계 맺는 방식으로 세계와 몸의 교차가 이루어진다.

고유한 몸은 그 몸의 주체가 단단히 결합한 몸으로서, 감각하고 지각하는 몸이자 행위와 운동에 의해 자기 주변에 의미를 갖는 세계를 펼치는 몸을 말한다. 세계는 대상이 될 수 없고 늘 우리의 몸과 연루된다. 고유한 몸은 세계로 지향하는 실존으로서, 몸-주체인 것이다. 몸-주체는 세계 내 존재로서 고립된 존재가 아니라 세계와의 끊임없는 대화로서 나아가는 관계적인 존재다. 메를로퐁티에게 고유한 몸은 실체로서의 개념을 벗어난다. 몸이 고유한 것은 몸이 상황 속에서 매 순간 형성되기 때문이다. 상황 속에서 형성되는 고유한 몸은 일종의 집합체이자 관계적 실재다.

　메를로퐁티에게 세계는 지각장이다. 우리는 지각을 하기 위해 대상을 필요로 하는데, 메를로퐁티에 따르자면 그 대상이란 객관적 대상이 아니다. 그것은 하나의 세계다. 그것은 의식으로서의 '나'가 아니라 몸으로서의 '나'를 통해 나 아닌 것과의 관계들 즉 세계와 타인과의 관계들이 온전히 시작되고 전개될 수 있는 동시에 지속적으로 양자('나' 그리고 세계·타인)에게 열린 채로 남아 있을 수 있다.

　살아 있는 몸은 늘 움직이고 무언가를 향하고 있다. 컵을 드는 몸의 움직임은 마실 것이 담긴 컵을 지향하고 해변을 거니는 몸의 움직임은 모래로 된 길을 지향하는 등. 고유한 몸은 지향하는 대상에 맞춰서 움직임의 스타일을 저절로 만들어낸다. 몸은 언제나 세계 속의 무언가를 지향하고 있으며 이때의 몸은 지향하는 대상에 적합하게 스스로 움직인다. 그럴 경우 몸은 주위 환경과 지향적 끈들로 묶여 떨어뜨릴 수 없는 것임이 드러날 것이고, 따라서 결국에는 지각하는 주체가 지각되는 세계라는 사실을 알게 된다. 그것은 나의 의식이 몸을 통하여 세계로 지향하는 과정을 통하여 세계도 동시에 나의 몸과 의식에 대응하여 나타나기 때문이다. 내 몸은 의식과 세계가 서로 접목되는 그런 곳이다.

메를로퐁티는 움직임을 유발하는 신체적 지향성을 지각이 가능하게 되고, 이 지각적 세계와의 만남 자체를 포괄하는 개념으로 제시한다. 지향성은 순수 의식의 특권이 아니라 몸의 존재적 특징, 즉 몸의 지향성이며, 세계나 대상은 우리 몸의 움직임을 통해 의미를 얻게 되고, 의식은 이러한 몸에 의해 구현되는 존재다. 이때 의식은, '나는 생각한다'의 구성하는 의식이 아니라, '나는 할 수 있다'는 몸의 지향능력에서 유래한 지각하는 의식을 의미한다. 메를로퐁티는 신체적 지향성을 지닌 몸을 가리켜 '세계로 향한 존재'라고 표현한다. "몸은 세계로 향한 존재를 이끄는 운반체다. 그리고 살아 있는 존재에게는 몸을 갖는다는 것은 특정한 주변 환경과 같이 어우러진다는 것이나."

– 비개인적/개인적 실존의 근거, 감각과 이성

메를로퐁티에게 실존은 세계에 거주하면서 또한 세계를 향해 나아가고, 세계를 초월하는 존재로서의 인간 존재를 나타낸다. 실존은 세계에 참여하며 세계의 의미를 주체에 길어내는 것이기에 몸의 활동이다. 요컨대 실존은 몸으로 표현되고, 몸을 근거로 한다. 아니 오히려 몸 자체다. 따라서 몸은 언어가 사유를 표현하듯 그 혹은 그녀의 실존을 표현한다. 몸이 실존을 표현한다고 할 때, 이것은 번지수가 집을 가리키거나 계급장이 지위 고하를 가리키는 것처럼 기표와 기의로 구분할 수 있는 것은 아니다. 몸은 실존의 변화하는 양상을 그때그때 표현한다. 몸은 실존을 실현하는 그것의 현실성이다. 그러므로 또한 몸은 실존의 근거다.

메를로퐁티는 철저하게 몸을 유기체이자 독립적인 주체로 해석함으로써 몸에 대한 새로운 철학적 이해의 지평을 열었다는 점에서 그 의미가 있다. 메를로퐁티의 이 유기체는 "세계의 일반적인 형식에 선(先)개인적 결합으로서, 익명적이고 일반적인 실존으로서, 나의 유기체로서의 나의 개인적인 삶 아래에서 타고난 복합체의 역할을 한다." 유기체로서의 몸은 세계와 결합해야만 하고 이것이 일반적인 실존, 즉 비개인적 실존을 이룬다. 몸의 비개인성을 감안할 때, 몸은 자아에게 낯설고 외적인 존재로 느껴질 수 있다. 우리는 결코 몸을 완전히 소유할 수 없다. 그러면서 다른 한편으로 나의 몸에서 구체적으로 결합이 실현될 때는 개인적 실존을 이룬다. 개인적 실존으로서 나의 몸은 세계와 닿아 있다. 보고 듣고 느끼고 생각하는 것은 세계와 접촉하는 과정에서 일어나는 일들이다. 나는 사유하는 존재 이전에 행위 하는 존재 즉 몸적 존재다. 즉 몸은 행위로 자신을 드러낸다. 그런 이유로 메를로퐁티는 사유하는 자아가 아닌 행위하는 자, 또는 몸이라고 말하는 것이다. 그것은 인간 실존이 몸을 근거로 하기 때문이기도 하다.

물론 이 두 실존은 실제로 경계 지어 구분할 수 없고, 뒤섞여 통일된 채 실현된다. 장 뤽 낭시(Jean Luc Nancy)에게 몸은 생각이 결코 완전히 꿰뚫을 수 없는 것을 대표한다. 몸은 우리 생각의 기반이요 원천인데도 말이다. 그러므로 실존은 애매하다. 이를테면 자신의 신체는 세계 속에 뿌리를 내리고 있으면서, 보는 자이면서 보이는 것, 그리고 만지는 자이면서 만져지는 것으로서의 애매성을 자신의 실존적 상황으로 적극 받아들이면서, 세계 및 타인과 관계를 맺는 '자기'들의 존재론이다. 오로지 이러한 애매성으로부터 좀 더 확장된 이성을 발견하고 구체화할 수 있다. 그것은 자기 자신의 세계가 미완성이라는 것을 인정하는 이성이다. 이러한 이성은 분명 메를로퐁티에게서 주체성이나 자기라고 지칭될 수 있는 것은 단단한 동일성을 형성하는 데 기여하지 않는다. 그의 주체성은 타자에 의해서, 세계에 의해서, 역사에 의해서 갈가리 찢겨 있으며 늘 인간 삶의 애매성들과 어려움들과 대결하고 있다. 그러한 주체성은 삶을 통해서 자신의 세계가 미완의 상태로 남아있다는 것을 알고 있다.

그렇기 때문에 실천적 감각적 실존에 기초하지 않은 합리성은 단지 결함만 있는 것이 아니다. 그런 합리성은 실은 전혀 합리적이지 않다. 감각적 실존에 기초한 이성을 감각적 이성이라고 한다면 그런 이성을 가리키는 명칭 하나는 미학적 이성이다. 이 명칭은 예술에 관한 논의가 아니라 몸에 관한 논의에서 처음 등장한다. '미학적 이성'이라는 용어는 상당히 냉정한 계몽적 이성이 감각의 논리를 포용하기 위해서 벌이는 노력을 대표한다. 근대 미학은, 몸을 초과 화물처럼 여겨 축출할 위험이 있는 합리성의 한 형태 안으로 다시 몸을 밀반입하는 시도로서 탄생한다. 이성과 감각은 무엇보다도 예술 활동에서 생산적으로 협동한다. 그러나 미학은 계몽사상의 일반적 통념과 달리 이성의 보충물에 불과하지 않다. 자신의 원천이 감가져 삶임을 인정하지 않는 이성은 애당초 제대로 된 이성일 수 없다. 인간 특유의 이성은 살의 필요와 제약에 반응하는 이성이다.

- 심미적 이성의 초월성

메를로퐁티는 인간 경험의 중심을 지각에 두고, 우리가 세계를 이해하고 소통하는 방식이 본질적으로 신체적이고 감각적임을 강조했다. 메를로퐁티의 신체적 지각은 단지 감관과 외재적 대상들이 접촉한 결과가 아니라, 지성적, 감성적, 실천적 활동이자 세계에 참여하는 것이다. 그런 점에서 메를로퐁티의 지각현상학에서 언급된 심미적 이성은 전통적인 이성과는 다른 방식으로 이해될 수 있다. 심미적 이성은 감각 경험을 통해 우리가 삶의 깊이를 이해하고 새로운 관점을 형성하는 방식과 관련이 있다. 예를 들어, 그림, 음악, 무용 같은 예술 경험은 언어로 완전히 설명할 수 없지만, 심미적 이성을 통해 깊이 이해될 수 있다.

이는 예술이 단순히 기호나 상징의 체계가 아니라, 지각적으로 체험되고 내면화되는 과정임을 보여준다. 메를로퐁티에 따르면 음악적 관념은 보이는 것이 내면에 그려지면서 남기는 흔적, '상처', 나아가 떨림이다. 음악적 관념은 우리의 세계와의 만남·접촉(세계와 마주하는 경험)에서 세계를 완전히 전유할 수 없고 언제나 근본적으로는 수동성(당함)의 위치에 놓여 있을 수밖에 없다는 사실을 증명한다. 음악적 관념은 모든 예술가가 돌아가고 있는 영감의 근원이자 나아가 모든 예술의 근원이다.

우리 인간은 이성을 갖기에 자신이 아무런 이유도 근거도 없이 세계에 내던져 있다고 느낄 수 있으며 세계와 자신의 존재 의미라는 풀리지 않는 수수께끼를 풀려고 노력하게 된다. 특히 이성의 발견은 사람과 세계와의 불확실한 관계에 대하여 보다 높은 안정성을 부여한다. 합리적 이성은 세계를 계산하나 심미적 이성은 판단한다. 합리적 이성은 어떤 문제를 분해하고 각각의 부분을 따로 다루어 이해할 수 있다고 생각한다. 차가 시동이 걸리지 않을 때 어떤 부분이 잘못되었는지를 밝히는 것처럼 과학의 문제를 해결하는 데에는 합리적 이성이 유용하다. 합리적 이성은 사실들을 고립시켜 다루는 반면, 심미적 이성은 판단하는 힘이며 실존의 총체와 언제나 관련된다. 사실들만을 들여다보아서는 인간관계의 실재를 포착할 수 없으므로, 심미적 이성만이 인간 실존의 다양함을 축소시키는 거대한 환원자인 문화의 힘에 반발할 수 있다. 합리적 이성이 성공을 자축하는 동안 심미적 이성은 잠들어 있다. 경제와 과학기술이 점점 더 많은 권력을 갖게 된 것이 이를 잘 드러내 준다. 우리는 합리적 이성과 실증주의가 그 능력을 발휘하는 좁은 영역을 넘어 어디든 개입하는 현상을 똑바로 인식해야만 한다.

이성의 반성적 활동은 심미적 계기에 의해 보다 적극적으로 매개된다. 그럴수록 심미적 이성은 언어와 사고와 행동 속에서 스스로를 부단히 능동적으로 재구성하며 변형적 실천 속에서 판단력으로 발휘한다. 예술작품이나 자연을 감상할 때 우리가 느끼는 감동, 조화, 아름다움 등이 심미적 이성의 표현이다. 이는 예술, 자연, 인간관계와 같은 삶의 본질적인 부분에서 중요한 통찰을 제공한다. 심미적 이성은 인간이 감각과 직관을 통해 세계를 이해하고 경험하는 능력을 말한다. 제한된 시간과 공간을 살아가는 사람이 자신의 한계를 넘어가는 어떤 역량을 경험하는 방식은 매우 다양하다. 특히 예술작품의 체험 속에서 일어나는 '초월적 전율'의 효과는 삶으로부터의 도피가 아니라 온전한 삶에의 충동이라고 할 수 있다. 우리가 삶을 산다는 것 자체가 즉자적인 상태에서 벗어나 기획하면서 살려고 하는 것도, 인간의 성장에 관계하는 신진대사도 이미 스스로를 넘어서는 것이다. 이것이 인간의 본래적 모습 가운데 하나임이 분명하다. 삶의 기본적인 생존 본능에서부터 시작하여 아름다운 형상, 수학적 형태, 종교적인 차원의 성스러움 등이 형이상학적인 초월적 의미를 갖는 것이다.

심미적 이성은 최고 형태의 주체적 사유이자 삶의 진리에 부응하는 최상의 인식론적 판단 능력이다. 심미적 이성은 논리적 추론이나 개념적 사고보다 먼저 작동하며, 논리적 분석을 넘어서는 직관적이고 전체적인 경험을 강조한다. 그런데 이 전체는 인간에게 일목요연하게 하나의 덩어리로 나타나지 않는다. 그것은 느끼고 생각하고 행동하는 각자에게 각각의 형태로, 수많은 이질적인 요소들이 서로 얽힌 채 나타난다. 그것을 우리는 모든 이해관계를 떠난 순수한 열망으로 체험한다. 아마 그런 경험들은 칸트적으로 말하자면 무목적의 목적성을 보여주는 어떤 심미적 형식으로 설명될 수밖에 없을 수도 있다.

심미적 인식은, 실제적인 이해나 이론에 의해서 재단되기 이전에 잡다하고 복합적인 실감을 그대로 수용한다. 그럼으로써 의식 내에는 이전에 의식되었던 것의 단순한 재생이 아닌, 이전에 의식하지 못했던 새로운 무엇인가의 창조가 이루어지게 되는 경이로운 순간을 맞이하게 된다. 그때 사유의 초월적 지평인 이념적인 것—그 이념의 작용으로서 진, 선, 미, 성에 접근할 수도 있다. 심미적 감각은 사람의 깊은 충동에 이어져 있다고 할 수 있다.

결론적으로 메를로퐁티의 심미적 이성은 인간이 세계와 교감하고, 자신의 존재를 확인하며, 세계의 의미를 발견하는 통로로 이해될 수 있다. 따라서 사유하는 사람은 항상 시작의 원리를 부여받은 개시자이고, 세계 자체는 끊임없이 변화한다. 삶의 전체성을 지향하는 심미적 이성은 사람들의 사고와 활동 속에, 전문적이고 예술적인 활동 속에, 모든 민족의 문화적·인종적 삶 속의 상징적 언어활동에 녹아들어 그 모든 삶 속에 편입된다. 그것은 타인과 공유할 수 있는 공간을 창출하여 삶의 조화로운 통일을 이끌어간다.

4장

아렌트의 『인간의 조건』을
통해서 본 삶의 삼중주

1) 시작도 끝도 없는 자연의 생존 '노동'

- 자연의 생존으로서 최초의 텃밭

오늘날에는 인류 최초의 원예가 동남아시아의 열대 숲에서 시작되었다고 여긴다. 보르네오 정글의 토양과 강우 패턴을 분석한 결과, 마지막 빙하기였던 5만 3000년 전에 보르네오의 거주자들이 불의 힘으로 땅을 비옥하게 하고 어둠을 물리쳤다는 사실을 밝혀냈다. 진화 과정의 어느 시점부터 인류는 자연의 패턴을 수용하고 모방하기 시작했다. 숲에 사는 사람들은 낙뢰로 불탄 땅에 새로이 초목이 우거지는 모습을 보았을 것이다. 자연은 최초의 '텃밭'을 만들어 인간에게 모범을 보였다. 숲 원예가 정착되면서, 사람들은 물길을 만들고, 잡초를 뽑고, 비료를 주고, 모종을 이식하는 등의 여러 가지 방식으로 환경을 형성해 갔다.

원예와 같은 경작은 거친 땅을 인간화하고 환경의 가치를 높이는 일이다. 문화의 기원이라고 할 수 있다. 'culture(문화)'라는 단어는 흙을 일구고, 식물을 기르고 돌보는 일을 의미하는 'cultivate'(경작, 재배)에서 왔다. 경작이 시작되는 데는 인간 문화는 물론이고 자연도 중요한 역할을 했다. 삶의 질을 높이는 작물의 재배를 중시했다는 것은 원예가 처음부터 문화의 표현이었음을 의미한다. 고고학자 켄트 플래너리(Kent Plannery)가 썼듯이, 경작의 기원에 "인간의 의도도 개입되고, 바탕이 되는 생태적, 진화적 원칙도 개입되었다."

자연의 경작(culture)은 육체적이면서 동시에 정신적인 경작(culture)이다. 자연과의 그런 몸과 몸의 맞대면 속에서, 인간은 사물들 속에 자신의 형태를 표현하는데, 이 사물들은 저항을 통해 역으로 자신의 표지를 각인시킨다. 몸은 물질과의 투쟁의 흔적들을 은연

중에 포함하고 있으며, 자신을 변형시키고 잠들어 있는 자신의 능력을 개발한다. 내적 풍경과 외적 풍경은 조화를 이루고, 거울 놀이 속에서 서로를 반사한다. 거울 놀이 속에서 차례차례 자연은 인간에 적응하고 인간은 자연에 적응한다.

원예는 자연의 생명력에 맞서지 않고, 더불어 일하게 된다. 식물을 키울 때는 기본적으로 일을 약간 미룰 수는 있지만, 계절과 싸울 수는 없다. 계절의 구조를 피할 수 없기에 우리는 한 해를 보내면서 고대와 똑같은 패턴의 구조를 수행한다. 다음 주에는 이 씨를 뿌리고 묘종을 심어야 한다. 일을 미루면 기회를 놓치고 가능성을 박탈당하지만, 흐르는 강물에 뛰어들 듯 일단 씨앗을 심어놓으면 우리가 계절의 에너지에 실려 움직이고 있다는 사실을 깨닫는 때가 온다. 원예 활동을 할 때는 언제나 우리보다 큰 힘을 고려해야 한다. 어느 장소를 소유하고 필요에 따라 — 방법은 어떠하든 — 변화시키더라도, 텃밭은 독자적인 생명을 지닌 존재이며, 우리가 완전히 통제할 수 없다. 우리와 텃밭은 서로 영향을 주는 관계로, 상호 관계를 통해 우리도 만들어진다. 채집, 수확, 파종, 잡초 뽑기 등 텃밭에서 하는 모든 주고받기를 통해서 인간은 자연과의 본질적인 관계로 돌아간다.

원예는 반복이다. 내가 이만큼 하면 자연이 그만큼 한다. 이 주고받음은 느리지만 계속 이어진다. 원예 과정에서 무엇이 '나'고 무엇이 '나 아닌 것'인지 말끔하게 구별할 수 없다. 한발 물러나 정원을 살펴본다고 자연이 제공한 부분과 우리가 기여한 부분을 떼어놓을 수 있을까? 그 경제는 정원을 가꾸는 도중에도 그렇게 분명하지 않다. 정원 일에 깊이 몰두해 있을 때면, 가끔 내가 정원의 일부고 정원이 내 일부라는 느낌이 든다. 자연이 내 안에 들어왔다가 흘러 나간다.

자연 세계는 살아 있는 연속체다. 자연에 대항해 승리를 얻으려들면, 칼 융(Karl Jung)의 말대로 "값비싼 대가를 치른다." 자연을 통제하려고 들다가 스스로를 자연에서 고립시키고 우리의 자연사를 버리고 만다. 우리는 융이 말하는 "우리 존재의 어둡고 모성적이고 투박한 바탕"과 다시 만나야 한다. 융은 땅과의 유대감이 가진 물질적이면서 동시에 영적인 고대의 가치를 이해했다. 그리고 많은 도시 거주자가 그런 가치를 경험할 기회를 잃었기 때문에 현대 생활의 심장부에는 '뿌리 뽑힘 병'이 있다고 생각했다. 융은 "너무 작은 신발을 신고 걷는 사람들처럼 살아간다"라는 표현으로 이를 설명했다.

자연은 우리 사회 구조에 관심을 기울이지 않는다. 꽃, 나무, 채소는 개인의 부나 계급과 무관하게 자란다. 식물은 대체로 자기 복제를 하기 때문에 정원에는 돈의 꾸준한 흐름도 필요 없다. 하지만 원예 활동을 하려면 땅이 있어야 한다. 기후, 땅, 그 안에서 자라는 식물을 포함해서, 장소 전체와 관계를 맺어야 한다. 그것이 우리가 씨름해야 하는 현실이고, 그 과정에서 어떤 꿈들은 포기해야 한다.

- 수렵채집 사회의 건강한 생존

동물은 자연과 더불어 살고 다시 자연으로 돌아간다. 동물의 삶이란 곧 자연이며, 자연이 곧 그들의 본능이 된다. 인간 역시 자연의 한 조각임에는 틀림없다. 우리 모두는 자연에서 태어나서 다시 자연으로 돌아간다. 생의 순환이 자연을 벗어날 수 없는 것은 변할 수 없는 사실이다. 하지만 인간적 삶이 진행되는 과정은 자연적 본능과 일치하지 않는다. 인간은 본능으로 사는 것이 아니라, 그 본능과 관계를 맺으며 살아간다는 뜻이다. 동물은 배고픔을 직접적으로 충족시키기 위해 움직이지만, 인간은 그 방식을 고민한다. 사람은 무엇으로 사는 것일까? 톨스토이가 던졌던 유명한 질문이다. 삶이 단순히 본능을 해소하는 것이 목적이라면, 이 질문은 의미가 없을 것이다. 인간의 삶은 본능의 직접적 해소를 목표로 하지 않고, 과정상의 '좋음'을 함께 숙고한다. 인간적 삶을 단순히 본능의 충족이 아니라 '실현'이라는 개념에 귀속시키는 이유가 여기에 있다. 인간은 자연과 관계를 맺으며 살아가는 생태계의 유일한 존재자다. 이 관계로부터 인간적 자유의 근거가 자라난다. 자연적 본성과 관계를 맺고 자신의 삶을 바라보며 좋음과 나쁨, 선과 악을 부여하는 능력은 인간이 지니고 있는 정신의 힘으로부터 온다.

수렵채집 사회야말로 원초적으로 풍요로운 사회였다. 수렵채집 사회에서는 건강한 생존이라는 한정된 목적에 관심이 있고, 그 목적을 달성하는 데 활과 화살만으로도 충분하다. 단지 살아가는 데 만족한다. 따라서 아무도 부를 얻기 위해 악마에게 영혼을 팔지 않는다. 경제인이라는 개념은 부르주아적 구성물이다. 그들은 극히 제한된 물질적 소유로 인해 일상적 필요와 관련된 모든 걱정에서 벗어나 인생을 즐길 수 있다. 부시맨이나 호주 원주민의 수렵채집 생활상의 고전적 이해에 따르면, '경제적 자원이 가장 희박하고' 너무 불안정한 조건에 처해 있기 때문에 '오직 자원을 가장 집약적으로 사용하는 것을 통해서만 생존이 가능한 사람들의 고전적인 사례'로 간주한다. 오늘날 고전적인 이러한 이해는 완전히 뒤집어진다. 즉, 수렵채집민은 우리보다 더 적게 일하고, 끊임없이 식량을 찾아 고군분투하는 것이 아니라 가끔 필요할 때만 식량을 추구하며, 여가 시간도 풍부해서 연간 1인당 낮잠 시간이 다른 어떤 사회적 상황에서보다 더 길다는 주장을 설득력 있게 할 수 있다.

풍요로움에는 두 가지 길이 있다. 다시 말해 욕구는 더 많은 생산을 통해 충족될 수도 있고, 조금 덜 원함으로써 '쉽게 충족될 수도 있다.' 서구인들에게 익숙한 개념인 갤브레이스적 노선(Galbraithean way)은 시장경제에 적합한 가정에 입각해 있다. 즉 인간은 욕구가 무한하지는 않지만, 매우 크고, 그것을 충족시키는 수단은 개선의 여지는 있지만 제한적이며, 산업생산성을 통해 수단과 목적 사이의 불균형을 적어도 '핵심 필수품'이 풍부해지는 정도까지는 해소할 수 있다는 것이다. 하지만 풍요로움에는 선(禪)적 노선(Zen road) 또한 존재한다. 이 노선은 서구인들과는 다소 상이한 전제, 즉 인간의 물질적 욕구는 유한하고 작으며 기술적 수단은 변함없지만 전반적으로 적합하다는 전제에서 출발한다. 선적 노선을 택하면 낮은 생활수준에 입각해서 전대미문의 물질적 풍요를 누릴 수 있다.

– 자연의 필연성에 따른 시작도 끝도 없는 노동

노동은 생명으로 태어난 인간의 피할 수 없는 신체적 활동이다. 노동은 인간 신체의 생물학적이며 자연적인 과정과 연관이 있는 활동이다. 인간의 생존은 노동을 통한 자연의 의도적인 변화를 통해 가능하다. 인간은 먹어야만 살 수 있는 동물로, 이 조건을 충족하기 위한 인간 활동이 바로 노동이다. 바꿔 말해, 노동은 육체를 생물학적으로 유지하기 위한 활동으로, 신진대사를 하는 신체기관의 작용에 상응한다.

우리는 먹지 않으면 죽는다. 따라서 노동은 생존하기 위해 필수적이고도 필연적인 인간 활동이다. 배가 고프다는 상황은 다른 상황에 비해 가장 긴급한 상황이다. 노동을 몸의 필요와 그 필연성에 따른 긴급하고도 강렬한 인간 활동인 것이다. 그것은 사람이 어쩔 수 없이, 필연적으로 자신의 생명 연장의 욕구를 이어가는 것을 가리킨다. 신체기능을 유지하기 위해 때에 맞춰 먹고 마셔야 하기 때문에 노동은 반복적이다. 필연성과 필요를 충족시키는 노동의 특성 때문에 고대인들에게 육체노동은 노예의 속성으로 여겨졌다.

노동이 육체 및 필연성과 맺는 연관성은 아렌트의 시각에서 노동 활동이 본질적으로 자연적 세계와 연관되어 있음을 의미하기도 했다. 그녀는 노동이 "모든 자연이 영구히 움직이는, 정지함도 없고 지치지도 않은 순환운동"을 영속시킨다고 주장한다. 노동이란 "자연과 모든 살아 있는 사물이 강제적으로 떠밀려 들어가는 자연의 주기적인 운동"에 불과하다. 어떠한 노동의 성과도 노동하는 동물을 항상적인 노동의 반복으로부터 결코 해방시키지 못하여 따라서 노동은 '자연이 부과하는 영원한 필연성'으로 머문다. 노동은 그저 자연적인 순환에 속한 활동일 뿐이다. 노동은 언제나 똑같은 순환 속에서 움직이며 이 순환은 생명유기체의 생물학적 과정에 의해 규정된다. 생명체인 인간은 일상적 삶의 과정에서 자체의 생존을 가능하게 하는 환경과 항상 상호작용하고 있으므로 경험은 끊임없이 일어난다. 이 과정을 통해 자연은 지속적으로 인간의 인공세계를 침해하며, 세계의 지속성과 인간의 목적을 위한 유용성을 위협한다. 자연의 과정에 맞서서 세계를 보호하고 보존하는 것은 매일 반복되는 단조로운 일과를 필요로 하는 노고들 중 하나다.

계절은 되풀이되고, 해도 또다시 뜬다. 무엇보다도 우리를 지겹게 하는 것은 생명 유지 작업의 끊임없는 되풀이다. 이것이 여성의 가사노동을 그중에도 현대적 공장 노동에서의 단조로움과 반복은 유명한 것이다. 삶의 기본적인 모양은 되풀이다. 숨이 그렇고 맥박이 그러하고, 음식을 먹고 배설하고 잠을 자고 깨는 것이 그러하다. 해는 또다시 뜨고 봄, 여름, 가을, 겨울은 또다시 온다. 태어남으로부터 늙어 죽는 것까지의 사람의 일회적이고 독자적인 궤적은 수도 없이 많은 세대의 삶의 되풀이일 뿐이다.

노동이 생산하는 것은 무엇이나 거의 즉각적으로 인간 삶의 과정에 투입되어, 삶의 과정을 갱생시키는 이 소비는 신체 유지를 위해 필요한 새로운 '노동력'을 생산하거나 오히려 재생산한다. '생계 유지의 필연성'이란 관점에서, 노동하고 소비하는 것은 서로 밀접하게 이어지는 거의 하나의 동일한 운동을 구성한다. 이 운동은 끝나자마자 다시 새로 시작해야만 한다. 즉 시작도 끝도 없는 삶의 과정이다. '생존의 필연성'은 노동과 소비 모두를 지배한다. 노동이란 것이 자연이 제공하는 것을 '채취·수집하여 신체와 결합시키는' 활동이라면, 이때 노동은 신체가 영양분을 흡수할 때 행하는 일을 더욱 능동적으로 행하는 것이나. 노동과 소비는 모두 물질을 파괴하여 게걸스럽게 삼키는 과정이다. 그리고 노동을 통하여 어떤 물질에 가한 '일'은 종국에 가서 그 물질을 파괴하기 위한 준비 단계일 뿐이다.

노동의 대상도 주기적인 반복의 형태로 우리에게 나타난다. 1모작을 하는 우리는 1년 주기로 쌀농사를 짓는다. 과일두 매년 수확한다. 가축을 키워서 잡아먹는 주기가 있다. 이처럼 노동 대상은 순환성·반복성을 특징으로 한다. 전체적으로 보면, 노동은 인간의 탄생과 죽음, 산출과 노동을 통한 소비재 제작, 산출과 소비 등의 원운동 같은 시간성 속에서 진행된다. 마르크스가 노동을 '인간이 자연과 행하는 신진대사로서,' 이 과정에서 '자연의 재료들은 인간의 욕구에 맞는 형식으로 변형되어, 노동이 스스로 그 주체인 인간과 통합된다'라고 정의할 때, 자신은 '생리학적으로 말하고' 있으며 노동과 소비는 오직 영원히 반복되는 생물학적 과정의 순환에서 두 단계일 뿐이다. 이 순환운동이 유지되기 위해서는 소비가 필요하며, 이때 소비의 수단을 제공하는 활동이 노동이다.

- 자연력의 신화화

사람은 자연 세계의 영향을 깊이 받고 있기에 사람과 자연의 힘은 구별할 수 없을 정도로 서로 뒤섞여 있다. 인간은 상징을 수단으로 하여 신화를 통해 그 힘이 나타나는 주변 세계의 힘에 참여한다. 인도네시아의 일부 지방에서는 모내기를 할 때면 밤낮을 쉬지 않고 이야기를 이어 가는 풍습이 있다. 이 이야기는 모두 풍년과 관계있는 것들이다. 지루한 시간을 재미있게 보내기 위해서 옛날이야기를 잇는 것이 아니다. 그들의 관심은 벼농사의 풍작을 보장하는 데 있다. 신화는 낯선 힘을 보여준다. 그런데 신화는 그 힘에 대해서 알게 되는 것에 그치지 않고 그 힘을 하나의 '압도적인 힘'으로 체험하도록 하는 일에 관심을 둔다. 예컨대 농지의 일부를 새로 사용하게 되는 경우를 보면, 사람들은 그 땅에서 태곳적에 신들이 처음으로 땅을 갈아 농사를 지었을 때 거둔 풍성한 수확에 관한 이야기를 다시 들려주게 된다.

신들은 원래 신화적 세계 속에서 번식력, 성(性), 힘, 파괴력과 같은 자연력으로 이해되었다. 신적인 힘으로 이해된 생기력은 처음에는 동물의 형태로 숭배되었다. 그와 같은 힘은 고대 그리스나 이집트, 인도에서 보듯이 소를 통해 형상화되기도 한다. 신화적 세계 속에서는 개인마다 고유한 자기 자신의 정체성을 가질 수 없다. 친족 관계와 자연의 힘이 개인을 지배했다. 사람마다 족장의 이름이나 부족의 토템 동물의 이름을 따서 자신의 이름을 불렀다. 불현듯 떠오른 생각이나 깨달음, 몰래 일어나는 두려움과 같은 것은 내면적인 자기 경험으로 보기보다는 자신을 소유한 신적 힘이 밖으로부터 개입해서 생긴 것으로 보았다.

신화적인 체험을 한마디로 요약한다면 '무엇인가 있다'는 것에 대한 체험이라 할 수 있다. 인간은 늘 밖으로부터 어떤 혼령이나 세력이 자신 속에 끊임없이 침투해 오는 것처럼 느끼고 생각하기 때문이다. 신화적 세계관 속에 사는 인간은 말하자면 풍년이나 생사 문제, 종족 관계 등 풀 수 없는 수수께끼에 '사로잡혀' 있다고 할 수 있다. 그는 어쩔 수 없이 '무엇인가 있다'는 체험을 하게 된다.

– 땅의 경작과 인간의 존재 방식

우리는 자연에 의존할 수도 있지만, 자연은 우리에게 의존하지 않는다. 사회 속에서 산다는 것은 자연 속에서 살기를 그친다는 뜻이 아니라 자연을 특별한 방식으로 '산다'는 뜻이다. 이를테면 자연에 인간적 의미를 부여하는 노동을 통해서 자연을 산다는 것이다. 인간이 생물학적 존재라면 자연에서 조금이라도 떨어지지 못하고, 본능의 직접적인 만족만을 추구할 것이다. 노동은 인간과 자연의 근본적인 관계에 대한 열쇠를 마련해준다. 가장 필수적이고 기본적인 인간 노동인 땅의 경작은 그 자체를 생산과정으로 변형시키는 노동의 완벽한 사례일 수 있다. 그것은 땅의 경작이 생물학적 순환과 밀접한 관계를 맺고 또 자연의 보다 큰 순환에 근본적으로 의존하기 때문이다. 매년 똑같은 일을 수행함으로써 황무지는 결국 농토로 바뀐다. 경작지의 유지에는 반복적인 노동이 필요하다. 경작지가 인간의 세계에 영원히 머물기 위해서는 반복적으로 재생산되어야 한다.

자본주의 시대까지의 제 사회에서 가장 중요한 생산수단은 경작지였다. 경작지는 비록 인간에 의해 개척된 것이라 해도 여전히 근원적으로는 자연으로부터 주어진 것이다. 인간은 일단 이 주어진 것에 의거하지 않는 한, 안정된 생활을 영위할 수 없다. 아니 오히려 이 주어진 것에의 의거야말로 인간의 커다란 진보였다. 이 진보는 경작지가 여러 가지 생산 재료, 생산용구, 주거, 가축 등을 공급함으로써 생산에 그 거점을 주었다는 점에 있는 것이 아니다. 그것들이 확실히 중요한 효용을 지니기는 했지만, 경작지가 인간의 존립과 발전에 불가결한 조건인 것은 이런 유용성에 근거한 것이 아니다. 오히려 그것은 경작지가 대상을 일정 한계 내에 둔다는 것, 경작지를 매개로 하여 대상이 일정하게 안정된 형태를 취한다는 점에 있다. 주어진 것으로서의 경작지에 의존하여 인간은 생산 대상인 종자에게 일정한 운동 형태를 부여할 수 있게 되었다.

이제 종자는 먹어버려도 소멸하지 않게 되었다. 그것은 시간의 흐름에 따라 일정한 방법으로 변화해 가는 '형태'를 취하는 것이다. 즉 종자는 지속적인 것, 인간이 관찰할 수 있는 형태를 띤 것이 되었다. 인간이 관찰할 수 있는 형태로 대상을 전화시키는 것이 생산수단으로서 경작지의 역할이다. 종자가 관찰할 수 있는 대상으로 바뀜으로써, 종자와 연결된 다른 생산조건도 관찰할 수 있게 된다. 이제는 땅의 경작 형태와 싹을 틔운 식물을 어떠한 방법으로 보살피는가가 식물의 성장에 큰 영향을 미치게 된다. 물론 종자의 성장 과정은 일정한 식물이 자연물로서의 질을 전개해 가는 과정임과 동시에 소비재의 생산과정이고 그 한 고리에 불과하다. 그렇지만 이는 생산수단의 사용을 매개로 하여 주체와 대상의 단절을 전제로 대상적 활동을 통해서 새로운 세계가 출현했다는 것을 의미한다.

– 대상적 활동과 공동체

우리의 활동과 노동을 통해서 우리는 세계를 수정하고, 또한 그렇게 하면서 우리 자신을 변화시킨다. 마르크스는 『자본론』에서 "노동은 우선 인간과 자연 사이에서 일어나는 행동이다. 인간은 그때 자기 자신에 대해 자연적 능력의 역할을 수행한다. 인간은 몸이 부여받은 힘들, 팔과 다리, 머리와 손을 움직이기 시작하는데, 이는 인간의 생명에 유용한 형태를 물질에 부여함으로써 물질을 동화시키기 위해서다. 인간은 그런 움직임을 통해 외부 자연에 작용을 가하고 변형시키는 동시에, 그 자신의 본성을 변형시키고 본성 속에 잠들어 있는 능력들을 개발한다."고 했다. 그러므로 노동은 외부 자연을 변형시키는 행동이면서 동시에 인간의 내적 본성을 변형시키는 행동이다.

동물은 자신의 생명을 유지하기 위한 생명 활동이 자연적인 욕망에 따라 이루어지며, 따라서 욕망의 대상을 단순히 소모함으로써 대상과 직접적으로 관계할 뿐이다. 그러나 인간은 생명 활동을 하는 자기 자신을 의식하며, 이러한 의식이 외부 대상과의 관계에 적극적으로 개입한다. 따라서 그는 단순히 자연적인 욕망에 따라 대상과 직접적으로 관계하는 것이 아니고, 욕망하는 자신을 의식할 뿐 아니라 욕망하는 대상을 의식함으로써 대상과 하나의 관계, 의식에 의해 매개된 관계를 만들어내며, 이러한 대상과의 관계를 자신의 의식적인 활동으로 이해한다. "동물은 자신의 생명 활동과 직접적으로 통일되어 있다. 동물은 자신과 자신의 생명 활동을 구별하지 못한다. 동물은 자신이 바로 생명 활동이다. 인간의 자신의 생명 활동 자체를 자신의 의지와 의식의 대상으로 삼는다. 인간은 의식적으로 생명 활동을 한다. 인간은 자신과 직접적으로 통합되어 있는 것이 아니다. 인간의 의식적인 생명 활동은 동물의 생명 활동과는 확연히 구별된다."

인간의 의식적인 행위는 그의 사유하는 능력과 밀접하게 관련되어 있다. 인간은 사유를 통해 스스로 자신의 대상이 되며, 자신의 욕망의 수단이 되는 외적 대상은 단순히 소모의 대상이 아닌, 사유의 대상이 된다. 사유에 의해 매개된 인간의 의식적인 생산 활동은 자신의 내면을 외화시킴으로써 자신이 생각하는 것을 외부 대상에 부여하며, 이를 통해 대상을 새롭게 만들어내는 노동행위를 통해 규정된다.

원래 인간의 노동은 대상적 활동으로서의 노동이다. 대상적 활동 개념은 마르크스의 철학적 사유체계 전체를 가능케 하는 중추 개념이다. 우선 '대상성'이 무엇을 의미하는지 명확히 이해하고 넘어가자. 마르크스는 대상 활동 개념을 포착해내는 사태를 보다 명료하게 제시한다. "배고픔은 자연적인 욕구이다. 배고픔은 그 충족을 위해, 자신을 진정시키기 위해 자기 바깥에 있는 자연, 자기 바깥에 있는 대상을 필요로 한다. 배고픔은 나의 몸 바깥에 있으면서도 몸을 통합하고 몸의 본질을 표현하는 데 필요불가결한 대상을 향하여 나의 몸 안에서 일어난 욕구다."

인간이 노동을 통해서 세상을 변화시키고 이에 의해 우리 자신을 변화시키는 우리의 능력에 관해 말하는 것, 그래서 인간은 대상적인 존재다. 인간은 환경을 대상성의 범주로 고양시킨다. 인간 속에 감추어져 있는 무한한 가능성은 대상 활동 능력이라는 인간의 고유한 존재적 특질로서 실현된다. 인간의 모든 생산물은 언제나 인간 본질과 삶의 대상화의 결과물이기도 하다. 또 노동은 언제나 대상적 활동을 하는 인간의 자기 확인 및 자기 창조의 과정이기도 하다.

대상적 활동은 개인의 활동이 목표를 공유하는 공동체 속에서 일어난다는 전제를 갖는다. 이때 개인들은 공동체의 문제해결 목표를 달성하기 위한 동기를 갖고 있으며, 목표 달성을 위한 도구를 통해 활동한다. 그리고 이 도구들은 최종적으로 공동체의 목적을 달성하기 위해 사용된다. 활동이란 임의적 행위라기보다 문화적인 요인을 갖는다. 그래서 활동은 문화의 속성인 사회조직과 전통이라는 요소를 갖고 있다. 이때 사회조직은 노동 분업 구조를 가지는 것으로 볼 수 있으며, 전통은 규범이나 규칙을 포함하는 것이다. 이러한 분업 구조나 규범은 그 사회조직이 위치한 장소와 역사적 시간이라는 맥락에 의해 만들어진다. 활동은 이렇게 개인의 활동을 광범위한 사회적 맥락과 문화 속에서 이해되어야 한다.

인간의 대상적 활동은 목적지향성과 동기를 가지고 있다. 활동이란 체계 속에서 집단적으로 형성되는 것으로 체계에 의해 만들어지는 활동, 행동, 조작은 서로 다른 개념이다. 첫째, 활동은 대상을 지향하는 짓으로 보았으며, 이는 동기에 기초한다. 둘째, 행위는 각자가 목표를 달성하기 위해 수행하는 것이다. 셋째, 조작은 어떤 조건하에서 이루어지는 자동적인 행위를 말한다. 활동, 행위, 조작은 위계를 가지고 있다. 예를 들어 공동체적 활동은 개인이나 집단의 활동으로 이루어져 있고, 행동은 반복적이거나 자동적인 조작으로 이루어져 있다. 시간적인 차원에서도 위계적인 구분이 가능하다. 활동은 중장기적으로 이루어지며, 행동은 단기적으로, 조작은 일상적으로 또는 자동으로 일어난다. 손도구가 '조작성'이라는 개념 속에 유기적인 흔적을 포함한다면, 그리고 대상적 활동 속에서 활발하게 움직이는 자기 손과 조화를 이루는 것이 조작성이라면, 이는 자신이 선호하는 도구에 대한 신뢰를 높이고, 그것의 필요성에 대한 감정을 낳을 것이다.

대상적 활동 체계는 원시 부족 사회의 사냥을 대표적인 예로 들을 수 있다. 부족은 활동의 주체이며, 개인은 각각의 목표(일례로 사냥감 몰이)를 가지며, 동기는 사냥이 아니라 생존, 즉 고기와 가죽을 얻는 일이다. 그래서 사냥이라는 집단적 활동은 결국 생존의 동기에 의한 것이다. 여기서 중요한 것은 동기는 집단적이나 목표는 개별적일 수 있다는 것이다. 거시적 수준에서는 공동체를 주요 동기의 원천으로 삼고, 그 아래에 목표를 달성하고자 하는 행동이 있다. 그리고 행동 아래에 자동적으로 반복하게 되는 행위를 조작이라 명명하여 위치시켰다. 이에 착안하여 대상적 활동을 공동체의 사회적 매개인 규칙과 노동 분업의 측면에서 바라볼 수 있다.

- 자연적 성장에 대한 맹자와 불교의 가르침

호기심 어린 눈초리로 하늘을 보며 별자리를 관측하고 우주의 질서를 노래하는 일은 분명 놀라운 자연적 변이다. 이를 통해 계절의 변화를 예측하고 그에 맞춰 생존방식을 발전시킨 능력은 인간의 삶을 정신적으로도 육체적으로도 여유롭게 만들었다. 오직 인간만이 농사를 짓고 가축을 키우는 적합한 환경을 구축할 수 있었기 때문이다. 그러나 인간은 단순히 먹고사는 일을 해결한다고 해서 살아갈 수 있는 존재가 아니다. 인간이라는 존재자의 존재는 자연의 목적을 추론하고 삶의 의미를 밝히는 작업을 계속 진행한다.

맹자는 다음과 같은 이야기를 전한다. 한 농부가 저녁에 돌아와 아이들에게 말한다. "오늘 일은 많이 했단다. 밭의 싹들을 하나하나 잡아당겨 줬지. 밭 전체의 새싹들을 모두 잡아당겨 줬더니 피곤하구나." 아이들이 밭에 나가봤을 때 싹들이 모두 말라비틀어져 있었음은 물론이다. 이런 것이 바로 행하지 말아야 하는 일의 예라고 맹자는 말한다. 싹이 자라기를 바라며 싹을 잡아당겨서는 안 된다. 목적 대상으로 정한 것을 근거로 가장 직접적으로 효과를 얻고 싶겠지만

이는 효과를 놓치는 길이다. 억지로 효과를 내려고 했기 때문이다. 싹이 자라기를 바라고 싹을 잡아당기는 것, 성장을 서둘러 앞당기기 위해 직접적으로 작용을 가하는 것은 이미 시작된 과정을 거스르는 일이다. 효과가 자연스럽게 나타날 가능성을 방해하고 막는 일이기 때문이다. 당연히 싹의 성장은 상황 속에 함축되어 있다. 성장은 땅 속의 씨앗에 들어 있는 것이다. 개입하고 힘을 쏟고자 하는 대신에 이 잠재력을 활용하는 것, 즉 성숙하도록 놔두는 것으로 족하다.

맹자는 피해야 할 두 개의 암초가 있다고 말한다. 첫째는 싹을 잡아당겨서 직접적으로 성장을 이루려는 것이다. 이는 목적성이 있는 적극적 행동주의로서 성장의 자연스러운 과정을 존중하지 않는 것이다. 달리 말하면 효과가 숙성하도록 놔두지 않는 것이다. 둘째는 밭의 가장자리에 서서 자라는 것을 지켜보는 것이다. 즉 성장하기를 기다리는 것이다. 그렇다면 무엇을 해야 하는가? 나는 모든 농부가 알고 있는 것을 해야 한다고 답하겠다. 싹을 잡아당기는 것도 아니고 단지 싹이 자라는 것을 지켜보는 것도 아니다. (과정을) 그대로 놓아두되 그냥 되는 대로 내버려두는 것은 아니다. 맹자의 말을 따르자면 싹 밑의 잡초를 뽑고 김을 매주는 것이다. 경작이 쉬운 땅을 조성하고 공기를 통하게 함으로써 성장을 보조하는 것이다. 기다리지 못함도 삼가고 아무것도 안 함도 삼가야 한다. 능동성도 아니고 수동성도 아니다. 그러나 성장의 과정을 도움으로써 작동 중에 있는 성향을 활용하고 이 성향이 전력을 다할 수 있도록 이끄는 것이다.

불교에는 노동과 바로 연결되는 윤리적 원칙이 있다. 프란츠 요하네스 리치의 말처럼 "노동 또는 생계유지의 의미는 생명 ─ 나의 생명과 내 가족의 생명, 다른 사람의 생명, 모두의 생명 ─ 을 유지하는 데 있다. 불교에서 노동은 생명 유지, 생명 보호, 생명 돌보기다." 이러한 생각은 만물이 서로 연결되어 있다고 보는 세계관에서 나온다. 나는 연결된, 그러나 무상한 사건들의 연쇄에서 작은 마디 하나일 뿐이다. 이 모든 연결 — 훨씬 더 거대하며 한눈에 다 개관할 수 없고 무상한 — 이 없다면 아무것도 존재할 수 없었을 것이므로 나 혼자 우쭐할 이유는 전혀 없다.

_ 삶의 생물학적 매트릭스

삶의 생물학적 매트릭스는 인간 유기체에 관한 이해다. 유기체적 삶의 특징은 성장이다. 삶은 유기체와 주변 환경이 지속적으로 상호작용하며 성장하는 사건이다. 유기체는 자족적이지 않기 때문에 환경과의 끊임없는 교섭 속에 있다. 여기에서 환경은 비규칙적이고 불안정하기 때문에 교섭 활동은 지속적으로 재적응하고 수정하는 과정 즉 성장을 가리킨다. 성장은 그 자체 외의 어떤 목적이 없다. 성장은 시작과 끝으로 나누어진 사건일 수가 없다. 즉 일련의 지속적인 과정의 단계일 뿐이다.

유기체적 행위는 구별되고 독립적인 국면들이 아니라 전체 행위 내에서 상호적으로 조율하는 특징들을 보인다. 환경에 적응하는 것은 단순히 다양하게 반응하는 것이 아니고 이 반응들을 전반적으로 조화롭게 조직하는 것이다. "각각의 구체적 활동은 뒤따르는 활동을 위한 방식을 준비한다. 이 형식들은 단순히 이어받음이 아니라 일련의 연속을 형성한다." 이런 점에서 보면 삶의 경험은 전체적이고 다양해야 할 뿐 아니라 목적적이고 시간적이어야 한다. 즉 삶의 경험은 언제나 계속성을 확립하고 있어야 한다. 경험은 인간과 자연이 어우러져 안정성을 추구하는 방식이다.

인간은 충동과 반응이라는 타고난 재능에 기대어 환경을 조정해

간다. 사실 이 타고난 재능은 매우 느리게 진화해 왔다. 유기체적인 진화의 과정은 모든 것은 끊임없이 변화하고 바뀌며 우연적이다. 인간의 유기체적 관념은 성장과 변화를 설명하기에 적절한 시각을 제공한다. 유기체적 행위의 의미는 그것이 계속되는 성장을 위한 욕망을 얼마나 일으키는지, 그리고 실제로 그 열의를 실천에 옮기는 수단을 얼마나 제공하는지에 달려 있다.

자기 자신을 재구성하지 않는 것은 결국 파괴된다. 듀이는 삶의 계속적 재구성에 대해 이렇게 언급한다. "어떤 종(種)이 멸종할 때, 그 종은 단지 자기가 살고자 투쟁했던 장애물을 활용하기 위한 좀 더 나은 형태로 적응해 간다. 따라서 생명의 계속성이란 유기체의 필요에 따라 환경에 계속 재적응해 간다는 것을 의미한다." 삶의 계속적 재구성은 생물학적 명령이라 할 수 있다. 평생 동안 우리의 삶은 습관을 통해 재구성된다. 듀이의 삶의 생물학적 기반으로서 습관에 대해서, "습관은 활동의 영속성을 가져온다. 따라서 습관은 영속적 실(thread)과 축(axis)을 제공한다."

자연의 일부분으로서 유기체가 주위 환경과 교섭하는 과정인 삶은 자연과 유기적 연속을 구성한다. 즉 유기체적 삶의 본질은 삶이 자연 안에 있고 자연과 계속적이고 자연의 일부라는 사실에 있다. 유기체적 삶은 자연 내의 그리고 자연에 관한 계속되는 사건이다. 듀이는 이렇게 말한다. "삶은 진공 속에서 이루어지는 것이 아니며, 자연 또한 드라마 공연 같은 무대 장치가 아니다. … 삶은 자연의 과정에 묶여 있다. 인간이 살아온 과정은 성공하든 실패하든 자연이 개입하는 방식에 좌우된다. 인간이 자신의 일을 통제할 수 있는 힘은 자연적인 에너지를 사용할 수 있는 능력에 달려 있다. 이런 능력은 결국 자연의 과정에 대한 통찰력에 달려 있다."

최근 몸에 대한 관심이 높아지는 이유는 인간과 인간, '몸들' 사이의 자유로운 소통과 공존을 통해 '몸'이 지닌 순수한 에너지를 승화시켜 생명력이 가능한 삶과 문화를 향유하고자 하기 때문이다. 우리는 몸이 움직임으로써 살아 있음을 확인한다. 살아 있음의 생명 현상을 출현하게 하는 '생성', '역동성', '운동' 등이 몸에 대한 하나의 새로운 패러다임을 창출한다.

특히 생명과 운동은 매우 밀접하게 연결되어 있다. 생명은 흘러가는 강물 같은 흐름 가운데 있으며 우리가 계속 먹어야만 하는 이유는 그 흐름을 멈추지 않기 위해서다. 거기에 있는 것은 흐름, 그 이상도 그 이하도 아니다. 그 흐름 속에서 우리의 몸은 끊임없이 변하고 간신히 일정한 상태를 유지하고 있다. 그 흐름 자체가 살아 있다고 표현하는 것이다. 생명은 이 흐름이 유발하는 효과다. 그리고 더욱 중요한 것은 그 분자의 흐름이, 흐르는 가운데서도 전체적으로 질서를 유지하기 위해 서로 관계성을 유지하고 있다는 것이다. '생성', '역동성', '운동' 등의 새로운 패러다임은 새로운 변화의 논리를 지니고 있고, 그것은 인간을 넘어선 자연과 우주 차원에서 거대하고 신비한 생명의 유기적인 흐름에 대한 인식을 필요로 한다.

- 자연적 존재의 인간적 보편성

인간적 보편성은 인간이 자연적 존재이기 때문에 가능한 것이다. 인간의 자연적 존재임을 의미하는 유기체의 특성은 살아 움직이는 것이다. 그러나 단순히 살아 있는 것이 아니라 어떤 목적성을 지니고 적극적으로 살아가는 것이 모든 유기체의 본성이다. 유기체란 "불가피한 것에 묶여서 그들 자신을 변화시키는 자연법칙의 단순한 대상이 아니라 그 법칙들에 따라 자연을 전환시키는 적극적 주체"다. 스피노자가 말했듯이, 모든 것은 자연이고 모든 자연은 자연법칙의 지배를 받고 인간도 예외가 아니다. 즉 모든 인간에게 공통적으로 관철되는 자연법칙성이 인간적 보편성을 성립시킨다는 것이다.

우리는 우리 종의 정체성을 주장할 수밖에 없고, 우리가 누구인지 우리가 무엇이 될 수 있는지에 대해서 더 잘 표현하고, 우리가 살고 있는 세계에서 작용하는 우리 종의 능력과 힘을 표현할 수밖에 없다. 동물은 자신의 환경에 닫혀 있다고 한다면 인간이 관계하는 환경에는 고정적이지 않고 가변적·중층적이라는 점이 다르다고 할 수 있다. 왜냐하면 인간의 몸은 유전적 소질과 이것의 역사적 발달 사이의 항구적인 교차의 산물이기 때문이다. 인간의 몸은 자신의 잠재력 가운데 일부만을 활성화하며, 그 가능성들의 범위를 소진하지 않으면서도, 필요, 욕망, 주변 환경이 동기가 되는 행동들 전체로 매우 빠르게 고정된다.

우리는 진화의 게임에서 활동적인 주체로서 존재해 왔으며 그로 인해 세상을 변혁할 막강한 힘을 축적해 왔다. 우리가 힘을 발휘하는 방식은 한 종으로서 우리가 무엇이 될 것인가를 정의하는 데 기본적이다. 예를 들어 어려움에 처했을 때, 우리는 선택을 하게 된다. 어려움이 있을 때 일어서서 싸우거나 비경쟁적이고 협조적인 것으로 다양화함으로써 어려움을 피하게 되며, 문제가 된 환경 조건을 변화시키기도 하지만 비켜서기도 하고, 여러 가지 시간대에 우리를 놓기도 한다. 이러한 경험을 통해서 우리가 만들어내고 달성한 것들에 기여한 인간 유기체로서 우리의 자질은 어떤 것이 있는가? 우리는 유기체로서 독특한 '유(類)적 존재'를 가지는가, 그리고 그 유적 존재가 외부 자연에 대한 우리의 미래 관계에 무엇을 가져오는가?

- 자연의 필연성과 스피노자 존재론

대우주는 누군가 미리 정해 둔 목적에 의해 만들어진 것이 아니라, 다만 자연법칙에 의거한 인과관계 흐름에 따라 스스로 모습을 바꿔 가며 지금도 자신을 생성하고 있다. 이것이 바로 스피노자가 생각한 신이다. 스피노자의 표현을 빌리자면 그의 신은 '신 즉 자연', 다시 말해 대우주, 대자연 그 자체다. 스피노자는 이런 대우주를 신이라 여겼다. 그렇다면 스피노자의 '자연'은 무엇일까?

자연은 본디 '스스로 그러함'이라는 의미다. 스스로 그러함이란 곧 본성의 필연성에 의해서 활동한다는 스피노자의 말과 다를 게 없다. 물이 물의 본성을 거스를 수는 없듯이, 중력은 중력의 본성을 따르고, 사랑도 사랑의 본성을 따르며, 증오도 증오의 본성을 따른다. 이 세계 전체는 각 사물과 사건들이 자기 본성의 필연성에 따라서 움직이는 신이다. 이 세계가 인간의 눈에 예측 불가능하고 혼란스럽게 보이는 것은 자유의지대로 움직여서가 아니라 만물이 정확히 자기 본성의 '필연성'에 따라 활동하기 때문이고, 이 세계가 인간의 눈에 아름답게 보이는 것도 만물이 이 자신의 본성의 '필연성'에 따라서 활동하기 때문이다.

기묘하면서도 아름답고, 끊임없이 새로운 사건을 낳는 세계, 그것이 바로 신의 세계, 즉 본성의 필연성의 세계, 자연의 세계인 것이다. 누군가가 미리 정해 둔 계획에 따라 대자연을 창조했다면 그에 부합하는 목적이 있겠지만, 자연은 말 그대로 스스로 존재할 뿐이다. 즉 스피노자에게 대자연은 자기 자신의 법칙에 따라 그냥 스스로 존재하고, 스스로 변화하고, 스스로 만들어 가는 하나의 큰 전체이자 유일한 실체다.

이러한 자연은 개체들을 생겨나게 하는 능동적인 능산적 자연과 이로부터 생겨난 소산적 자연이라는 두 측면으로 나뉜다. 스피노자는 자연에 깃든 생성의 힘, 있는 것을 있게 하는 힘을 "능산적 자연"이라고 정하고, 이를 그 힘에 의해 전개되고 발현된 자연인 "소산적 자연"과 구분한다. 시공 안에 자리 잡고 나타난 자연이 소산적 자연이라면, 그 자연을 자연으로 존재하게 하는 근원적인 생성의 힘은 능산적 자연이며, 이는 자연의 근원, 자연의 실체인 신 이외의 다른 것이 아니다. 자연 안의 생성의 힘 즉 능산적 자연은 전개된 자연으로서의 소산적 자연 밖에 따로 존재하는 초재적인 것이 아니라, 바로 소산적 자연 안에서 그렇게 생성하는 힘이다.

스피노자의 '신 즉 자연'은 자연 전체와 단순한 동일시가 아니다. 왜냐하면 엄밀히 말해서 그것은 신 또는 능산적 자연을 의미하기 때문이다. 소산적 자연이 아닌 이 두 항은 동일한 지시체를 갖는다. 자기원인인 능산적 자연은 무한성을 속성으로 삼아 자기 자신을 생산하기에, 무한하게 자기 자신을 산출하는 능력을 갖는 것이다. 그러하기에 자기원인으로서 존재하는 무한성을 속성으로 가진 능산적 자연은 실존하는 유한한 양태들인 소산적 자연을 무한히 계속 생산하는 것이다.

능산적 자연은 모든 사물을 생기게 하는 생산적인 역량인 반면, 소산적 자연은 수동적이고 일정한 순간에만 존재하는, 자연으로 잠시 생겼다가 없어지는 우연한 개체적 상태다. 능산적 자연은 시간성을 초월하여 자신의 본질을 전체로서 지니는 영원한 실체로서의 자연과 그 자연의 본질이 시간적으로 전개될 때 그 전개된 현상 안의 내재인으로서의 시간적 활동성의 자연과의 구분이다. 우리는 이러한 구분을 시작과 끝이 이미 다 한꺼번에 담겨 있는 영화의 필름과, 그 필름이 영사막에 시간적으로 전개되는 영화와의 구분적 비유를 통해 이해해 볼 수 있다. 막에 전개되는 전체 시간을 존재하는 모든 시간이라고 본다면, 그것의 원형인 필름은 전체 시간을 영원의 형태로 담고 있는 셈이 된다.

영원성은 시작도 끝도, 언제도 없는 것, 그래서 오래 계속되는 질서가 아니라 영원한 질서인 것이다. 시간성은 그 영원으로부터의 전개이며, 영사막에 나타나는 다양한 형상은 그 영원한 실재로서인 필름의 시간적 전개에 지나지 않는다. 영사막에 나타나는 모든 현상적 개체 중에 필름 속에 없는 것은 하나도 없다. 우리에게 자연으로 주어지는 모든 개체 존재 중 영원한 실체로서의 자연 안에 포함되지 않은 것은 없다. 그러나 다시 강조되어야 하는 것은 필름과 영화가 따로 있지 않다는 것이다. 필름을 돌리면 그것이 바로 영화다. 이와 마찬가지로 자연이 자신을 전개하는 것이 곧 개체적 현상으로 나타나는 자연이다. 즉 영화 밖의 필름이 따로 존재하지 않듯이 소산적 자연 밖에 능산적 자연이 따로 존재하지 않는다. 그러므로 자연의 존재는 바로 자연의 활동이다. 자연 전체가 무한히 그리고 끊이지 않고 생산적이며 자기 생산적이다.

- 스피노자, 생태학으로의 존재론적 귀환

스피노자를 생각할 때면 늘 홀로 밤하늘의 별을 바라보는 맑은 눈을 가진 소년의 이미지를 떠올리게 된다. 마침 고흐의 그림 「별이 빛나는 밤」을 보자면, 코발트빛 밤하늘 위로 총총히 박힌 별들이 소용돌이치고 있다. 다양한 스펙트럼의 노란색 별들이 한껏 뿜어내는 빛은 마치 롤리팝(막대기 손잡이가 있는 동그랗고 큰 사탕) 무늬처럼 아름답게 동심원을 그리며 회전하고 있다. 그의 그림에는 하나의 고정된 중심이 없다. 모든 별들은 스스로 각기 중심이 되어 수많은 다른 중심의 별들과 공존하고 있다.

스피노자 역시 그런 밤하늘을 바라보며 우주의 거대한 힘을 느꼈을 것이다. 마치 빅뱅의 순간처럼 주체 못할 힘을 발산하는 대우주는 무수한 시간을 들여 자신을 스스로 변화시켜 왔다. 한때 원자까지 녹여 버릴 정도로 뜨거웠던 열기가 차차 식어 가면서 다양한 천체들이 무한한 공간을 채워 갔다. 무수한 은하와 그 속에 존재하는 셀 수 없는 별들은 각기 중심이 되어 자신의 행성을 자식처럼 거느린 채 우주의 운행에 작은 부분 기여하고 있다. 거대한 우주는 이 세상 전체이며, 그 속에는 우리가 만나는 모든 만물들과 그것을 낳은 에너지는 한데 어우러져 우주적 질서를 유지한다.

스피노자 자연주의는 유기체들이 주변 환경과 상호작용하는 복잡한 세계를 다루는 생태학의 등장으로 존재론직 자원에서 귀환한다. 생태계는 개별적인 유기체로 구성되어 있지만 자세히 보면 상호작용하는 생물들로 구성된 전체 시스템이다. 생태계는 일정한 지역에 사는 생물과 그 생물을 둘러싸고 있으면서 생물과 작용, 반작용, 상호작용하는 물리적 환경의 총체다. 그러한 생태계가 인간의 도움 없이도 존재한다는 것은 모든 자연적 과정의 특징이다. 그리고 자연의 산물들은 자연적이고 '만들어지지' 않았으며 저절로 성장하여 무엇인가가 된다. 생태계 자체가 진화하는 생물체와 같은 것이다. 그렇다면 생태계를 이해한다는 것은 무엇을 말하는가? 그것은 우리가 자연의 완전한 한 부분임을 제대로 철저하게 깨닫는 것을 말한다.

그런데 인간의 독점적 지위를 이용한 생태 환경 파괴가 급속히 진행되면서 과연 지구 환경이 지속될 수 있을지에 대한 우려가 점점 커지고 있다. 이러한 우려가 생기는 이유는 현재 생태 환경의 공급을 초과하는 과다한 생태계 남용 때문이다. 이 초과 수요로 인해 필수적인 생태계의 생산성이 더 이상 되돌릴 수 없는 정도로 감소하기 전에 지속가능한 새로운 사회 전략을 짜야 한다. 무제한적인 경쟁을 통해 경제 성장을 강조하는 신자유주의 경제에서는 문화와 생태계의 회복력을 모두 위태롭게 하는 예상치 못한 사회경제적 변화를 초래할 수 있다. 이 변화 중 대표적인 것이 오늘날 우리가 경험하고 있는 기후 변화와 팬데믹 현상이다.

스피노자에게 있어서 자연은 모든 것이 전적으로 존재하는 우주의 전체적 체계이며, 무한한 체계이며, 영원한 체계이고, 필연적으로 존재하는 체계이며, 능동적인 체계다. 특히 스피노자의 영원한 삶에 대하여 낭만주의자는 어떤 자연의 체험에서 순간과 영원, 이 자리와 무한의 일치를 체험한다고 생각한다. 자연은 한순간에 충실하면서 또 긴 지속과 무한한 펼쳐짐을 포개어 지닌다. 적어도 그러한 암시가 있을 수 있다는 것을 부정할 수 없을 것이다. 그러나 생각해 보면, 사람에게 가능한 영원은 — 그것이 아니라면, 지속적인 것은 이렇게밖에 달리 존재할 도리가 없다. 문제는 어떻게 순간 속에 영원이, 영원 속에 순간이 존재하게 하느냐 하는 것이다. 오늘의 삶은 삶의 지속적인 기획 속에 매몰되어 순간도 잊어버리고 영원도 잊어버린 것으로 보인다.

모든 물질은 생태계의 다른 물질과 상호작용을 하면서 한편으로는 스스로 변형되고 다른 한편으로는 주위의 물질을 변형하는 이중적 과정에 있다. 생태계는 구성 요소들을 분석해서는 이해할 수 없고 그들의 상호 관계를 지켜봄으로써 이해할 수 있다. 이와 같이 약동하는 상호작용을 개체의 경계를 넘나드는, 혹은 경계가 해체되는 존재론적 춤이라고 할 수도 있다. 그러한 춤은 열림과 닫힘, 자율성과 타율성, 능동성과 수동성, 끌림과 밀어냄, 분리와 연합 등의 박자와 리듬을 타면서 진행된다. 이때도 자기의 존재론적 일관성을 유지하기 위한 노력을 무시할 수가 없다.

- 노동의 존재론적 기반과 비물질 노동의 정서

이탈리아 정치철학자이면서 자율주의 운동의 창시자인 안토니오 네그리는 스피노자를 21세기의 시대적 정세 속에서 독해함으로써 새로운 장을 열었다. 스피노자 철학은 견고한 존재론일 뿐 아니라 실천의 사유, 즉 함께 좀 더 자유롭고 행복한 삶을 향한 사유다. 네그리는 스피노자의 철학을 통해 초월적 권위나 목적 따위는 애초에 존재하지 않으며, 우리의 세계는 우리 자신의 힘으로 구성한다는 메시지를 얻고 있다. 요컨대 모든 목적론에서 자유로워져 물질과 삶은 철저히 내재적인 활력에 입각한다.

네그리가 이해한 스피노자에게는 더 이상 순수 자연이 존재하지 않는다. 자연은 곧 세계이며 세계는 활력의 자기 생산이기 때문이다. 세계는 활력에 의해 창조되며 이 활력의 메커니즘 너머에서의 어떠한 발생도 일어날 수가 없다. 이제 스피노자에게 내재성은 생산성과 물질성에 의거하여 절대성으로 변화된다. 즉 물질적 상태가 순수한 능력으로, 활력으로 형상화된다. 활력은 스스로를 집단적으로 구성함으로써 권력에 대립한다.

노동의 존재론적 차원에서의 문제 인식도 마찬가지다. 역사에서 노동은 점차 그것의 존재론적 기반에서 분리되고 협애화되어 공장에서 이루어지는 산업 노동과 점차 등치되어 갔다. 노동은 존재론적 차원에서부터 다시 사고되어야 한다. 네그리가 행한 노동 개념의 이러한 개방은 스피노자의 존재가 마르크스의 물질과, 스피노자의 코나투스가 마르크스의 대상적 활동과 겹치는 지평을 만난다. 스피노자를 통해서 마르크스를 읽으면, 노동은 분명히 활력에서 출발하여 코나투스에 의해 추진되고 욕망으로 표현되며 정신에 의해 인식 판별되면서 세계를 구성하는 과정의 어떤 지점들에 놓여 있는 활동들, 혹은 이 구성적 활동들 전체를 일컫는 말이다. 존재론적 지평은 이제 자기 자신의 활력을 전개할 역동적 물질성을 찾는다. 그 결과 존재는 세계를 향해 열리며 양태의 평면에서 전개된다.

노동 개념의 개방과 확장이 노동을 존재론적 활력의 표현으로 파악함으로써만 가능하다면, 여기에서 마르크스(주의)를 혁신하고 있는 것은 오히려 스피노자다. 스피노자의 코나투스야말로 존재의 활력, 사물의 현동적 본질, 무한한 지속 시간이면서 이 모든 것을 의식하는 것이기 때문이다. 스피노자를 통해서 마르크스를 읽으면, 노동은 분명히 활력에서 출발하여 코나투스에 의해 추진되고 욕망으로 표현되며 정신에 의해 인식 판별되면서 세계를 구성하는 과정의 어떤 지점에 놓여 있는 활동들, 혹은 이 구성적 활동들 전체를 일컫는 말이다. 노동 능력은 세계를 생산하는 능력이다. 그것은 존재의 생산 능력의 일부이며 사회에서는 가장 핵심적인 생산력이다. 생산력은 존재의 무한함에서 발산되며 생산력의 독특한 조직화는 무한자의 운동 속에서만 이루어진다. 생산력은 직접적으로 구성이며, 구성은 생산력이 존재를 드러내는 형식이다.

네그리가 스피노자와 마르크스를 통해 다듬어낸 노동의 존재론적 기반은 지식·정보화 사회에서 산업 노동과 달리 삶의 미시적 활동까지 노동의 영역으로 확장된다. 근대화 과정을 통해 모든 생산이 산업화되는 경향이 있었던 것처럼, 또한 탈근대화 과정을 통해 생산은 서비스 생산을 향하고, 정보화되는 경향이 있다. 우리는 공장 울타리 바깥에서 벌어지는 수많은 인간적 활동을 보면서 후기 자본주의에서 급격히 부상하고 있는 비물질노동이라는 역사적 노동 형태의 하나를 파악할 수 있고, 그것은 우리가 지금 겪고 있는 거대한 변화의 비밀인 셈이다.

네그리는 비물질노동이 정서·지식·소통 등 비물질적 활동이 사회 변화의 핵심 동력임을 강조하며, 기존 노동 개념의 한계를 넘어선 새로운 사회 구조와 주체성을 제시한다. 특히 비물질노동은 감정, 정서적 반응(정동), 만족, 흥분 등 만질 수 없는 결과물을 생산하는 노동이라는 점 그리고 의사소통, 주체성, 협력의 확장을 전제로 하며, 사회적 네트워크와 공동체 형성에 기여한다는 점을 강조한다. 비물질노동의 정서는 현대 사회에서 감정, 소통, 관계 등 비물질적 가치를 창출하고 경험하는 과정에서 발생하는 핵심적 정서적 경험이다. 감정노동, 돌봄, 소동, 지식노동 등 다양한 비물질노동 영역에서 정서가 중요한 역할을 하며, 이는 노동의 가치와 사회적 의미를 확장시킨다.

산업 노동과 달리 비물질노동은 삶과 노동이 분리되지 않고 중첩되는 탈근대적 특성을 가진다. 근래에는 주체의 사고와 행동에 영향을 미치는 존재의 신체적·생물학적 차원에서 정서적 경험이 주목받기 시작한다. 정서적 경험에 속한 느낌, 감각, 감성은 몸체 안에서 자신의 변화를 설명할 수 있는 적절한 관념이 될 수 있다. 우리는 그로부터 특정한 가능성을 추출하고 현실화한다. 비물질적 생산물들의 총체는 인간 삶의 환경으로 변형된다. 궁극적으로는 인간의 삶 자체의 생산으로 이해해야 한다. 이런 경우 생산한다는 것은 사회적 협력을 조직하고 삶 형태를 재생산한다는 것을 의미한다.

2) 시작과 끝이 있는 세계의 조성 '작업'

- 수렵채집에서 농경문화로의 전환

새는 둥지를 만들고 비버는 둑을 쌓는다. 주어진 환경의 재료가 본질은 그대로인 채 다른 모습으로 새롭게 배치되는 것이다. 그렇지만 오직 인간만이 자연 세계의 원료나 재료를 가져와 다양한 복잡한 물건을 만들어냄으로써 일종의 물질적 진화를 이끌어냈다. 현재 인간이 사용하고 있으며 일상을 둘러싼 거의 대부분의 물건은 직접 만들어낸 것이다. 어떤 것을 인공적이라고 말할 때는 자연에서 가져온 재료를 인간의 손으로 바꾼 것을 의미한다. 질그릇은 자연에서 얻은 재료가 인간에 의해 인공적인 물건으로 바뀐 첫 번째 사례다. 문화적 진화가 수천 년에 걸쳐 진행되면서 질그릇을 만들고, 굽고, 장식하는 기술이 아주 복잡하고 다양하게 전 세계로 퍼져 나갔다.

농경문화로의 전환은 지속적인 환경 변화를 불러왔다. 사냥과 채집을 주로 하던 부족이 주변의 환경과 맺었던 일시적인 관계는 완전히 사라졌다. 정착민은 강바닥에서 진흙을 구해 살 집은 지었고 강물이 흐르는 방향을 바꾸었다. 또한 숲을 벌채하고 사방에 가축을 놓아기르며 땅도 파헤쳤다. 자연적으로 이루어진 광활한 삼림지대와 늪지대 그리고 초원을 오늘날 우리가 쉽게 볼 수 있는 인공적으로 만든 경작지로 바꾸었다.

처음부터 인간은 대지를 경작하기 위한 대장장이 기술과 농업 기술을 발명했다. 기술은 몸의 역량이 나타나는 탁월한 영역이다. 기술은 지성적 능력이 결집되는 단순한 지식을 함축하는 것이 아니라, 대부분의 시간 동안 구상된 계획의 실행을 가능하게 하는 몸의 숙련성을 작동시키는 기량을 함축한다. 이를테면 예술은 손재주, 몸의 모든 소질들과 육체적 능숙함뿐만 아니라 정신적인 능숙함을 요구한다. 예술은 정신과 협력하는 몸을 청원하고 열 손가락을 사용할 줄 아는 앎을 함축한다.

인간은 선 자세를 알고 있으며 하늘과 땅 사이에 실존하는 동물이다. 직립의 인간은 건물을 세우고 피라미드와 신전과 마천루를 건설한다. 인간은 영구적인 구조물을 건설해 자연에서 나와 거주지를 옮겼고 도로를 포장했다. 일단 인간이 세계를 건설하게 되자 인간은 자신을 자연과 동떨어져 그들을 지배하는 존재로 여기기 시작했다. 그리고 자연은 인간에게 유용한 자원을 제공할 때만 가치가 있는 존재로 생각하게 되었다. 굶주린 몸에서 출발한 기술의 계보학은 어떻게 필요가 세계를 변형시키면서 필요 자체가 변형되는지, 어떻게 필요가 새로운 기술을 제작하고 역으로 새로운 욕망들을 생성시키는지를 보여준다. 인간의 특성이 궁극적으로 표현한 것이 바로 도시다. 도시는 완벽하게 인공적인 환경이며 인간의 문화와 영감을 상징화해 나타내려는 의도로 설계하고 건설된다.

– 건축에의 의지

한편으로 자연적 생성의 차원, 또는 더 정확히는 '성장'의 차원과, 다른 한편으로 인간에게 고유하게 속한 창조 행위, 즉 '기술'(technē)을 분리하도록 가르친 것은 사실 그리스 전통이다. 아리스토텔레스에서처럼 자연은 이런 분리 후에 비로소 테크네의 모델에 따라 사유된다. 또한 아리스토텔레스는 자연을 장인처럼 솜씨 있고 심사숙고하며 의지적이고 목적을 스스로 부여하는 것으로 생각한다.

그리스인들 사이에서 건축은 단지 장인의 기술이 아니라, 모든 테크놀로지에 대한 주요한 지식과 통제력을 소유한, 그래서 프로젝트를 기획하고 다른 장인들을 이끄는 사람들에 의해 행해지는 예술로 간주되었다. 이런 맥락에서 techne라는 말은 좁은 의미의 테크놀로지뿐 아니라 일반적인 의미에서의 짓기(poiesis, 제작)를 의미했다. 플라톤은 이를 다음과 같이 정의한다. "짓기란 본래 단순한 창작을 말하지요. 그런데 창작에는 여러 종류가 있다는 것은 당신은 아시죠? 무엇이든지 없던 것이 있는 것으로 옮겨갈 때, 그 원인이 되는 작용은 언제나 짓기의 일종이요, 모든 기술자가 창작자지요." 철학자를 정의하기 위해서 플라톤은 건축가를 은유로서 사용했다.

플라톤이 건축의 은유를 사용한 것은 그를 뒤따랐던 데카르트, 칸트, 헤겔과 마찬가지로 견고한 토대 위에 지식의 대건축물을 구축하고자 하는 의지로 이해되어야만 할 것이다. 서구 사상은 위기 때마다 반복되고 새로워지는 건축에의 의지로 특징지어진다. 가라타니가 지적한 바와 같이, 이러한 이유 때문에 '창조하고자 하는 의지'로 이해되는 '건축에의 의지'는 서구적 사상의 바탕이다. 플라톤은 이러한 견해를 가지고 있었고, 라이프니츠는 더 나아가 '건축가로서의 신은 입법가로서 신을 충분히 만족시킨다'라고 말할 정도였다.

고대 그리스인들은 세계의 출현을 묘사할 때도, 예컨대 '틀을 만들다', '조각을 빚다', '쇠를 녹이다', '집을 짓다' 등 공예 활동에서 빌려 온 말들을 사용하고 있다. 최초의 그리스 철학자들도 마치 대장장이가 쇠를 녹이고, 식히고, 두드려서 연장을 만들 듯이 그와 비슷한 기술로 세계가 만들어진 것처럼 묘사했다. 이와 같이 세계와 인간의 출현에 관한 비밀은 인간이 일상에서 체험할 수 있는 일처럼 묘사되었다. 따라서 사람들은 주변 세계에 거리를 두고 관찰하고, 관찰한 것을 목록으로 만들게 되었다. 이것이 존재론적 태도다.

사람들은 온 우주에 정의로운 질서가 어떻게 존재할 수 있는가에 대해 알아낼 것을 철학과 이제 갓 등장하기 시작한 과학에 갈수록 더 많이 요구했다. 그리스 사상의 동기로 작용한 것은 모든 죄책과 운명 배후에 우주적 법질서가 있다는 것이며, 이 질서는 지성적 인식을 통해 인간에게 수용될 수 있는 것으로 보였다.

플라톤은 일관되게 기하학을 하나의 규범으로 받아들였다. 플라톤 이래로 철학자들은 수학에 관심을 기울였는데, 그것은 수학이 진정으로 새로운 어떤 것이 채워질 수 있는 이상적인 토대 내지 건축적 세계를 직접적으로 제공했기 때문이다. 철학은 사실 이 건축에의 의지에 대한 다른 이름에 지나지 않는다. 은유로서의 건축은 1931년 쿠르트 괴델의 불완전성 정리가 건축적 체계를 위한 토대로서의 수학을 무기력하게 만들 때까지 수학을, 심지어는 건축 자체까지도 지배했다. 그러나 엄밀성과 결정가능성이 본질적인 것으로 간주되는 학문인 수학에서는 결정불가능성의 출현이란 보다 근본적인 도전을 나타내는 것이다.

- 제작인, 도구를 만드는 자

제작인은 '도구를 만드는 자'다. 노동과정에서 도구들은 노동과 소비 과정보다 더 오래 지속될 수 있는 유일한 구체적 사물이다. 도구의 생산자인 제작인은 세계를 건설하기 위해 도구와 용구를 발명하는 것이지 인간의 삶의 과정을 돕기 위해서가 아니다. 인간의 작업 활동으로 인간이 마주하고 있는 세계란 우리 앞에 그저 웅대하고 무관심하게 서 있는 단순한 자연이 아니라 인위적 세계의 객관성임을 분명히 한다. 그리하여 자신의 육체나 길들어진 동물로 생활하는, 노동하는 동물은 여전히 자연과 지구의 하인으로 남지만, 도구를 가진 제작인은 지구의 군주이자 지배자처럼 행위하는 것이다. 제작인의 생산성은 '프로메테우스 반란의 결과물'이다. 왜냐하면 그것은 신이 창조한 자연을 파괴함으로써만 얻어지는 것이고, 그래서 일종의 폭력 경험이란 인간의 힘에 대한 가장 기본적인 경험이므로 인간은 여기에서 단순노동이나 경작에서 얻는 행복과는 매우 다른 자기 확신과 만족을 얻는다.

작업은 생활과 관련된 활동을 말한다. 노동이 생존과 연관되어 있다는 점에서 둘 사이에 적지 않은 차이가 있다. 작업은 인간이 자연적인 것을 파괴해서 새로운 인공적인 산물을 만드는 활동이다. 육체의 노동과 구별되는 우리 손의 작업으로 인간은 '…을 재료로 하여' 인공세계를 구성한다. 자신의 손으로 삶에서 보다 영속적이고 지속적인 울타리를 만들어서 인간 삶의 또 다른 조건인 제작과 문화의 세계를 구축한다. 이 인공세계는 사용물이며 절대적이지는 않지만 그러나 지속성과 가치를 소유하여 불안정하고 죽을 운명의 인간이 좀 더 안정적으로 살 수 있는 거처가 된다.

손의 작업을 통해 만들어진 산물은 그를 오래도록 기억하게 만들 수 있다. 생활에 필요한 집, 가구, 자동차, 옷 등은 작업의 산물이다. 작업은 노동에 비해 긴급성은 떨어진다. 작업의 산물은 일회적인 소비 대상이 아니다. 우리는 옷을 한 번만 입고 버리기도 하지만, 일반적으로는 반복해서 입는다. 따라서 작업의 산물은 소비가 아니라 사용의 대상이다. 작업의 산물은 내구성과 지속성이 있다. 어떤 경우는 제작자보다 더 오랫동안 생명을 유지하기도 한다. 박물관에서 만날 수 있는 도자기나 오래된 건축물이 그렇다.

작업의 대상이 되는 것, 예컨대 나무나 석재 같은 재료들은 노동의 대상과는 달리 생산주기가 무척 길다. 나무가 아름드리로 성장해 큰 건물의 기둥이 되려면 수십 년이 걸리고, 대리석이나 철광석 같은 광물을 만들려면 우리가 헤아리기 어려울 정도로 긴 시간이 필요하다. 현대의 환경위기는 노동과 작업의 구분이 흐려짐으로써 발생한다. 소비와 사용의 경계가 흐려지고 사용해야 할 물건들을 소비함으로써 작업의 원료가 소비의 원료처럼 취급받고 결국 심각하게 파괴되었다. 나무에서 얻은 목재와 철광석에서 얻은 쇠붙이가 모두 소비의 대상이 되어버린 현실을 지적한 것이다. 아렌트는 현대 사회가 소비자 사회로 변하면서 이런 경계가 허물어졌다고 지적했다.

– 시작과 끝이 있는 작업 활동

작업이라는 활동은 생존을 위한 노동과 달리 순환적이지 않고 직선적이다. 예를 들어 건축가가 집은 짓는다면, 설계도를 그리고 그 도면에 따라 집을 만들면 작업은 끝난다. 시작과 끝이 존재하는 것이다. 명확한 시작과 예상할 수 있는 분명한 끝을 가진다는 것이 제작의 특성이다. 제작은 이 특성을 통해서만 다른 모든 인간 활동과 구별된다. 제작은 육체적 생명 과정의 순환에 매어 있어서 시작도 끝도 없는 노동과는 달리 제작자가 분명한 의도를 가지고 시작할 수 있고 분명히 끝을 맺을 수 있다.

실질적으로 제작은 모델의 지도로 수행되는데, 대상은 이 모델에 따라 만들어진다. 이 모델은 마음의 눈이 포착하는 이미지이거나, 작업이 잠정적인 이미지를 물질화시킨 상태를 미리 볼 수 있게 하는 청사진이다. 이 두 경우에 제작을 지도하는 것은 제작자의 외부에 있고 실제의 작업 과정에 앞선다. 제작이 가지는 중요성은 그 형상을 통해 제작 과정을 주도하는 이미지 또는 모델이 제작에 선행할 뿐만 아니라 제품이 완성된 후에도 사라지지 않는다는 사실이다. 이 모델은 아무런 손상도 입지 않은 채 생산품보다 오래 지속되며 이 모델에 따라 제작은 무한히 계속될 수 있다.

노동이 기본적으로 전체 인간 신체를 자연과의 '신진대사'에 관련시키는 활동 형태라면, 작업은 손과 도구의 솜씨를 포함한다. 작업은 손과 도구를 사용해 자연에서 생 재료를 취하여 제작 과정을 거쳐 이것들을 변형시킨다. 이 변형은 자연적 순환에서 날재료를 취하여 그것을 다른 형태로 표현함으로써 그것에 어느 정도의 영속성을 부여한다. 노동은 본질적으로 고립되고 외로운 상태로서, 그 속에서 인간은 자기 신체와의 관계에 종사한다. 반면에 작업은 이미 공동체와 공적 공간을 전제로, 시장에서 교환될 수 있는 항구적 대상물들을 생산한다.

작업은 제작과 관련되어 있기 때문에 세계에서 인간이 거주할 지속적이고 안정적인 집을 건설한다. 작업의 생산물은 "인공적 세계에 안정성과 견고성을 부여하는데, 그것 없이는 불안정하고 필멸하는 피조물인 인간이 안전하게 거주하지 못한다." 아렌트처럼 하이데거도 자연과 인공물로서의 세계를 구분한다. "돌에는 세계가 없다. 마찬가지로 식물과 동물에게도 세계는 존재하지 않는다." 본질적으로 아렌트는 '작업'이 인간의 문화 세계를 건설한다고 보았다. 사람은 궁극적으로 그를 에워싸고 있는 자연의 아들이다. 그리고 사람은 문화를 만들어냄으로써, 자연을 조금 더 그의 의지와 욕구에 순응할 수 있는 것이 되게 했다. 이것을 위한 집단적 노력의 시간적 집적이 역사다.

작업에 내재하는 이런 잠재적 복제는 노동의 징표인 반복과 원칙적으로 다르다. 노동의 반복은 생물학적 순환의 강제 때문에 발생하는 것이다. 육체의 욕구와 필요는 생겼다가 없어지며 일정한 간격으로 반복해서 다시 나타난다 할지라도 결코 상당 기간 지속하진 못한

다. 단순 반복과 구별되는 복제는 세계에서 비교적 안정적이고 영속
적으로 존재하는 어떤 것을 배가시킨다.

작업의 반복은 노동하기 위해 먹어야 하고 먹기 위해 노동해야 하
는 노동의 내재적이고 본능적인 반복과는 다르다. 노동의 생산물 자
체는 새로이 생계와 노동력의 재생산을 위한 수단으로 된다. 작업의
과정은 제작된 생산물에서 끝이 난다면 노동과정은 최종의 생산물
이 생산될 때 종결되는 것이 아니라 노동력이 고갈되었을 때 끝난다.

– 제작의 감성적 활동과 예술의 제작 특성

세계에는 삶을 촉발하는 감성 활동의 지혜가 담겨 있음이 분명하
다. 마르크스는 『독일이데올로기』에서 현존하는 세계의 기초를 '감
성적 활동'이라고 말한다. 인간의 다양한 창조적 행위들, 노동, 상업,
산업, 생산과 같은 구체적 행위들은 '감성적 활동'의 하위 범주다. 우
리가 살아가는 현실 세계는 인간의 감성적 활동 전체를 통해서 만들
어지는 것이다. 감성적 활동이란 감각적 세계를 변형하는 활동 일반
을 의미한다. 감성적 활동은 주변의 자연, 세계와 적극적으로 상호작
용하고, 이를 변형하여 자신의 본질을 실현하는 실천적인 활동을 의
미한다. 개인의 다양한 자질을 그가 원하는 모든 분야에서 도야하고
표현하는 구체적 활동의 총체, 즉 나무를 베고, 농작물을 키우고, 기
계를 만들고, 그림을 그리고, 음악을 듣는 각각의 활동들의 총체가
감성적 활동이다. 그것은 단순히 수동적으로 감각하는 것이 아니라,
대상을 능동적으로 인식하고 변화시키는 과정에서 인간이 자신의
잠재력을 발휘하고 자아를 형성해 나간다.

이를테면 예술가는 캔버스, 물감, 조각 재료 등 다양한 물질적 재
료와 직접적으로 접촉하여 이를 자신의 구상에 맞게 변형시킨다. 이

과정에서 예술가의 감각과 기술이 총체적으로 활동되며, 재료는 단순한 물질이 아니라 예술가의 의지를 담은 대상으로 변화한다. 이처럼 인간이 자신의 감각과 노력을 통해 물질을 새롭게 만들어내는 행위 자체가 제작 활동인 것이다. 이때 예술작품은 예술가의 사상, 감정, 기술 등 그 사람의 총체적인 종적 본질이 외화된 결과물이다. 즉, 작품을 통해 예술가는 자신의 내면을 물질적인 형태로 표현하고, 이 과정에서 자신의 존재 가치를 확인하며 자아를 실현한다. 한편 예술가는 자기 작품에 대한 전반적인 통제권을 가진다. 예술가의 의도와 목적에 따라 주체적으로 작품이 만들어지는 전 과정은 물론 완성된 작품의 의미와 가치까지도 예술가의 의지가 반영된다.

　고대 그리스에서 테크네는 의미를 만들거나 창조하고 혹은 존재하도록 하는 제작과 관련된 지식의 형태였다. 예술적 실천은 미학적으로 즐거운 가공품을 만드는 것을 추구한다. 그러나 테크네의 영역에서 관념이 실행보다 앞에 있으며 일련의 생산 활동에 표준을 제공하는 반면에, 예술의 영역에서 관념은 실행보다 뒤에 있으며 표준 바깥에 있다. 왜냐하면 그때 관념은 새로운 작품을 위한 규칙의 역할을 할 수 없기 때문이다. 기술은 기량을 함축하고, 예술은 강요된 지식이 없는 제작을 함축한다. 아름다움을 드러내고 아름다움에 대한 명료한 의식을 가질 수 있게 하는 것이 바로 제작이다.

　제작은 예술가가 만드는 것과 예술작품 자체가 공동체 경험 속에 들어가면서 유발하는 것을 모두 포함하는 지속적인 과정이다. 예술은 그것이 만들어내는 총체적 효과의 측면에서 고려되었으며, 그것이 제작된 목적을 얼마나 효과적으로 달성했는가에 따라 평가되었는데, 이는 여타의 제조품들과 다르지 않았다. 우리가 오늘날 예술작품이라고 부르는 것들은 대부분 제작 목적과 주된 기능 면에서 사회적 의미를 갖고 있다.

듀이는 예술적 활동을 경험과 온전한 인간적 삶의 맥락 속에 자리매김하기로 선택한다. 이러한 맥락은 매우 자연스럽게 편안함, 아름다움, 향유를 제공하거나 우리의 삶을 이해하는 데에 도움을 주는 다양한 제작 활동을 포괄한다. 즉 무사심(無私心)한 관조를 위한 순수예술작품을 만드는 것이 목표인 경우는 없다. '삶의 정상적인 과정'과의 연속성을 유지하면서도 '공통의 경험 속에서 발견된 질을 이상화'하는 다양한 방식의 제작이 존재한다.

예술은 언제나 무엇인가를 하거나 만드는 과정의 부분이다. 인간이 예술품과 상호작용하여 하나의 경험으로 될 때, 그리하여 예술품이 지닌 성격 때문에 하나의 경험이 향유될 만한 것이 될 때 예술품은 비로소 예술작품이 된다. 여기서 경험이라는 말은 '그곳을 통과한 후에는 자기 자신이 변형되는 어떤 것'이라는 의미로 사용된다. 우리가 전형적인 예술가로서 인정하는 이들은 고조되고 세련된 방식으로 그러한 활동을 수행한다. 듀이는 "심미적 경험이란 그것이 갖는 통일성의 결함"이라고 주장하기에 이르렀다. 듀이는 예술가가 작품을 제작하는 것에서 시작하여 이 작품의 생애 내내 지속되는 전체 과정을 강조하고자 했다. 그러한 시간적 계열을 강조하면서 듀이는 "심미적 경험과 삶의 정상적 과정 간의 연속성을 회복"하고, 어떻게 예술작품이 "공통의 경험 속에 발견된 여러 질을 이상화하는지"를 배우기 희망했다.

예술로서의 삶은 자기완성을 지향하는 존재 방식으로 고양시키는 가치를 지닌다. 왜냐하면 심미적 경험은 더 옳고 더 나은 것에 대한 감각적 예민화 혹은 정련화 작용과 다름없기 때문이다. 예술 활동이란 감수성의 섬세화 과정이다. 이렇게 예민해진 감각은 예술로서의 삶에 응답하려는 자기들을 창조하는 일에 끊임없이 그리고 전략적으로 헌신하게 한다. 그것은 우리 자신을 완전한 어떤 것으로 만드는 것을 목표로 한다.

듀이는 『경험으로서의 예술』 첫 장에서 "살아 있는 창조물"이라고 제목을 달고 이렇게 결론을 맺는다. "경험은 사물 세계에서 투쟁하고 성취해야 하는 유기체의 실행이기 때문에, 예술은 근원적일 수밖에 없다. 비록 미숙한 형태라도, 여기에는 미적인 경험에 대한 즐거움의 인식이라는 전망을 포함한다." 예술가는 자료를 자신의 관심에 따라서 조직하고 명료하게 하고 의미를 부여한다. 조각가, 화가 또는 작가는 이 작업의 모든 단계에서 완성하는 과정에 있다. 예술가의 작업 경험이 완전히 만족스럽게 될 때, 미적 경험은 종국적 경험 즉, 완결적 경험이다. '완결적'은 그 자체로 완성이라는 의미 즉, 완결적 경험의 중심적 특성은 경험된 전체 내에 있는 부분들이 상호 간에 들어맞는 리듬이다. 시작과 끝이 있는 완결적 경험은 듀이 미학의 중심 개념 중 하나다.

_ 마르크스의 건축가적 유적 존재

인간은 사물들을 형성하면서 자신이 형성된다. 제작하는 인간은 언제나 동시에 인간의 제작자다. 따라서 인간은 육체적 필요의 지배 아래에서 생활 수단들을 주조한다. 그는 생활 수단들을 위해서 생산물들과 도구들을 제작한다. 게다가 바로 그런 기준을 따라 마르크스는 주로 인간과 동물의 차이를 알아보았다. 마르크스는 인간만이 지닌 다양한 능력과 욕망, 감각들을 '유적 존재'라는 인간 존재의 고유한 특성 속에 귀속시킨다. 그에 의하면 '유적 존재'는 동물과 구별되는 '인간적인 것'을 가능하게 하는 원천으로서 인간의 사유 능력과 활동 능력, 그리고 사회적인 능력을 통해 표현된다.

하나의 생물종인 우리는 스스로를 생산하는 일종의 인공인간이다. 엄청나게 확장된 대뇌피질, 신체를 구성하는 신경 조직망의 복잡성, 확장된 대뇌피질만큼 커진 엄지손가락의 대표성, 직립 자세, 털 없는 신체로 대변되는 우리의 특수한 생물학적 특징들은 우리를 다른 영장류들과 차별하기 위해 자연적으로 진화한 것들이 아니다. 그것들은 우리가 상징 체계를 발명한 결과로서 그리고 문화 — 도구들을 사용하고 개선하며, 사냥 및 채집을 조직화하고, 가족을 구성하며, 불을 사용하고 관리하는 과정이자 특히 적응·소통·자기관리용으로 사용되는 (언어, 의례, 예술 같이) 유의미한 상징 체계들에 의존하는 과정 — 에 반응한 결과로 진화한 것들이다. 이런 유의미한 상징들은 그것들을 사용하는 다수자의 차별적 득성을 묘사한다.

우리의 특수한 생물학적 특징들은 이런 특성을 특정한 종족의 특성으로 구체화한다. 유의미한 상징들을 합리적으로 가다듬는 작업은 우리가 속한 생물종을 어떤 보편적 공동체를 재현하는 개인들로 구성된 생물종으로 만들면서, 우리의 생물적 특수성을 변화시킨다. 마르크스는 말하기를 "거미는 직공과 비슷하게 활동하고, 꿀벌은 벌집을 지으면서 많은 건축가를 부끄럽게 만든다. 그러나 아무리 형편없는 건축가도 건물을 짓기 전에 그 구조를 머릿속에 그리고 있다는 점에서 가장 훌륭한 꿀벌보다 낫다." 인간들은 의식에 의해서, 종교에 의해서, 그 밖에 그가 원망(願望)하는 것에 의해서 동물들과 구별될 수 있다. 인간들 자신은 그들이 그들의 생활수단을 생산하기 시작하자마자 동물들과 구별되기 시작하는데, [이러한 생활수단의 생산은] 앞으로의 한 걸음이며, 이것은 인간의 손 역량에 달려 있다. 이것은 인간의 기술이 얼마나 손에 빚지고 있는지를 보여준다. 손은 자연이 동물들 가운데 가장 똑똑한 동물에게 주었던 도구들 중의 도구인데, 왜냐하면 이 동물은 손의 사용이 가능했기 때문이다. 가장 일반적인 방식으로 손 전부는 도구의 역할을 하며, 이것 덕분에 인간은 자연 안에 기술을 도입하고 제작자로서의 인간 사고를 구체화한다.

이를테면 우리는 자신을 명시적인 제약과 한계로 가득한 자연 및 사회 세계에서 광범위한 능력과 힘을 갖춘 건축가일 수 있다. 솜씨 좋은 건축가가 세계를 변화시키려고 노력한다고 생각해 보자. 그는 전략 및 작전상 무엇을 바꾸고, 어디서, 그리고 어떻게 바꿀 것인가, 그리고 어떤 수단을 가지고 할 것인지를 생각해 보아야 한다. 이 점은 점진적인 변화에 관심을 가지는 모든 사람이 직면하게 되는 근본적인 딜레마다. 건축가는 역사적으로 유토피아적 이상에 깊이 관여되어 있다. 건축가는 인간적이고 심미적/상징적인 의미와 더불어 사회적 효용을 부여할 공간을 만들어간다. 공간은 지각과 감각성의 토대이기 때문이다.

건축은 인간을 정주시키고, 정향된 몸의 공간의 준거들을 결정함으로써 인간에게 평정을 준다. 우리는 건축이 가장 적합한 방식으로 정신적인 것을 표현할 수 있다. 예를 들면 민중의 정신을 증언하고, 물질 안에서 정신적인 것의 육화를 대규모로 표현한다. 그런 점에서 건축가는 장기적인 사회적 기념물들을 형성하고 유지해 나가며, 개인과 집단의 갈망과 바람의 물질적인 형태를 부여하려고 노력한다. 그는 또한 새로운 가능성을 위한 공간, 즉 사회생활의 미래 형태를 위한 공간을 펼치기 위하여 투쟁한다. 우리 자신을 포함한 모든 진화의 미래에 대해 우리가 대응하려면 실정을 잘 아는 건축가로서 우리는 어떠한 종류의 진화를 상상하고 계획하는가?

자본주의적 산업화가 점차 진전되고 도시화가 전지구적 현상이 된 상황 속에서 프랑스의 도시이론가 앙리 르페브르가 제안했던 '행성적 도시화(planetary urbanization)' 개념이 시사하는 바가 있다. 그는 행성적 도시화를 자본주의 산업화의 공간적 확산과 관련하여 파악하려 했다. 그는 도시-촌락이라는 이분법적 형태에 근거한 전통적 도시보다는 도시화의 과정에 초점을 두어 도시를 훨씬 더 개방적인 방식으로 이해하려 했다. 이제 도시는 매우 복잡하고 공간적으로도 광범위하게 진행됨에 따라 다양한 주체에 의해 다양한 방식으로 구성되고 확산된다.

　따라서 도시에 대해 사람들이 갖는 권리, 즉 도시를 작품으로 취급할 권리가 성립하게 된다. 작품-도시에 대한 권리가 제대로 구현되기 위해서는 '작품 세계'라고 하는 공간이 필요하다. 다시 말해 작품 세계는 인간의 창조적 활동 전반을 가리키며, 그리스 사람들이 '포이에시스'라고 부른 것에 해당하는 것으로 볼 수 있다. 포이에시스는 좁게는 시로, 넓게는 창작의 의미로 쓰인다. 그래서 시적 정의(正義)의 관점에서 도시에 대한 권리가 중요하게 부각된다. 도시의 문제에 접근하는 데 있어서 시의 역할을 정의의 차원에서 생각해 보자는 것은 도시를 지배의 관점에서 보고, 시를 교화의 역할을 하는 것으로 보는 엘리트주의적, 지배자의 관점을 교정하려는 것이다.

　공간을 구획 정리하는 예술인 한에서, 건축은 근본적으로 공간적 차원 안에서의 몸의 표현이다. 몸은 세계에 거주하고, 자신에게 개방된 공간에 대해서 점유와 구성의 관계 속에 있다. '건축하는 것'은 뿌리내려진, 시·공적 행위다. 그럼에도 불구하고 상상의 자유로운 유희(play) — 창조하고자 하는 의지 — 가 개입되어야만 하는 때가 항상 있다. 예를 들면 사무타워, 주거지, 공장, 여가 공원, 도시 등을 설계하는 데는 많은 상상력이 필요하다. 건축적 계획은 본래의 환경에서의 경험을 고려하고, 정향된 몸의 공간의 소여들에 근거해서 물리적 공간을 조직한다. 건축가는 공간, 순서, 재료, 미적 효과, 환경과의 관계를 상상해야 하고, 동시에 배관, 난방, 전기선, 조명 등 보다 일상적인 문제도 다루어야 한다.

– 공동체를 건설하는 작업

서구 자본주의는 합리적 공동체를 기반으로 발달했다. 현대의 국가들과 사회들은 물론 과학들과 학문들도 역시 합리성과 합리화를 추구해 왔다. 심지어 자본주의를 신랄하게 비판해 온 마르크스주의를 기반으로 삼는 사회주의나 공산주의조차 인간과 사회의 합리성과 합리화를 신봉하는 합리적 공동체의 건설을 목표로 삼는다. 그런데도 누구나 자발적으로 동참하는 온건하고 부드러우며 유쾌한 합리화를 통해 건설되는 합리적 공동체라는 이 유토피아는 왜 아직도 요원하기만 할까?

공동체란 흔히 공통언어나 공통 개념 형식 같은 공통적인 것을 공유하는 다수의 개인들로 구성된 인간집단이다. 현상학자 알포소 링기스가 말하길 '공동체란 공통점을 가지는 인간집단'이라고 한다. 그렇다면 합리적 공동체는 합리적 공통점을 공유하는 인간집단일 것이다. 현대 자본주의 문명은 합리적 공동체를 기반으로 발달했다. 사람들은 합리성을 공유하면서 우리가 오늘날 몸담고 있는 공동체를 만들었다. 공동체를 건설하는 과정은 노동 분업을 조직화하는 산업에 협력하면서 시장에 참여하는 과정을 의미할 것이다. 그것은 곧 타자들과 협력하여 공동으로 작업하고 소통하는 과정을 의미할 것이다.

사람들 각자는 서로에게 공통 담론의 재현자로서 말한다. 합리적 실천은 모든 제정신의 소유자를 위한 공통적이고 단일한 담론을 가다듬는다. 그러한 노력은 보편적인 것, 과학적인 것, 수학적인 것을 합리적 담론이라는 하나의 형식으로 구성하려는 노력으로 귀결된다. 우리가 생산하는 합리적 담론은 추상적 이상성을 추구하는 집단적 사업들로 구현된다.

합리적 담론과 실천은 자연을 공동작품으로 만들고 우리의 천성을 우리의 작품으로 만든다. 우리의 환경을 생산하는 우리 같은 문명인들은 그 환경에 속한 모든 것들에서 — 목적을 위한 수단 같은 자신의 합리적 능력에 종속된 역량들의 한 집합이라고 할 수 있는 — 집단적 인간의 의도들과 노력이 자연적인 것들에 부여한 형식과 모양과 종류를 알아보는데, 그런 인위적인 것들은 합리적 담론의 실천을 통해 생산된 것들이다.

우리는 자신의 목적에 부합하는 사업이나 작업을 수행하면서 행동하고 실생활을 영위하는 가운데 그 일을 시작한 개인은 '예술 행위도 작품이다'라고 느끼는 어떤 감정에 젖어 자신을 하나의 작품으로 만든다. 그러다 보니 자신이 생산한 환경에서 자신의 본성을 생산하는 인공적인 생물종에 속하는 우리는 '자신이 양도할 수 없는 권리를 지녔다고 확신하며 자신의 법률들을 스스로 제정하는 입법자로 자처하는 현대문화의 개인'이다. 그는 자신의 개체성을 자기 폐쇄적인 어떤 본성의 개체성으로 가공하기 시작한다. 인간 공동체 안에서 그 개인은 자신의 내면에 폐쇄된 자신만의 사고체계를 재현하는 어떤 작업을 발견한다.

우리는 지금도 우리가 재현하는 사고방식을 발견한다. 왜냐하면 우리의 공동체가 살아가는 환경은 우리의 공동체가 생산한 것이기 때문이다. 그 환경을 우리에게 유용하도록 만들어주는 것은 '사물의 자연환경과 그 사물'을 연계시키는 사물의 본성 같은 사물의 속성들이 아니라, 우리가 설계하고 배치해 온 도구체계에 사물이 삽입될 때 그 사물이 드러나는 속성들이다. 합리적 실천은 우리 주위의 실천 가능한 장소를 집단 사업들을 위한 공공장소로 변화시킨다. 벌목된 목재가 실용되려면 먼저 직사각형 관목으로 켜져서 가공되어야 한다. 나무들도 처음에는 다양한 식물과 섞여 자라더라도 중간에 적당히 솎아지고 가지들도 솎아야 나중에 목재로 실용될 수 있다.

우리가 사회라고 부르는 것은 다양한 약속들로 이루어진다. 그런 약속들은 우리가 메시지들, 자원들, 노동력들의 교환과정에 동참하는 데 합의했음을 표시하는 악수들로 보증된다. 이런 교환들이 행해지는 과정에서 과학 및 문화의 공통 담론이 형성될 수 있고, 우리가 공유할 수 있는 것을 소유하고 생산하며 소통시키는 과정에서 집단 작업들이 착수될 수 있다. 소통 과정에서 형성되는 공동체는 소통자들의 동맹체인데, 그들은 서로 같은 편이고 각자 서로에게 타자가 아니라 상호이익을 노리고 결집하는 동일자다.

우리는 공공건물과 기념관들에서 우리에게 각인된 행위 요인들과 목표들을 본다. 우리의 공장들, 공항들, 고속도로들에서 우리는 '우리에게 필요한 것들, 우리가 원하는 것들, 우리의 계획들' 가운데 우리가 이유를 붙이고 선택한 것들을 본다. 우리의 법률체계와 사회제도들에서 우리는 우리의 공식화된 체험, 판단, 토의된 여론을 인식한다. 우리의 합리적이고 집단적인 사업들에서 우리는 우리에게 이질적인 것, 낯선 것, 이해될 수 없는 것을 원칙적으로 전혀 발견하지 못한다. 그것은 우리가 이유를 일종의 작업 — 사업이나 업적 — 같은 것으로 인지하기 때문이다.

우리는 환경에 속한 동물들, 식물들, 광물들에서 우리가 속한 공동체의 증거를 목격한다. 우리는 우리의 물리적 환경을 이해함으로써, 그리고 우리로 하여금 그런 환경을 생산하게 만드는 이유들을 재구성함으로써 그 공동체로 진입한다. 이유들은 사고력의 산물이기 때문에 합리적 지식들은 일종의 '구성 작업'으로 제시된다. 그래서 사고력은 이유를 설명하기 위한 이유를 제시하려고 노력한다. 이유를 제시하려는 의지는 일정한 담론적 실천을 규정한다. 이유를 제시하는 그런 언설 행위들은 보증 행위들이다. 그 사람은 자신의 진술에 책임을 진다.

칸트는 합리적 주체가 복종하는 이유를 제시하기 위해 정언명령을 별도로 분리하여 해명했다. 이 정언명령은 단순히 특정한 사회의 관행을 따라 피상적으로 이행되는 명령에 불과한 것이 아니다. 합리적 주체는 칸트가 해명하듯이 개인의 정신을 직접 짓누르는 정언명령에 복종한다. 합리적 공동체는 사고력을 지닌 주체들이 저마다 자신의 내면에서 발견되는 정언명령에 이렇게 선험적으로 복종한 결과로서 형성된다. 그래서 칸트는 합리적 공동체를 '스스로 제정한 명령에 복종함으로써 타자들에게 강제하는 명령에 복종하는 자율적 행위자들'의 공화국 같은 것으로 생각했다.

우리는 생산-소비-교환의 과정에 자발적으로든 강제적으로든 편입되어 그곳에서 착수하고 실현되는 작업들의 현실성 안에서 한 공동체의 구성원들로 존재하는 우리의 현실성을 인지한다. 즉 우리는 공동체 자체를 일종의 작업으로 인지한다. 우리가 '작업들은 곧 집단적 사업들이다'라는 것을 깨달을 때마다 우리는 우리의 사고행위 ― 즉 우리가 스스로 응답하고 합리화시켜 우리 것으로 간주하는 사고행위 ― 가 일종의 재현 작업이라는 것을 깨달았다.

우리는 도로들, 수로들, 항구들, 사원들, 기념관들에서 어떤 공동체의 증거와 그 공동체가 과거에 존재했다는 표시들을 알아본다. 우리는 그 공동체로 하여금 그런 증거와 표시들을 생산하게 하는 이유들을 구성함으로써 그 공동체로 진입한다. 우리가 그런 건설 작업들의 이유들을 가다듬으면서 그 작업의 결과들을 보존하거나 재구성해야 할 이유들도 가다듬어 왔다는 것을 깨닫는다.

- 제작자 형이상학

미하엘 짐머만은 하이데거를 해석하면서 2500년 전의 서양 사상의 특징을 "제작자 형이상학"이라는 표현을 썼다. "하이데거가 논하기를, 플라톤과 아리스토텔레스의 형이상학적 도식은 모든 사물들의 구조가 제작품 또는 가공품의 구조와 유사하다는 견해에 토대를 두었다. 예컨대, 아리스토텔레스의 형이상학은 동물을 포함한 모든 것들을 '형상화된 질료'로 파악하는 한에서 '제작주의적'이다. 그런 '형상화된 질료'에 대한 가장 명백한 사례는 질료적인 것에 형상을 주는 장인, 그가 제작한 작품이다. 플라톤과 아리스토텔레스는 거의 모든 실체에 가공품의 구조를 투사한 듯 보인다." 플라톤주의와 아리스토텔레스주의는 사람들이 친숙한 가공품에 관해 생각하는 방식에 의존함으로써, 즉 근본 설계 개념과 그 복제(플라톤주의) 또는 구성적인 형상과 그것이 윤곽 짓는 질료라는 개념들을 통해 분석되기만 한다면, 모든 것들이 이해될 수 있다고 주장한다.

특히 플라톤의 이데아론은 생산(poiesis) 또는 제작 경험에 의존해 있다. 그는 사례들을 제작의 영역에서 끌어왔다. 사라질 다수의 사물을 지배하는 영원의 이데아가 플라톤의 사상에서 신뢰성을 획득하는 것은 그 모델(이데아)이 가지는 영속성과 동일어다. 다수의 사라질 대상들은 이 모델에 따라 만들어진다. 플라톤 이후 '감성적인 것'과 '초감성적인 것' 또는 '지적인 것'(말하자면 지성의 어떤 관념에만 알려지는 영역) 사이에 결정적이고 유해한 구분이 출현한다. 그리고 이것은 서양에서 결코 출현한 적이 없던 사유의 근본 습관으로 굳어진다.

다시 말해서 이것은 '한갓' 변화, 즉 감각에 주어진 것인 사물의 비영속성의 영역과 그 아래에 놓여 있는 본질, 변화하지 않는 주형 또는 계획으로 간주되는 것 사이의 구분이다. 현상들은 변화하지 않는 것의 단순한 복사일 따름이고 감각적인 표현이다. 이런 식으로 그 자신의 유한성과 조건성을 부인하면서 사물들의 흐름 아래에 있는 영원하고 지속적인 실재의 기반에 대한 안전한 시야를 확립하려는 불가능한 자세로 내몰린다. 그것은 일종의 앎이고, 그 앎의 이상은 성성된 무시긴적 영역에서 확보된 전망의 이상이다. 그러한 힘과 온전함에 대한 환상은 테크놀로지 시대에 이르러 절정을 다다른다.

하이데거는 서양에서 앎의 방식과 존재 방식이 본래부터 명백하게 통제와 지배의 문제로 간주되었다고 본다. 그것은 인간을 자기 확신에 찬 지식의 소유자로, 세계를 그 인간에게 총체화된 대상으로 설정하는 방식이었다. 이러한 제작주의적 경향은 부지불식간에 점점 더 지배적으로 되어 갔다. 종교에서조차 신의 피조물로 자연을, 제작자로서 신을 파악하는 기독교적 관념들도 제작주의적 용어 속에서 어떤 승인되지 않은 해석의 보증서를 간직한다.

– 하이데거의 "도구적 세계"

인간 현존재는 세계 안으로 던져진 존재다. 그가 살아가는 세계 안에는 돌, 나무와 같은 사물들, 인간이 만들어낸 도구들, 다른 인간들이 존재한다. 사람들은 담배를 피우기 위해 파이프를, 먹기 위해

숟가락을, 부르기 위해 벨을 이용한다. 도구들은 인간 현존재가 자신의 삶을 위해 고안하고 제작한 것들이다. 도구들 안에는 인간이 부여한 의미가 반영되어 있으며, 이러한 방식으로 인간은 자신에게 유용한 도구들을 만들어낸 것이다. 우리가 사기그릇을 사용할 때 우리가 실제로 사용하는 것은 그릇의 사기 즉, 객관적 사물로서의 그릇이 아니라 그릇의 빈 공간이다. 그 빈 공간에 무엇을 담음으로써 도구로서 의미 연관성 안에 놓이게 된다. 이렇게 도구는 자신 밖의 다른 것을 지시하는 도구 연관성을 지니게 된다.

사기그릇의 빈 공간의 기능에서 보았듯이 도구가 부여하는 빈 공간에 의해 도구가 사물로서의 대상화에 앞서 이미 열린 도구로서 제시된 존재자로서 이해되며, 우리는 그것을 그 도구 의미 연관에 따라 사용할 수 있다. 따라서 도구들로 이루어진 세계는 인간 현존재를 위한 세계다. 하이데거는 일상적 현존재가 살아가는 세계를 '도구들로 이루어진 세계'라고 규정한다. 이러한 세계는 의, 식, 주와 같이 인간의 "생존"을 위해 가장 기본적인 문제들이 어느 정도 해결된 세계, 문명화된 세계다.

현존재의 '거기 있음'에서 '거기'는 '저기', '바깥에', 즉 공간을 의미한다. 우리가 생활하면서 주위와 교섭하는 공간이 바로 도구의 세계, 주변 세계이며, 활동 공간이자 구체적 삶의 공간으로 파악된다. 하이데거의 논의는 바로 이런 세계로부터 시작된다. 그리고 그의 관심은 도구들로 가득 찬 세계에서 존재의 의미는 무엇이며 어떻게 드러나는가에 집중하고 있다. 하이데거에 따르면 공간은 손 - 가까이 - 있음의 특성을 갖는다. 그것은 현존재가 도구를 실천적으로 다루는 것과 관련하여 현존재의 '체화'를 전제한다. 그러한 공간은 유의미한 도구 전체성의 존재인 주위 세계와 공간으로만 접할 수 있다.

현존재 누구는 단순히 자아 또는 주체와 동일시될 필요가 없다. 오히려 현존재는 자체 특유의 공간성 양식을 지닌다. 현존재의 공간성이 현존재의 신체성과 연결되어 있다. 신체는 모든 지각과 행동에서 작동한다. 예를 들어 지각이 본질상 체화된 활동성이라고 주장할 때, 중요한 점은 주체가 오직 신체를 가지는 경우에만 대상을 지각할 수 있고 도구를 사용할 수 있다는 것이 아니라 주체가 신체, 즉 체화된 주체성으로 존재하는 경우에만 대상들을 지각할 수 있는 도구를 사용할 수 있다.

현존재의 공간성은 현존재가 도구를 실천적으로 다루는 것과 관련하여 현존재의 체화를 전제한다. 그러므로 공간은 우리에게서 손 - 가까이 - 있음의 비주체적 친숙함으로 일차적으로 경험된다. 하이데거는 손 - 가까이 - 있음이 "현존재 지체기 그 세계 내 존재와 관련해 '공간적'이기 때문에 … 주위 세계의 공간에서만" 접할 수 있다는 점을 언급한다. 손 - 가까이 - 있음의 공간성은 세계의 의미 맥락에 내재해 있는 특징이다.

현존재가 체화된 존재라는 것은 일하고, 움켜쥐고, 걷는 — 간단히 말해 체화된 — 주체라는 점을 확인시켜 준다. 손 - 가까이 - 있음의 공간성은 현존재 자체가 세계-내-존재와 관련해 공간적이기 때문에 성립한다. 그리하여 새로운 존재 양식인 현존재의 공간성이 등장한다. 그곳에서 인간 속의 현존재는 주변의 사물들이 조명 받을 수 있는 '존재'의 자리를 제공한다. 삶은 그것이 존재의 차원에서 확고하게 관계할 때 비로소 삶의 자기 변화와 관계하게 된다.

도구적 세계는 인간이 자신에게 유용하도록 만들어낸 세계이지만, 그 세계 속에 내던져진 인간 현존재는 세계 속에서 살아가는 동안 그 세계에 익숙해지고 빠져들게 된다. 이를 통해 인간의 존재 방식도 달라진다. 하이데거가 묘사하는 세계는 인간 현존재가 생존하기 위해 먹을 것, 입을 것, 거주할 집에 대하여 염려하고 걱정하는 세계가 아니다. 또한 그 세계는 전쟁이나 테러, 인간에 대한 위협과 같은 극단적인 사건이 벌어지고 있는 세계도 아니다. 그 세계는 대부분의 인간 현존재가 경험할 수 있는 평범하고 일상적이며 매일 같은 일이 반복되는 지루한 세계다. 현재 우리가 살아가는 세계와 다르지 않고, 그 세계 속에서 살아가는 인간 현존재 역시 우리의 모습과 다르지 않다. 이런 의미에서 "도구적 세계"와 그 안에서 살아가는 "일상적 현존재"에 대한 하이데거의 묘사는 현대기술 사회와 현대인에 대한 비판이기도 하다. 그렇다면 일상적 현존재는 누구이며, 그들은 어떠한 방식으로 살아가는가? 하이데거는 도구의 세계 안에서 살아가는 인간 현존재의 존재 방식과 세계의 의미가 무엇인지 질문하고 있는 것이다.

- 공공성에 문제제기하는 현존재의 지각

일상적 삶에서는 그 자신과 타인은 모두 비슷한 존재로 살아갈 뿐이다. 그들 각자는 자신을 삶의 주인공으로, 타인을 자신의 삶의 조력자나 반대자, 혹은 엑스트라 정도로 생각한다. 일상인은 타인을 지배하길 원하지만, 실제로는 타인의 시선을 의식하며 살아간다. 일상성 속에서 타인이나 사회의 의견에 따라 살아간다. 그들은 모두 "평균적" 삶을 살아가며 이런 과정에서 자신의 고유한 존재를 상실한다. 그들은 자신의 이름을 갖고 있지만 익명의 인간처럼 이름 없는 자로서 "거대한 무리"를 이루며 살아간다. 이러한 일들이 행해지고 지배적이 되는 세계의 특징을 하이데거는 "공공성"이라고 부른다.

일상성에 대한 현상학적 분석에서 하이데거는 "공공 해석"에 관해 이야기하는데, 그것은 "평균적 이해", 곧 일반적인 세계관을 규정하는 일반적인 지각을 말한다. 그것이 "모든 가치와 현존재 해명을 지배하고 그 모든 것에서 옳다"고 주장한다. 일상인은 공공성의 세계 속에서 자신의 고유한 존재, 본래적인 존재를 상실하고 망각한 것이다. 이러한 하이데거 비판은 그가 살았던 당시의 인간과 세계에 대한 비판이지만, 그것은 현대인과 현대 사회에도 적용될 수 있다.

일상적으로 우리는 수많은 존재자들 사이에서 살아가며 그것을 지극히 당연한 일로 여긴다. 이제 일상인은 정치적, 문화적, 경제적으로 권력이 제공하는 이데올로기에 의해 지배당하게 된다. 예를 들면 일상인은 자본주의가 생산하고 자극하는 상품에 대한 욕구를 갖고 소비하는 인간이다. 소비한다는 것은 자본주의가 유지되고 확대되기 위해서는 반드시 필요한 과정이다. 이미 정치권력과 문화 산업에 의해 조작되고 왜곡된 이데올로기가 지배하는 곳에서 많은 사람들이 동일하게 이해하게 되어 "공공성"의 특징을 지니게 되어버렸다. 일상인도 타인들이 보는 것을 보고, 읽는 것을 읽고, 듣는 것을 듣는다. 그러한 말은 평준화된 말이다. 일상인은 평준화된 말일수록 더 잘 이해하며 그러한 이데올로기가 많은 사람들이 동의하고 있기에 올바른 이해라고 여기게 된다. 요컨대 일상인은 일상이라는 공공성에 의해 평준화된 말에 익숙해지고 당연시하면서 자신이 처한 문제 상황을 직시하지 못하는 노예 상태로 전락한 사람들인 것이다. 일상인은 자신의 고유한 존재, 본래적 존재를 상실하고 망각한 인간이다.

하이데거가 말하는 이런 상황에서 하이데거는 인간 현존재가 자신의 고유한 존재를 찾아야 한다고 주장하고 있다. 현존재라는 개념은 어원적으로 놓고 본다면 '존재의 여기 있음' 정도가 되겠다. 그것을 이해한다는 것은 우리가 세계와 만나는 소박한 접촉 지점을 정확하게 묘사할 수 있는 삶의 태도에 달려 있다. 또한 존재자가 자신을 수면 위로 드러내는 꿈틀거림이 있어야 한다. 하이데거는 이 꿈틀거림이 현존재의 지각과 존재론적으로 동시에 발생한다고 본 것이다. 이러한 맥락에서 하이데거는 로고스에 앞서는 개인의 정서, 기분, 감정들의 분석에 심혈을 기울이게 한다. 그것은 "처해 있는 상태"와 "기분"의 층을 점유하고 있기 때문이다.

하이데거는 삶을 과제로 불러 세우는 존재의 현상을 실존의 불안에서 찾는다. 불안이, 일반적으로 그러하듯이, 우리의 삶을 절망적이거나 소극적인 태도로 이끌어가는 것은 아니다. 불안은 기분의 개시성 차원에서 바로 그 돌아봄을 가능케 하는 존재 자체의 힘이다. 실존의 내부에서 직접적으로 발생하는 불안은 단순한 두려움이 아니다. 두려움이 일정한 대상과 관련을 맺는 심리적 현상이라면, 불안은 어떠한 대상적 연관성도 갖지 않는다. 두려움이 그와 연관된 대상을 제거함으로써 함께 소멸된다면, 불안은 실존의 발생을 가능케 하는 힘 자체다. 불안은 이미 사회의 기성질서가 부여하는 비본래적 상태로부터 자기 자신에게로 눈을 돌리게끔 만든다. 존재의 근원적 지층인 불안은 존재자로 하여금 주어진 삶과 적극적인 관계를 맺도록 유도해 간다.

누군가 지적했듯이 이것은 단순히 윤리적 요청이 아니다. 본래성이라는 실존이 보여주는 존재의 세계로 나아가게 된다. 불안이란 긍정적인 것도 부정적인 것도 아닌, 인간의 실존이 세상에 던져짐과 동시에 주어진 존재의 현상인 것이다. 나의 지각, 바람, 느낌, 어떠한 기억도 이 불안을 제거하거나 불러오지 못한다. 이는 마치 저주받은 운명과도 같다. 그럼에도 이 치명적 숙명이 인간의 실존에 돌멩이와는 다른 존재론적 격을 부여한다. 이로써 실존은 대상으로 환원될 수 없는 초월적 영역에 머무르게 되는 것이다. 초월은 존재자 전체를 넘어서 열림으로의 자유다. 다시 말해 인간의 거처인 열린 장에로의 나아감은 각각의 실존이 구체적으로 수행해야 하는 초월이며 자유다. 초월의 윤리는 한마디로 존재자의 구속을 벗어난 철저하게 자유로운 주체의 윤리다. 존재자 전체를 넘어서 열려 있음으로 나아갈 수 있기에 인간 현존재는 본질적으로 존재자에 대한 자유로운 기투의 능력을 가진다.

삶은 더 이상 주어진 차원이 아니라, 어떤 식으로든 그 삶과 관계를 맺어야 하는 과제로 등장한다. 나는 일정한 사회적 지위를 지닐 수 있고, 가족을 구성할 수 있으며, 일정한 인생을 소유하며 사회적 역할을 수행하게 된다. 그러한 것들이 바로 나의 '무엇'을 결정한다. 그런데 이 '무엇'이 나의 전부가 될 수는 없다. '나'라는 존재자가 자신의 본래성 속에서 실존으로 깨어나는 방식과 일정한 사회적 조건으로 환원된 '나'의 모습은 서로 일치하지 않는다. 나의 '누구'란 끊임없이 자신의 내부를 분열시켜 자신을 이해하고, 그것을 통해 존재이해를 가능하게 된다.

인간에게는 바로 그의 '있음[존재]'이 끊임없이 문제가 된다. 우리는 끊임없이 실존의 내부에서 존재의 목소리를 듣는다. 이 목소리와 함께 바로 여기에서 존재의 균열이 발생한다. 이 균열을 딛고 인간 실존이라는 존재자가 자기 모습을 내밀게 되는 것이다. 존재자는 대상적 속성으로 환원될 수 없는 '나'에 대한 물음을 통해 있는 그대로의 모습으로 드러난다.

3) 시작은 있으나 끝이 없는 정치 '행위'

- 포스트-정치적 상황

포스트-정치적 상황은 '정치'가 끝나버린 이후, 즉 자유와 평등, 민주주의, 사회주의 등을 둘러싼 이데올로기적 투쟁과 대립이 사라지고 그 자리를 전문가들의 관리와 행정이 대신하고 있는 상황을 뜻한다. '갈등', '투쟁', '계급'과 같은 단어는 버려야 할 과거의 유물처럼 취급되고, '좌우 이념 대립을 넘어서'라는 표현은 모든 정치인들이 모토처럼 달고 다니는 말이 되었다.

예상할 수 있듯이 '정치'가 거세된 곳에는 더 심각한 '통치'가 들어섰으나, 1990년대 이후의 탈정치적 헤게모니가 생산한 주체들은 저항보다는 안전에 익숙하다. 포스트-정치적 상황에서 생겨나는 모든 사회의 문제들은 이제 사적인 문제로 전환되고, 사회 기능이 정지되어 늘어나는 갈등과 범죄는 CCTV와 공권력의 투입으로 봉합된다.

이념의 억압에서 풀려난 개인의 자유를 예찬하는 포스트-정치적 국가는 역설적으로 안전과 치안을 강조하는 국가로 나아가게 된다. '죽이는 권력'이 아니라 '살리는 권력'으로서, 사람들의 삶 전체를 통제권 아래에 두는 생명-정치는 포스트-정치적 상황의 주된 권력 모델이 된다. 이제 인간은 더 이상의 거대한 문제에는 신경 쓰지 않으면서 자신과 가족의 생존, 욕구, 안전을 위해 살면 된다. 사유를 필요로 하지 않는, 아니 성찰이 없어야만 행복하게 살아갈 수 있는 인간이 요청되는 것이다.

우리는 빠르고 방대하며 쓸데없는 정보와 사소한 인정욕구와 금세라도 휘발되고 말 연결감을 카페인처럼 충전하며 순간을 채운다.

새로 뜬 쇼츠 및 릴스를, 커뮤니티의 인기 글을, SNS의 '좋아요' 수를, 메신저의 메시지 알림을 끊임없이 새로 조정한다. 잠시라도 공급을 멈추면 말초신경은 MSG를 더 내놓으라며 아우성친다. 스마트폰을 끈 채 극장에서 영화를 보는 것도, 자리에 앉아 책을 읽는 것도, 공연장에 앉아 음악을 듣는 것도 힘겹다. 그 무의미한 소음과 파편들이 모여 한 인생이 된다고 생각하면 얼마나 끔찍한 일생인가.

우리 앞에 놓인, 그리고 계속 쌓여만 가는, 급하게 해결해야 하는 경제적 문제들, 즉 안정된 직장에 취직하거나 더 높은 연봉을 받기 위해 경쟁력을 키우거나 새로운 틈새시장과 블루 오션을 노리며 리스크를 감수하고라도 1인 기업의 창의력을 발휘하려 애씀으로써 하루하루 '무한 도전'을 해나가야 하는 것이 아닌가? 이렇듯 암울한 인간관은 포스트-정치적 상황과 결합된 신자유주의직 자본주의 체제에 최적화된 주체의 모습일지 모른다. 우리는 어떻게든 먹고살아야 한다는 생존의 강력한 의미의 그림자가 만들어낸 무의미 속에서 허덕인다. 이런 상황에서 스스로 무의미를 실현해 버리는 자살이 급증하는 것도 지극히 자연스러운 현상이다.

지난 30여 년간 기승을 부린 신자유주의 프로젝트는 잉여 관리를 민영화하는 방향으로 촉진되었으며, 국가 이익과 기업 이익을 통합하는 새로운 거버넌스 시스템을 창출하며 이를 정당화했다. 신자유주의의 놀라운 점은 시장 경쟁과 성장 이데올로기의 촉진을 통해 모든 사회적인 것은 개인화하고, 이윤을 위해서 자원을 모조리 끌어다 쓰고, 그로 인해 발생하는 지구적 환경문제까지도 외면하게 된 것을 자연스러운 결과로 받아들이게 한다. 무한경쟁으로 치닫는 시대에 사회운동이 위축되었다는 지표는 차고도 넘친다. 그럼에도 여전히 많은 이가 행동에 참여하고 있다. 문제는 많은 사람이 전자 우편과 페이스북을 읽고 온라인 청원에 서명하는 행위로 한정하는 분위기가 확산된 것이다.

– 생명의 두 차원 조에/비오스와 인간의 탄생성

우리가 아는 생명, 우리 자신인 생명은 자연적 현상과 토대는 물론 그를 넘어서는 생명의 과정, 흔히 삶이라고 부르는 과정 없이는 존재하지 않는다. 그 어느 것 하나라도 배제한다면 그 생명은 생명일 수 없다. 생명을 이해하기 위해서는 이 두 차원이 모두 필요하다. 생명을 살아 있으면서 동시에 살아가는 것이며, 또한 그렇게 죽어가는 것이다. 생명은 자연적이지만 동시에 그런 자연을 넘어서는 것이기도 하다. 이런 까닭에 철학의 시작이었던 고대 그리스 문화에서도 자연적인 생명 '조에(zoē)'와 의미론적 생명 '비오스(bios)'를 구분하여 이해했다. 조에는 '모든 생명체(동물, 인간 혹은 신)에 공통된 것'을 가리키며 '살아 있음이라는 단순한 사실'을 지칭한다. 동물원(zoo)이나 동물학(zoology)에 그 흔적이 남아있는 이 용어는 생물학적 목숨, 날것의 생명을 의미한다. 이와 대비되는 또 다른 생명의 형태가 비오스로서, 이는 '어떤 개인이나 집단에 특유한 삶의 형태나 방식'을 지칭하는 말로 사용되었다. 다시 말해 조에는 생명을 유지하고 그것을 재생산하는 '벌거벗은 삶'을 말한다면 비오스는 '정치적 동물'로서 인간이 추구해야 할 '가치 있는 삶'을 뜻한다.

이 두 생명 형태는 두 가지 대표적 삶의 공간과 조응한다. 즉 조에는 가정(oikos)과 연결되며, 비오스는 공적이고 정치적인 공간인 폴리스(polis)와 연결된다. 가정에서 이뤄지는 물질적 신진대사의 생산과 재생산, 사적 생명 활동은 모두 조에와 연관되어 있다. 반대로 언어를 통해 이뤄지는 공적 활동은 비오스와 연관된다. 조에/비오스라는 생명 형태의 구분은 경제/정치, 사적 영역/공적 영역, 생물학적 생존/상징적 생명의 구분과 조응하고 있다.

여기서 철학적으로 인간 고유의 우월한 생명 형태로 간주된 것은 언제나 비오스다. 인간의 존엄성은 먹고, 마시고, 생식하는 물질적 신진대사의 삶, 즉 생존에 있는 것이 아니라 조에-너머의, 목숨-너머의, 생존-너머의 생명성에 있으며, 그것이 바로 정치적으로 주어지는 생명인 비오스다. 이러한 입장을 선명하게 표명했던 대표적 철학자 아렌트는 "생명에 대한 너무 지나친 사랑은 자유에는 방해가 되며 이것은 동시에 노예성의 확실한 표시다. … 단순한 삶의 연관성을 지배하고 노동과 생산으로부터 자유로우며, 자신의 생존에 대해 모든 피조물이 갖는 내적 충동을 극복하는 정도에 이르러서 더 이상 생물학적 과정에 매여 있지 않게 되었을 때, 이를 '좋은 삶'이라 부를 수 있다"라고 주장한다. 아렌트는 '단순한 삶(bare life)'에 대한 정치적 삶의 우위를 명확히 하고 있다.

정치적 삶과 관련하여 아렌트가 제시한 탄생성(natality)이라는 개념에 주목할 필요가 있다. 인간의 탄생은 다른 동물의 생식이나 출산과는 질적으로 다르다. 인간의 탄생이 출산이라는 생물학적 사건 이상의 의미를 갖는 것은 시작할 수 있는 능력 때문이다. 누군가의 탄생이라는 현상은 태어난 자의 편에서는 그가 태어나기 이전부터 지속되고 있는 세상 또는 이미 만들어져 있는 세상에 내던져진 것이고, 세상의 편에서 보면 이제까지 태어난 자들과도 다르고 앞으로 태어난 자들과도 다른 누군가가 새로 태어난 것이다.

다른 동물에서는 출산을 통해 새끼를 동일한 종의 다른 표본으로서 대체할 수 있지만, 인간의 탄생은 대체할 수 없는 유일한 개인의 출현을 의미한다. 우리 인간은 그저 하나의 인류라고 하는 종(種)의 일원으로만 존재하는 것이 아니라 자신의 이름을 갖고, 자신의 얼굴을 소중히 여기며, 자신의 삶을 가꾸어가려는 존재다. 이런 존재가 혼자 따로 떨어져 사는 것이 아니라 공동의 삶 속에서 다른 사람들과 함께 자신의 삶을 영위하려고 한다는 데서 정치가 요구된다.

가장 근본적인 수준에서, 탄생성은 사람들이 끊임없이 세계에 나타나고, 계속해서 그 세계에 그리고 그들 서로에게 자신을 소개할 필요가 있다. 정치적 삶이란 바로 이런 모습, 즉 다른 사람과 함께 살려는 노력에서 비롯되는 활동이라고 할 수 있다. 세계를 다시 새롭게 하고자 하는 바람은 정치적 행위에 동기를 부여하기 때문에, 탄생성은 정치적 행위 조건의 하나가 된다. 아렌트는 탄생성 개념을 통해 개별 인간에게는 넘쳐나는 '새로움'의 의미가 있으며 이런 탄생성의 다수가 모여 형성하는 공론의 장이야말로 정치가 존재하는 가장 중요한 이유라고 생각했다.

– 말로 하는 정치 행위

말은 근본적으로 몸짓이다. 메를로퐁티에게 말하는 행위는 말하는 몸이 구현한 몸짓이다. 말이라는 몸짓에 의해 문화적으로 획득된 것이 바로 의미를 띤 목소리로 변조되었다는 것이다. 사람은 목소리로 어떤 사람을 즉시 알아차릴 수가 있다. 또한 목소리를 들으면 그 사람의 인상이나 특징도 파악이 가능하다. 목소리는 그 자체가 신호다. 말이란 우선 첫째로 목소리이며 사건이며 필연적으로 힘에 의해서 생기는 것이다.

말을 한다는 것은 자아가 타인과 상호 주체적인 관계를 형성하는 데 중요한 역할을 하는 몸을 특별하게 사용하는 것이다. 말하기를 통해 나는 타인들 또는 사회의 영역에 들어갈 수 있게 된다. 따라서 감각적이고 자연적인 몸은 말하는 행위를 통해 타인과 소통하려는 사회적 몸기호가 된다. 말은 행동의 형식이자 삶의 방식이 된다. 문화심리학자 비고츠키는 말을 행위의 형식과 관련하여 말하기를, "언어체계의 일부 구성요소가 개인의 행동을 계획하거나 감독하고 통제하고 조직하고 구성하는 과정이라는 것이다." 인간 상호작용에서 말은 행동 체계를 유지하는 규제력을 갖는다. 물론 그것들의 근원은 어른과 아이의 의사소통이다. 즉 아이는 먼저 어른에게서 발화된 언어적 명령에 순종하고 발달 과정을 거치면서 개인 간의 심리 활동이 자신의 내적 활동으로 변형된다.

말은 언어가 행동을 규제한다는 것을 의미한다. 아이는 언어적 사고에 의해 행동이 통제되고 규제됨으로써 자기 행동의 실천자가 되는 것이다. 그것은 말하기가 이미 일종의 행동하기이며, 행동의 형식임을, 이미 도덕적 실천이고 삶의 방식인 그런 형식임을 승인하는 것이다. 그 결과 실천의 질이 커다란 변화, 그 의식의 질의 심화가 언어에 매개되어 형성된다. 요컨대 행동을 계획하고 조직하며 감독할 수 있는, 즉 의도적 활동(voluntary activity)을 할 수 있게 된다. 의도적 활동을 한다는 것은 문제를 스스로 해결하고 자신의 행위를 통제하고 평가할 수 있게 되었다는 것을 말한다.

말과 행위란 본래적으로 자기목적성을 가지는 것이며, 여기서 목적은 활동 자체 안에 놓여 있는 것을 의미한다. 듀이는 자유를 자제력과 동일한 것으로 이해한다. 그렇다면 의도적 활동은 자유와 다른 것이 아니다. 목적을 형성하고 그렇게 형성된 목적을 실행에 옮기는 힘이 자제력이며 그것에 의한 활동 전체가 지성적으로 수행된다. 왜냐하면 자아는 어떤 대상에 대한 초점을 맞춰 어떤 충동을 어떤 욕구로 전환시키는 사유를 거치면서 목적을 내다보게 되기 때문이다. 이제 비로소 자신의 삶을 새롭게 시작할 수 있는 근본 능력을 인간의 본성으로 지니게 된다. 아렌트의 태어난다는 사실을 가리키는 '탄생성' 개념에 내포되어 있는 '새로운 시작'의 의미는 인간의 행위 능력을 표현한다. 사람들은 태어남으로써 처음의 것, 새로운 자, 시작하는 자가 되기 때문에 이들은 시작의 행위를 하고, 또 행위하도록 촉발한다.

말에는 생각을 변화시키는 힘이 있다. 누군가가 의도적 행동을 하려고 한다는 것은 소망과 확신, 숙고, 각오 등이 합쳐진 것이 그 안에 존재하며 이러한 내적 구조가 그의 행위를 책임지고 있다는 것을 뜻한다. 인간의 모든 움직임이 활동이라면, 행위란 인간의 판단과 의지가 개입된 활동만을 말한다. 윤리적 행위, 정치적 활동 등이 행위의 사례다. 아렌트는 근대 세계에서는 인간이 사유하는 존재라기보다는 행위하는 존재로 규정되었고, 인간에 대한 이러한 규정이 근대 세계가 전통과 단절하는 핵심 국면을 이룬다고 생각했다. 아렌트가 다루는 행위는 정치적 행위다. 특히 말로 하는 행위가 중심이 된다.

- 정치 행위의 의미
자유롭다는 것은 정치적으로 행위를 한다는 것을 의미한다. 행위란 생존의 요구와 생활의 필요에 따른 것이 아니라, 인간 개성에 따른 실존적인 욕구와 함께 살아가야 한다는 필요에 따른 것이다. 그 것은 주어진 현실에서 더 나은 현실로 나아갈 수 있는 실마리를 찾는 노력을 쉬지 않는 일이다. 새로움은 사람들이 만나 말과 행위 (action)로 엮어낸 세계에 대한 신뢰가 있을 때만 생겨나는 것이다. 이 세계의 의미는 미리 주어져 있어서 찾아낼 수 있는 게 아니라 관계를 이루는 말과 행위 ─ 과거와 미래가 공존하는 말과 행위 ─ 에 의해 부여되는 것이기 때문이다.

새로움은 한 사람의 개별성에 의해 생겨날 수 있는 것이지만 개인이 소유한 고유성이라기보다는 그가 과거 또는 타자와 독특하게 맺게 되는 '관계' 자체다. 사람들이 그곳에 거주하면서 서로 관계를 맺으며 말하고 행위를 할 때 비로소 의미 있는 '장소'가 된다. 행위는 사람들로 하여금 어떤 계기에 대처하도록 밀어붙인다. 그것은 개개인의 작은 삶의 테두리를 넘어가게 하면서도 다시 삶으로 돌아오게 하는 정치 행위다. 그럼으로써 누구나 정치적 인간이 될 수 있으며 자유를 경험하는 것이라고 할 수 있다.

아렌트에 따르면 그런 정치 행위는 그것의 동기나 목표가 아니라 오직 수행을 통해 판단되며 판단의 유일한 기준은 위대성이다. 나라를 지키고 구하기 위해 자신의 목숨을 바치는 헌신적 애국 행위가 위대한 것인가? 독재라는 수단을 사용했지만, 나라를 절대적 빈곤에서 해방시켜 선진국으로 발전할 토대를 마련한 통치 행위가 위대한 것인가? 위대한 행위는 결코 영웅을 전제하지 않는다. 아렌트는 동기와 목적은 아무리 순수하고 위대하다 해도 결코 유일한 것을 못된다고 지적하면서 위대성 또는 개별적 행위의 고유한 의미는 단지 행위의 실행 그 자체에 있지 그 동기나 결과에 있지는 않다고 주장한다. 정치가 개인의 개별적인 삶을 보호하지 않는다면 다른 무엇을 할 수 있을까?

경제의 문제 역시 그렇다. 현대 사회에서 경제 문제는 사적 영역에 한정되지 않을 뿐만 아니라 거의 모든 사람들이 최대의 관심을 갖고 몰두하는 공적 사안으로 부각했다. 경제적 문제를 둘러싼 쟁점이 정치 문제의 지배적인 대상이 된 것이다. 경제영역은 오직 경제적인 결과라는 하나의 공통적인 요소만 현저히 나타나고, 차이와 다름의 요소는 최소화되는 영역이다. 아렌트는 경제 문제에서 도출된 요구 사항이 여과 없이 정치 공간에서 관철되어 정치가 어떤 목적 달성을 위한 수단으로 전락하는 과정에 대해 통렬하게 비판한다. 현대 사회에서 사람들은 다른 사람들과 함께 공동선을 위해 '행위'를 하기보다는 경제적 이익의 극대화라는 목표를 위해 '행동'할 뿐이다. 사람들의 개성은 이제 중요하지 않고 통계적 의미만 가진다.

반면에 정치 영역은 공통의 요소도 최대화되어 있고, 다름의 요소도 최대화되어 있는 장이다. 정치는 우리가 다른 사람들과 함께 무엇인가를 시작하는 것이다. 시작이 없는 곳에는 정치가 없으며, 정치 없이는 아무것도 시작할 수 없다. 우리가 사적인 이해관계를 넘어 다른 사람에게도 영향을 미치는 공동의 문제에 관심을 갖게 되면, 우리는 이미 정치적이다. 영원히 이어질 것 같았던 남북한의 적대관계를 끝내고 궁극적으로는 통일을 가져올 평화 프로세스를 시작하는 것이 획기적인 정치적 행위임을 부인할 사람은 없다. 지구 위에 살아가는 모든 사람의 삶을 위협하는 기후 변화에 적극 대처하여 계속 이어갈 수 있는 성장 모델을 찾는 것 역시 중대한 정치 행위다. 우리는 타인들과의 상호작용을 통해 나와 타인을 함께 묶어줄 수 있는 공통 규범을 창조하면서 살지 않을 수 없다. 정의는 공통된 원칙들을 요구한다. 이것이 민주주의의 근본 원리다.

듀이가 지적한 것처럼, 민주주의는 정부 형태 이상의 것이다. 민주주의는 "주되게는 더불어 살아가는 삶의 양식이며 함께 나누는 의사소통 경험의 양식"이다. 듀이는 민주주의는 "공유된 관심 영역을 확장하고 인간 역량의 더 큰 다양성을 해방하는 일"로서 의의를 갖는다고 주장한다. 철학자인 벤과 피터스(Benn & Peters)가 오래전에 주장한 것처럼 민주주의를 '다수에 의한 통치'로 다루는 것은 민주주의의 도덕적 의의를 무시하는 일이 된다. 그렇기 때문에 도덕은 인간에게 제한과 애씀을 의미한다. 또한 자기실현의 지표로서 자발적인 동의를 이끌어내기 위해 행위의 근거에 정당성을 충족시켜 주어야만 한다. 다시 말하지만 인간을 인간답게 만드는 정치 행위의 능력은 혼자가 아니라 다수의 인간이 서로의 도움을 통해 키워가는 것이다. 행위와 하나가 된 말의 양식은 타인과 함께 살아가고자 하는 의지를 표현하는 수단이다.

정치적 생명을 뜻하는 비오스의 삶을 살려고 하지 않는다면, 그리고 정치공동체에서 '새로운 시작'을 이어가려는 노력이 없다면 우리는 자기 생명의 단순한 보존 이외에 어떤 의미와 가치도 찾을 수 없는 개체적 생명일 뿐인 조에로 살아갈 수밖에 없다. 비오스의 공적 영역과 조에의 사적 영역의 구분을 통해 아렌트는 경제 문제에 종속되거나 포섭되어 인간의 고차적인 정치 행위 능력을 발휘할 수 없게 만드는 근대 정치 구조 또는 자본에 포섭된 오늘날 국가의 신자유주의적 통치성에 대한 근본적인 반성을 촉구하고 있다.

- 시작은 있으나 끝이 없는 예측 불가능한 행위

정치적으로 시작은 인간의 자유와 동일한 것이다. 시작이 자유의 원리로서 경험되는 것은 정치의 영역이다. 우리가 지구상에서 사는 한 다수의 다른 사람들과 더불어 살 수밖에 없다는 인간의 조건이 존재하는 한 언제든지 새롭게 시작할 수 있는 희망이 있다. 한 아이가 태어나 교육을 통해 자신의 삶을 살아가는 것도 시작이고, 자기 삶의 토대를 구축하기 위해 무엇인가를 만들어내는 것도 시작이지만, 자유의 행위가 되는 시작은 오직 정치를 통해서만 온전하게 실현된다.

인간의 시작은 결코 무에서 출발하지 않는다. 인간은 다양한 사람의 실천 행위와 언어 행위로 구성된 공동세계에서 시작한다. 아렌트는 이 세계를 "인간관계의 그물망(the web of relationship)"이라고 비유적으로 표현한다. 그것은 공통의 감정, 연대, 협동, 권위, 의무와 같이 인간관계를 구성하는 상호 주관적인 그물을 말한다. 새로운 일이 인간관계의 망을 타고 다양한 생각을 하는 사람들 사이에서 회자되고 전파됨으로써 큰 파급력을 띠게 된다. 이처럼 인간사는 새로운 일로 늘 충만하고, 따라서 예측 불가능한 모습으로 존재한다. 오직 예측할 수 있는 것은 '인간사는 예측이 불가능하다'라는 것뿐이다.

폭력과 환경오염과 새로운 빈곤을 완전히 해결할 수 없다는 것을 설령 충분히 알고 있을 지라도, 좀 더 나은 삶을 위해 무엇인가를 공동으로 시작할 때 비로소 정치는 시작한다. 우리가 정치를 강렬하게 요청할 때는 사실 무엇인가를 시작할 수 있는 길이 막혀 있을 때다. 사회적으로 제기되는 모든 문제에 대해 이미 정해진 답이 있다면, 우리는 생각할 필요가 없고 자신의 의견을 가질 이유도 없다.

미래의 결과가 예측 가능하다면, 인간 행위는 근본적으로 불가능하다. 행위의 주된 위험은 그것이 통제가 불가능한, 멈출 수 없는, 그리고 예측할 수 없는 결과들을 초래한다는 것이다. 행위의 주된 좌절 요인은 작업의 사물인 제작물과 달리 행위들은 그것들이 전개됨에 따라 이름이 붙여지거나 포착될 수 없다는 데 있다. 행위들은 종결되었을 때야 비로소 이름이 붙여지거나 파악될 수 있다.

인간들은 자신의 행위 결과가 자신과 타인들을 위해서 어떤 것이 될지를 알지 못하는 상태에서 행위를 수행한다는 의미에서 "그들이 하고 있는 것이 무엇인지를 모른다." 사람들이 행위를 마치 그

것이 사전에 이야기의 결말을 지으려고 시도하는 일종의 제작 과정인 양 상상하려고 할 때 그들은 달성해야 할 결과물에 대한 전망과 그것에 도달하는 수단의 지배하에 놓이게 된다. 그들은 행위를 작업의 용어상으로 개념화했고, "달걀을 깨뜨리지 않고 오믈렛을 만들 수 없다"라거나 "목적이 수단을 정당화한다"는 말로 자신들의 행위를 합리화한다. 그것은 행위를 일종의 제작 활동으로 생각하는 것이다. 행위는 제작 활동과 달리 예측 불가능하며 결과를 얻는 데 솜씨나 저력 혹은 폭력적인 무력을 적용하기보다는 미지의 것에 직면하는 용기를 필요로 한다. 행위는 모험이다.

모든 일이 예측 가능하다면 행위는 '불필요한 사치'가 될 것이다. 우리가 행위를 할 수 있는 것은 다양한 사람과 더불어 살고, 이 사람들이 다양한 의견을 갖고 있으며, 따라서 전혀 예측할 수 없는 새로운 일을 시작할 수 있기 때문이다. 예측할 수 없는 미래는 우리를 불안하게 만든다. 불안한 사람들은 의견의 혼돈에서 그 이유를 찾고, 이를 해결할 수 있는 절대적 진리를 구한다. 다양성을 인정하지 않고 갈등과 충돌이 두려워 절대적 진리를 구한다면, 그것은 곧 정치를 떠나는 일이다. 전체주의 정권이 사라진 지금도 우리가 전체주의를 경계해야 할 이유가 여기에 있다. 전체주의는 근본적으로 예측할 수 없는 것을 예측할 수 있게 만듦으로써 인간의 자유와 자발성을 파괴한다. 인간이 인간다운 것은 그가 행하는 행위와 그 결과를 예측할 수 없기 때문이다. 한 개인의 행위도 예측할 수 없다면 하물며 다양한 사람과의 관계 속에서 이루어지는 행위를 어떻게 예측할 수 있겠는가? 정치적 행위는 바로 이와 같은 인간 행위의 예측 불가능성과 밀접한 관련이 있다.

- 개별성의 정치와 공통감각

아렌트에게 정치는 단순히 국가를 운영하거나 권력을 다루는 것을 넘어선다. 그것은 인간 조건의 핵심적인 조건인 '다원성' — 모든 인간은 각기 다른 유일무이한 존재이며, 똑같은 사람은 없다는 것 — 에서 비롯되며 다양한 개별자들의 말과 행동을 통해 공적인 영역에서 펼쳐지는 활동이다. 이때 개별성은 고립된 주체가 아니라, 타자와의 관계 속에서 발화되고 형성되는 유일성이다. 아렌트는 이 개별성의 존재가 정치의 전제조건이라고 보았다.

아렌트에게 정치는 권력의 쟁취나 통치의 기술이 아니다. 개별성의 정치는 각자가 지닌 고유한 개별성, 즉 '누구'인지를 말과 행위를 통해 공적으로 드러내고, 다른 개별자들과 관계 맺으며 새로운 시작을 하는 일련의 과정인 것이다. 요컨대 개인의 고유한 관점이 공적 영역에서 소통되고 인정받는 과정이 개별성 정치의 핵심이다. 개별성의 정치는 추상적 보편성이나 집단적 특수성을 넘어 구체적인 개인의 경험과 목소리에 기반한 정치적 실천을 의미한다. 각 주체의 고유한 특수성을 인정하고, 이에 감응하며 상호작용하는 정치라고 할 수 있다.

서로 다른 사람들이 부딪히고 협력하며 공통의 일에 참여하는 몸의 경험을 쌓는 일이 중요하다. 개개인은 공적 영역에서만 자기 발견의 이러한 충격을 경험할 수 있다. 아렌트는 특정한 사안과 쟁점에 대해 서로의 의견을 나누는 정치 행위기 실질적 의미를 부여받는 것을 '다원성으로서의 인간 조건'이라고 불렀다. 각자의 행위는 정치적 관계에서 말을 매개로 이루어지는 차이의 공공적 교환이다. 이때 공통 감각은 항상 다른 사람을 염두에 두는 것이고 다른 사람의 입장에서 생각해 보는 것이다.

우리는 이 감각으로 소통이 이루어지는데, 이때 소통은 동일한 공통의 앎이나 동일한 삶의 기반에서 이루어지는 것이 아니라, 다른 앎과 삶의 이력을 가진 타인과의 공존을 받아들일 때 시작되는 것이다. 다시 말해 소통은 일치가 아니라 불일치에서 시작되며, 안다는 것을 전제하기보다 모른다는 것을 확인할 때 이루어질 수 있다. 바로 그곳에서 사람들은 서로의 목소리를 듣기 위해 가까이 다가서고, 서로의 말들에 보조를 맞추고, 리듬과 조화를 이루려고 하며, 각자의 '몸의 말'로 청각적으로 그리고 신체적으로 관계 맺는다.

개별성의 정치는 구체적 현실과 맥락 속에서 실천하는 정치이며, 그 과정에서 개별성과 보편성 사이의 접점을 통해 '공통의 세계'를 지탱하기 위한 정치적 판단과 도덕적 책임이 형성된다. 이는 타자의 고유성을 존중하는 윤리적 태도를 정치의 영역으로 확장하게 된다. 아렌트가 말하는 자유란 '무엇이든 할 수 있음'이 아니라, 타인 앞에서 스스로 드러낼 수 있는 용기, 다시 말해 '공동의 세계에 참여할 수 있는 능력'이다. 그렇게 각 개인이 정치적 주체로서 고유한 빛을 받아여 새로운 공동의 삶을 창조하는 과정이라고 할 수 있다.

사람들이 행위를 하면서 느끼는 감각, 즉 처음으로 자신의 삶을 결정하는 조건에 개입하는 자율성의 감각, 다른 사람들과 연대하며 생겨나는 힘과 기쁨의 감각, 그리고 연대의 어려움과 고통의 감각 등을 고려한다고 생각해 보라. 어떠한 반성적 사고 대신에 직관적이고 직접적인 '감각'의 일로 보았다는 것은 아직 사고가 발달하기 이전의 신체나 감정, 느낌의 차원을 중시하라는 것과 같은 의미라고 할 수 있다. 사람들의 정치 행위 능력은 이러한 감각들을 익히며 배워가는 과정이 없이는 생겨나지 않는다. 그들은 기껏해야 행위와 그에 따른 정체성 안에서 일시적인 자아실현을 추구하는 불안정하며 다중적인 자아를 전제로 한다. 하지만 인간 세계는 서로 다른 사람들이 함께 존재한다는 사실을 받아들여서 함께 살고자 하는 의지를 행할 때만 의미 있게 존재할 수 있다.

듀이는 '공동의', '공동체', '의사소통'이라는 단어들의 언어적 연관성이 우연이 아니라는 점에 주목했다. 공동체의 참여자들은 의사소통 때문에 많은 것들을 공동으로 갖는다. 의사소통을 통해 그들은 공유된 의미의 소유에 참여하게 된다. 듀이에게 "의사소통은 모든 사건 가운데 가장 경이롭다. 의사소통하는 일은 사람들에게 그들 자신을 드러내기 위해서 그리고 자신의 편에 서기 위해서 외부의 밀고 당기는 과정을 거쳐야 한다. 그 과정에서 의사소통의 결실이 참여와 공유여야 한다는 것은 하나의 경이로움이다." 의사소통은 서로 공유하는 관계에 참여한 사람들에게 타인의 경험으로부터 배우는 기회를 제공할 뿐 아니라, 자신의 행위와 경험에 관해 타인의 관점을 받아들이게 해주기 때문이다.

이는 사실이다. 소박한 것이든 광범위한 것이든 타인의 입장에서 상상적 투영은 자기 경험의 지평을 넓힌다. 듀이가 말하기를 "의사소통은 참여를 만들어내는 과정이자, 고립되고 독자적인 것을 공동으로 연결해 주는 과정이다. 의사소통에서 이루어지는 의미 전달은 발언하는 사람의 경험뿐만 아니라 듣는 사람의 경험까지 그 실체와 확신을 가져다준다. 이는 의사소통이 이루어 내는 기적의 일부다."

우리는 단지 한 개인으로서가 아니라 공동체 안에서도 태어난다. 우리가 '누구'인가는 오직 다른 사람들과의 말과 행위를 통해서만 드러날 수 있다. 우리는 다양한 사람들의 관점을 듣고, 그것을 통해 생각하고, 상상하는 일을 통해서만 올바르게 사유하고 판단할 수 있다. 이때 타자와 만나 관계를 맺는 행위의 과정에서 생성되는 '사이의 감각'인 아렌트의 '공통 감각'에 대한 논의가 필요하다. 사람들이 관계를 맺을 수 있는 물질적인 조건과 정치적 조건, 그리고 역동적이고 복잡한 그 관계들 자체가 기반이 될 수 있기 때문이다.

월가 점거운동에서 보았듯이, 생존을 심각하게 불안정한 것으로 만들고 있다는 사실을 공유한 사람들이 각자의 리듬에 맞춰, 각자의 위치에서 말하면서 또한 함께 외친다. 여러 신체의 만남을 통해 사람들에게 이 시대가 생산해 내고 있는 불평등의 조건이 체감된다. '일상에 들러붙어 있는 잠재적 위기'가 월가에서는 거리의 몸들과 말들로 분출한다. 이와 같은 거리의 정치 경험은 정체성이 같지 않고 경험 내용이 일치하지 않는 사람들이 '우리'라는 이름으로 함께 말하고 행위할 가능성을 보여준다. 이런 경우 권력은 함께 행동하고 함께 이야기하는 정치적 공간을 등장하게 한다. 한 개인이 힘이나 강제력을 소유할 수는 있지만 그 혼자서는 결코 권력을 산출해내지 못하기 때문이다. 아렌트는 권력이 함께 있음 그 자체에서 나온다고 말한다. 권력은 사이에서 나온다. 아렌트의 권력 이론은 공동행위 그 자체에서 출발한다. 사람들이 함께 행동하는 곳에는 권력이 있으며, 정치적인 것은 이러한 권력을 산출해내는 공동행위에 근거한다.

우리는 공통의 감각을 가지고 있기 때문에, 다시 말해 한 사람이 아니라 여러 사람이 지구에 살고 있기 때문에 우리는 우리의 직접적인 감각 경험을 신뢰할 수 있다. 공통감각에 의해서 인간의 판단은 결코 사적이거나 주관적이지 않고 간주관적이고 한 시대와 장소에서 공공의 감각이 된다. 이것은 아프리카 속담에 '아이 하나를 키우려면 마을 전체가 필요하다'라고 한 지혜를 생각나게 한다. 아프리카의 마을은 공적 영역으로서 무엇보다 정치적 경험과 공통 감각을 되살리고 함께 사는 능력을 육성하는 장인 것이다. 공통 감각이 타인과 세계와의 만남에 의해 획득되고 변형되는 '세계적'이고 '공적'인 것인 만큼 그것은 또한 세계를 형성하는 능력이기도 하다. 우리의 판단력이 공통감각이라는 것은 우리의 판단은 다른 사람들과 이웃의 존재를 전제한다는 것이고, 그들의 존재가 아니고서는 우리의 판단력은 기능하지 않으며, 따라서 판단력은 공동생활을 통해서 길러지고 나 홀로 얻을 수 있는 것이 아니라는 사실을 밝혀준다.

_ 탈국가의 정치적 사고와 개별성

모든 개인은 지배계급 내지 권력의 이해관계를 강제하는 국가를 통해 탄생하고 살아가며 국가 안에서 사망한다. 지배 권력이 자신의 지배를 재생산할 수 있는 것은 바로 지배의 대상이 되는 사람들을 예속화의 메커니즘 내지 기술을 통해 예속적 주체로 생산하기 때문이다. 정치는 항상 우리가 국가라고 부르는 공동체 제도를 전제하게된다. 랑시에르는 "정치는 항상 치안과 결부돼 있다는 점 역시 잊어서는 안 된다"라고 말한다. 국가라고 하는 정치공동체는 "치안의 질서"에 의해 지배받는 공동체나 "분할을 통해서만 존재하는 공동체의 제도"다. 이것은 어떤 정치공동체의 동등한 구성원이 될 수 있는 자격을 의미하는 보편성을 전제한다.

법은 이렇게 말한다. 모든 개인은 법인으로서 법률적으로 자유롭고 평등하며 의무가 있는 법적 인격이다. 따라서 알튀세르에게 '평등'과 '자유'는 법 이데올로기이며, 이러한 법 이데올로기는 개인들이 강제 없이도 자발적으로 자본주의적 생산관계 속으로 들어가고 또 그것이 '정상적으로' 재생산되도록 그 체계 속에서 자신의 역할을 수행하게끔 해준다. 이러한 관점에서 보면, 법이나 국가 제도는 지배의 장치다. 이제 국가라는 하나의 장소만을 정치로 간주하는 고정관념에서 벗어나 해방의 정치적 장으로 떠나고자 한다.

그런데 해방의 정치를 운동과 혼동해서는 안 된다. 운동들은 역사, 사회, 정치의 새로운 동학을 표현하는 것으로 간주된다. 투쟁이 벌어지므로 그 투쟁들을 지원하고 또 널리 알려야 하는 것이 새로운 투쟁적 형상의 내용이다. 그러나 운동은 부실한 대안, 환상을 갖게 하는 가짜 대안을 제시할 뿐이다. 정치는 운동을 위한 대중의 작업이 되어버리고, 그래서 노동자들, 민중들, 청년들의 투쟁에 대한 추진과 지원에 따라 평가받게 된다. 그리하여 실천은 운동의 구체적 형태들, 즉 투쟁에 귀속되고 만다. 운동은 사고를 이슈와 의제라는 이데올로기주의의 공간에 머물게 한다. 운동의 이데올로기주의는 결국 의회주의로 변형되어 국가라는 장소에서의 정치로 귀결된다.

이제 정치는 계급, 역사, 경세, 국가 등에 대한 사고가 아니다. 정치는 많은 정치사상가들의 경우에 그러하듯, 정치적 사건들(우크라이나 전쟁, 중동의 종교전쟁), 정치적 변화들(세계화, 서양중심주의의 한계), 정체(政體)들·이데올로기들(민주주의·공산주의·나치주의)에 대해 구체적 분석을 시도한다. 예를 들면 은폐된 권력관계들을 드러내고 비판한다거나 너무 자주 억압되어 온 목소리들이 스스로 표현할 수 있도록 한다든지 그리고 지배적 통치성에 반대할 수 있는 진실된 지식을 생산하는 등의 주체화의 현장 활동에서 정치는 자기의 고유한 공간 속에서 사고되고 또 사고 가능하다. 요컨대 정치적 사고와 그 행위가 가능하게 하는 주체성의 실존 양상, 즉 자신의 존재 방식을 수정하고 새로운 역량이 집합적으로 형성될 가능성은 언제나 열려 있다. 즉 주체화의 절차가 전적으로 주체성 자체 내에서 해방의 정치를 담당하게 된다. 요컨대 우리의 삶을 바꾸기, 즉 우리가 어떠한 존재였는지, 그리고 우리가 더 이상 어떠한 존재가 아닐 수 있는지를 말함으로써 이러한 임무를 완수하는 것이다.

정치적 사고는 국가에 대한 비의존적 관계 하에서 그리고 완전히 자체적으로 해방의 정치를 전개할 수 있다. 이 새로운 정치적 사고는 자본과 노동이라는 거대한 이항대립의 단순한 형태로 환원되지 않으며 본질적인 단일 원리에 기대어 사태를 설명하려고 하지 않기 때문에 우리의 사고를 불안하게 만들 수 있다. 흔히 정치는 국가라는 단 하나의 장소만을 갖는 것처럼 제시된다. 그리하여 정치적 사고가 존재한다면 경제나 법과 같은 하나 또는 여럿의 외적인 준거들을 요구한다. 그러한 사고는 국가의 기능적이고 합의적인 사고에 종속된다. 합의성은 정치가 여론이라고, 기능적 국가의 정부에 대한 여론이라고 말할 것이다. 이른바 정치적 정당이란 의견들의 다양성을 대변해 주는 것이 결코 아니며, 유일하게 가능한 정치적 사고는 정부에 대한 여론이라고 주체성을 조직한다. 따라서 정치적 사고를 조직하고 종속시키는 것은 바로 국가인데, 바로 이런 의미에서 그러한 사고는 외재적이다. 즉 정치는 사고하지 않는다. 또는 그 자체로부터는 사고하지 않는다.

분명 하나의 정치 행위가 있다. 그것은 바로 어떤 사유에 대한 순전한 시험, 즉 사유의 국지화일 뿐이다. 그 행위는 사유와 구별되지 않는다. 예컨대 낭시가 말한 대로 타자나 공동체는 "우리 사유의 하나의 대상이 아니고, 오히려 우리의 사유를 시험"할 것이다. 그리하여 정치는 하나의 사유다. 높은 곳에서 '답'을 주거나 판결하지 않고 타자 그리고 공동체와 함께, 타자와 공동체 앞에서 시험의 무대에 '나' 자신을 맡기는 것, 거기에 진정한 의미에서의 정치적 행위가 있다. '답'을 확인하는 장소와는 질적으로 다른 시험 또는 시련의 무대, 그것이 진정한 의미에서의 정치적 상황이다. 이것은 이론/실천

쌍에 의지하려는 그 어떤 시도도 배제한다. 철학적 입장에서 봤을 때는 어떤 관념적 틀을, 정치적 입장에서 봤을 때는 어떤 제도적이거나 사회적·집단적 틀(법, 이데올로기, 민족과 국가라는 범주)을 고정되고 완성된 것으로, 절대적인 것으로 승격시키지 않는 것이 관건이 된다. 하나의 이론을 답으로 간주하고 그 이론을 적용하는 것이 사유로서의 정치는 아니다.

문제는 그런 사유의 존재가 아니라, 그런 사유의 사유 가능성이다. 우리는 정치를 사유로서 사유할 수 있는가? 바로 이것이 문제다. 단, 정치 행위는 이데올로기적 주체 효과에 종속되지 않는다. 따라서 진영 선택에 따라, 즉 경제의 대상적 차원이나 주체의 국가적 차원에서 아무것도 보장하지 않지만, 상황 속에 실재적 궤적을 그릴 수 있는 어떤 규정에 따라 정치 행위와 그 사고는 이루어진다.

여전히 사람들은 지배적인 정치·사회·종교 형태에 저항했고 경제적 착취에도 대항했지만, 이와 함께 새로운 투쟁영역이 등장했다. 그것이 바로 주체화 방식에 대한 저항이다. 우리는 다양한 갈등 상황 속에서 드러나는 '통치 위기의 확산'을 감지할 수 있다. 예를 들어 남녀 사이에서 수많은 사회적 갈등이 연출되고, 건강과 질병의 규정, 이성과 광기의 규정이 의문에 휩싸이며, 생태운동, 평화운동, 성소수자가 뚜렷한 실체로 부상한다. 이 모든 추세를 고려해 볼 때 이들 투쟁의 특징은 '개별화하는 통치'에 반대한다는 것이다. 이들 투쟁이 의문시하는 것은 사회적 규범에 대한 개인의 적응이다. 모든 종류의 정치가 가능하기 위한 전제 또는 조건으로 개별성을 정치적인 것으로 문제 삼을 필요가 있다. 그것은 고유한 점이 있다. 개별성의 정치야말로 모든 정치의 근원으로서 모든 정치가 되돌아갈 수밖에 없는 것이기 때문이다.

개별성의 정치적 관점에 바라볼 때, 우리가 취해야 할 윤리적 자세는 나와 타자가 맺는 직접적 관계에서 비롯한다. 그럴 수밖에 없는 것이 타자나 공동체에 대한 어떤 답 — 그것이 어떠한 종류의 것이든 상관없다 — 을 주기는커녕 타자나 공동체를 끊임없이 물음으로 만들면서 — 가시적인 계획·목적·기구·이념·철학에 따라 한정될 수 없고 고정화·사물화 될 수 없으므로 — 그에 따라 열린 지평을 열린 채로 견지하는 데로 향해 있기 때문이다. 인종주의, 성차별주의, 동성애 혐오는 그저 무지의 소산으로만 볼 수 없다. 이 차별적 태도들은 인종주의자 편에서 결심하고 행동하라고 요구한다. 정치는 윤리와 떼놓을 수 없다. 완벽히 자기 자신에게 갇혀 있을 그 스스로에 정초되어 있거나 스스로가 자신의 존재를 결정할 수 있는 개인이란 없다. 즉 완전한 자율성을 가진 개인이란 없다. 인간은 항상 자기 아닌 자에게 열려 있을 수밖에 없다. 정치공동체는 윤리적 관계가 공동체의 기초라는 사실을 염두에 두어야 한다.

- 푸코의 권력과 탈국가의 정치

미셸 푸코의 사상을 구성하는 핵심어는 무엇보다도 '권력'이다. 푸코는 권력에 대해 사고한 철학자다. 사회를 지배하고 사회 구성원 개개인을 예속화하는 구조화된 권력이 어떠한 모습으로 나타나고 있으며, 또 어떻게 진화해 가고 있는지, 나아가 이 같은 권력의 요소들이 어떻게 현실의 실재를 왜곡하고 있는지를 날카롭게 비판하고 있다. 국가에 관한 푸코의 개념을 이해하기 위해서는 권력에 관한 그의 관점을 이해해야 한다.

그는 현대 사회의 구조를 형성하는 지반 그 자체를 일종의 '권력 관계'를 형성하는 전략처럼 파악하고 있다. "자신들이 행사하는 분야에 내재되어 있으며 자신들의 조직을 구성하고 있는 권력에 대한 관계들의 다양함; 끊임없는 투쟁과 대립을 통해 이 관계들을 변형하고, 강화하고, 전복시키는 게임; 이러한 권력관계들이 사슬이나 시스템을 형성하는 방식으로 서로에게서 발견되거나 혹은 정반대로 서로를 분리하는 괴리와 모순으로 발견되는 지반들; 마지막으로, 그 전략이 효과를 내고, 그 일반적인 설계 혹은 제도적 결정이 국가 기구에서, 법률의 제정에서, 사회 헤게모니에서 구체화되는 전략 — 이것이 불평등을 통해 권력의 상태를 지속적으로 유도하지만, 항상 지엽적이고 불안정할 수밖에 없는 권력관계들의 유동적인 지반이다."

구조주의 이전 — 마르크스부터 프랑크푸르트학파에 이르는 일련의 권력 이론은 대체로 '억압가설'에 기초했다. 여기서 권력은 국가의 억압 장치와 동일시되는데, 이것은 주체가 '본래 지닌 본성/자연'을 소외시키고 억압한다. 일반적으로 권력은 우리에게 군사 쿠데타, 사회 민주화의 요구에 대한 폭력적 억압, 또는 민중들의 봉기로 비참한 최후를 맞이한 독재자의 모습으로 가시화된다. 여기서의 권력은 군대라는 무력을 통해 사람들을 폭력적으로 진압하며 그렇게 작동하는 것이라고 여기게 마련이다.

그러나 푸코에 따르면 억압은 권력을 이해하기 위한 적절한 개념이 아니다. 권력을 단순히 억압적인 것으로 볼 경우에 어떻게 권력이 우리를 작동시키는지 설명하는 것이 어렵다. 즉, 지배는 권력의 본질이 아닌 것이다. 오히려 권력은 단일한 중심을 갖지 않은 역동적인 관계 내적인 권력이며, 수많은 지점에서 행사된다. 따라서 이러한 권력은 다원적이고 파편적이고 분화되어 있으며, 역사적이며 공간적으로 특수하다. 그래서 권력이 있는 곳에는 저항이 있는 것이며, 정치제도들에 국한되지 않으면서 직접적으로 생산적인 역할을 행하는 것이다. 즉, 권력에 가장 효율적인 기제는 바로 생산성에 있는 것이다.

푸코는 근대의 권력이 규율권력과 생명권력의 양 갈래로 작동한다고 봤다. 규율권력이 감옥과 병영, 병원, 공장, 학교를 통해 규율잡힌 노동자를 생산하는 미시권력이다. 생명권력은 전체 인구의 출생·사망률 조절과 의료 및 복지 서비스의 선택적 적용을 통해 국가적 차원의 생산력을 관리하는 거시권력이다. 구조주의의 영향 하에 있던 푸코의 권력 이론은 권력의 생산작용에 착목한다. 푸코는 국가의 모순이나 정당화 과정보다는 권력이 작동하는 과정을 역사적으로 분석하는 일과 시민사회 내에서 권력에 관한 더 일반적인 쟁점에 관심을 가지고 있었다. 권력은 사회체에 편재하는 미시적인 장치에 의해 담지되며, 그것이 권력에 유순한 주체를 생산하고 재생산한다. 푸코는 말하기를, "나는 국가가 중요하지 않다고 말하지 않는다. 나는 권력관계는 국가의 한계를 넘어서는 것이며, 따라서 권력관계에 대한 분석도 국가의 한계를 넘어서야 한다는 사실을 말하고 있을 뿐이다. … 국가는 몸, 성, 가족, 친족 관계, 지식, 기술 등에 깊이 스며드는 일련의 전체적인 권력 네트워크의 관계에서 상부구조적이다."

푸코는 권력에 대해 어떤 핵심 근거나 제도적 근거도 인정하지 않았는데, 바로 이런 사실이 푸코가 국가와의 관계를 중심으로 이론작업을 진행하지 않았던 이유가 된다. 그러한 이유로, 모든 것을 총체화하여 체계적이고 통일적인 관점으로 권력을 분석하는 것을 푸코는 반대한다. 푸코는 환원주의를 거부하는데 이는 일반론과 보편론으로부터 추론되는 것에 대한 거부다. 그리고 권력의 형태를 구조나 제도에서 찾으려는 기능주의도 거부한다. 국가는 권력의 원천과 같이 이해될 수 있는 독자적인 것으로 생각되어서는 안 된다. 국가는 특수한 권력관계들을 통해 발생한 효과일 뿐이다. 푸코는 근대 국가를 중앙집중화된 구조물로 간주하지 않고 오히려 "동일한 정치적 구조물들에서 이루어지는 개체화 기법들과 총체화의 절차들의 교묘한 조합"으로 간주한다. 요컨대 국가는 다수의 통치성 체제의 유동적 효과에 불과하다. 마르크스주의의 영향을 받은 철학에 맞서 국가 이론을 제거하면서 정치적 주체를 사유하는 것이 문제다. 왜냐하면 국가는 일련의 법에 따르는 법적 주체로서가 아니라면 정치적 주체를 사유할 수 없기 때문이다.

푸코는 권력과 계급 지배에 관한 마르크스적 아이디어에 반대하면서 자신의 권력 개념을 발전시켰다. 푸코는 권력은 획득되는 것이라기보다는 행사되며, 주체나 이해관계보다는 실제에 통합되는 것으로 분석한다. 푸코가 관심을 기울였던 주제, 예를 들어 정신병원·광기·의학·성·감시와 치벌·자아 배려 등이 경제적 고려와는 매우 제한적으로만 관계가 있는 것처럼, 경제적 억압에서 초래된 마르크스의 권력 개념은 적절성이 제한된다.

이제 푸코의 권력론을 정리해 보자. 푸코에 따르면 근대 권력은 신체와 인구집단에 동시에 개입한다. 즉, 개별화와 전체화를 함께 행한다. 신체에 정형외과적으로 작동하는 규율 테크닉과 종으로서의 인구집단에 행사되는 조절 테크닉을 '생명관리권력'이라고 지칭한다. 전자를 '해부-정치', 후자를 '생명-정치'라고 한다. 그러니까 생명관리권력은 개인과 인구라는 '생명'이 문제시되는 권력이다. "죽게 하든가 살게 내버려두는" 엉성한 전통 권력과 달리 이 권력은 '생명'을 에워싸고 "생명과 생명의 메커니즘을 계산의 영역으로 편입"시킨다. 이로써 근대 권력은 감시하고 통제하고 평가하고 분해하고 재구성한다. 동시에 출생률과 사망률, 이주와 건강과 섹슈얼리티(성 현상)까지 조절하고 규범화한다.

이 근대 권력의 기술 안에서 개인과 인구는 재조립·재배치된다. 즉 개인의 일상에 개입해서 권력의 방향성에 따라 주체를 변형한다. 이렇게 형성된 주체를 '예속된 주체'라 한다. 그리고 생명관리권력에서 인구란 "살아있는 개인들로 이루어진 하나의 집단"으로 "생물학적 과정이나 법칙에 의해 관통·조작·통제되는 생물"이다. 즉 인구를 구성하는 개인들이란 생물학적 메커니즘에 지배되는 신체로서 개인들이며, 권력-지식에 의해 조절·관리될 수 있는 "살아 있는 종으로서의 육체"들이다. 특히 '인구' 집단의 층위에서 작동하는 생명관리권력의 이 조절 테크닉은 인간의 욕망에 주목한다. 즉, 이 기술은 인간의 욕망을 부추기고 자극해 사회 전체에 이익이 가져오도록 한다. 이것이 이른바 '인구'의 통치다.

푸코에 따르면, 권력 개념이 지칭하는 것은 정치적 주권이나 사회적 지배와 같은 예속 방식이 아니다. 권력의 한 형태로서 예속화는 역설적이다. 푸코가 말하는 예속이란 행위자들을 억압하거나 구속하는 것 또는 어떤 행위들을 직접 금지하거나 부정하는 것이라기보다, 행위자들의 행위 가능성을 제한하고 그것을 특정한 방향으로 한정하는 것을 뜻한다. 예속화에 작용하는 권력은 고무하고 유발하고 유혹하며 더 쉽게, 또는 더 어렵게 만든다.

푸코는 권력 이론을 통해 우리를 주체로 생산하고 일상적 실천 속에서 주체를 계속 재생산하는 미시권력의 메커니즘을 정밀하게 기술하고 있다. 푸코의 이런 기술에 의해서 우리는 근대 국가에서의 경찰기구나 군대처럼 위로부터 억압하는 권력뿐만 아니라 우리를 주체로 형성하는 미시적 권력, 즉 규율권력의 메커니즘이 사회의 도처에서 그물망처럼 전개되고 있음을 알게 된다. 권력은 활동의 영역에서 내재적인 조직을 구성하는 힘의 관계들이며 관계들의 다양성이다. 푸코의 권력은 인격적인 것이 아니라 기계적인 '장치'이며, 거시적인 것이 아니라 '미시적'이며, 억압하지 않고 '생산'한다. 그렇기 때문에 권력은 몇몇의 고유한 제도, 구조, 힘이 아니라 어디에나 존재한다.

– 저항 가능성으로서 자유의 실천과 개별성

권력은 꼭대기에서부터 아래로, 바닥에서부터 위로 작동하는 다방향적인 성격을 띤다. 그렇지만 이와 동시에 우리는 이런 식으로 우리를 주체로 생산하고 재생산하는 권력에 대해 어떤 식으로 저항할 수 있는가?라는 의문을 품게 된다. 푸코는 이렇게 진술한다. "만일 저항이 존재하지 않는다면, 권력관계도 있을 수 없다. 왜냐하면 그것은 단순히 복종의 문제일 수 있기 때문이다. 당신은 당신이 원하는 것을 행하지 못하는 상황을 지시하기 위해 권력관계를 사용해야만 한다." 따라서 저항은 권력의 작용에 내속한다. 비록 이러한 저항이 잠정적이거나 빈약한 것이라도 말이다.

권력 체계에 대한 가능한 저항의 형태는 권력을 창조하고 약화하는 역할을 한다. 개인들이 권력에 뿌리박은 경우, 그 개인들은 변형과 연계의 장소이기도 하다. 이 지점에서 주체성의 차원을 발견하게 된다. 바로 이 문제를 해결하는 단초로서 통치성이 하는 역할이다. 즉, 국가의 통치란 예속화된 인간을 만들어내는 메커니즘의 총체라고 할 수 있다. 생명관리권력과 유사한 개념인 '통치성'은 여타의 지식과 안전장치라는 도구로 옴짝달싹할 수 없게 우리의 품행을 인도하고, 권력의 입맛에 맞는 주체를 만들어내는 것을 목표로 한다. 때문에 개인은 국가의 통치 이성의 구미에 맞게 자기 주체성을 구축하게 된다. 이것에 우리는 저항할 수 있으며 대항품행을 고안할 수 있다는 것이 푸코의 주장이다.

　권력의 문제, 정치권력의 문제를 통치성, 단순히 정치적인 의미에서가 아니라 가장 넓은 의미에서 권력관계의 전략적 장으로 이해된 통치성이라는 가장 일반적인 문제로 재정의한다면 저항의 가능성을 사고할 수 있다. 말인즉슨 권력관계-통치성-자기와 타자들의 통치-자기에 대한 자기의 관계, 이 모든 것들이 그저 하나의 연쇄·씨실을 이루고 있음으로써 역전 가능한 관계의 총체로서의 권력에 대한 분석이 가능하기 때문이다. 그 때문에 권력관계란 "힘 관계들의 다양체"이며, 권력관계의 장으로서의 경험적 장은 다양체로서 존재한다. 푸코는 권력관계를 지배와 저항의 복잡한 뒤얽힘으로, 지배와 피지배 사이의 힘 관계가 역전될 가능성까지도 품고 있는 불안정한 유동성으로 묘사했다.

　푸코는 개혁이 단지 진보적인 요구나 특정인의 권위로만 정당화되는 것이 아니라고 생각한다. 왜냐하면 권력은 소수의 손에 달린 특권이 아니기 때문이다. 푸코는 개혁이란 '가능성에 대한 역사적 조건'을 반영하는 것이라고 보았다. "이는 항상 틈새에서 발생하기 때문에 그 누구도 이 발생에 책임이 없고 아무도 그 영광을 누릴 수 없다." 권력은 지속적인 활동에서 나오는 관계의 '다발'이다. 권력은 모세혈관처럼 보이지 않는 망을 이루며 우리의 주변 어디나 있다. 푸코가 개념화한 것처럼, 권력은 집중화되지 않고 분산되며, 위에서 아래로가 아니라 아래로부터 위로 행사되고, 소극적이고 억누르는 동시에 긍정적이고 유능하며, 억압적인 동시에 해방적이다.

　푸코가 구별했던 것은 해방을 위한 행위와 해방 상태의 유지에서 나타나는 자유의 실천이 전개되는 매일 매일의 방식이다. 그는 자유의 실천을 통해서 주체가 권력의 지배 상태에서 해방되어 어떻게 윤리적으로 구성되는지를 추적한다. 푸코는 이 작업을 통해서 자기가 무엇인지를 아는 것이 문제가 아니라 자기를 무엇으로 만들어갈 것인가가 중요하며, 이를 위해서는 복잡한 실존의 기술들과 절차가 필수적임을 강조했다.

푸코의 권력관계는 지배와 저항의 다이어그램적 뒤얽힘을 구성한다. 다이어그램은 근본적으로 불안정하고 유연한 것이며 끊임없이 변이들을 구성해 내는 방식으로 권력을 구성하는 힘 관계의 표출이다. 미시물리학적이고 전략적이며 횡단적인 그물망으로 직조된 다이어그램적 뒤얽힘 속에서 '역전 가능한 관계의 총체로서의 권력 분석'이란 바로 저항의 문제를 지시한다.

권력과 저항의 관계에서 푸코의 텍스트를 독해한다면, 윤리적 주체화는 개인을 규범, 공동체의 법에 적용시키는 것을 목표로 하지 않는다는 점을 알 수 있다. 오히려 반대로 자신의 행위를 개별화하고 그것에 특이성의 징표를 부여하는 것이 목표다. 예컨대 공동체적 도덕에 대해서 일반성-특수성이라는 축으로 '규범'과 관련지어 파악한다면, 특수성으로서의 개체는 일종의 규범에 의해 매개되고 일반성의 한 사례로 환원된다. 특수성이 일반성의 한 사례로 환원되는 데 반해, 개별성이란 일반성으로 환원되지 않는 일종의 '이것임(thisness)'과 관련되어 있는 특이성이라고 할 수 있다. 다시 말해 윤리란 그런 '일반성-특수성'이라는 축으로는 환원되지 않는 특이성에 관련된다.

규율권력이 일반성으로서의 규범을 개체에 부과하는 장치라고 한다면, 푸코가 윤리적 주체에 의해 발견하려고 했던 것은 일반성으로부터의 규범으로 환원될 수 없는 특이성이 바로 주체의 개별성이다. 푸코적 의미로 말하면, 특수성으로서의 개체란 규율권력의 메커니즘에 의해 규범을 내면화한 개체 이외에는 아무것도 아니다. 이와 달리 윤리에서의 '이 나'의 개별성은 일반성으로는 환원되지 않는 것이며, 다른 나로는 '대체될 수 없다.'

'이 나'의 자유의 실천은 자기 목적을 자신이 하는 것이라는 점을 분명히 암시한다. 이를테면 국가의 통치에 맞서 자기를 통치하기, 자기 통치로 자유를 실천하기, 지금과 다른 주체로 자기를 구성하기, 즉, 새롭고 능동적인 자기 형성이란 새로운 관계성의 생산에 다름 아니다. 그것은 스스로를 발생시키며 유지하는 자치적 행위자로서 전적으로 주체의 내적 과정으로부터 형성되어야 한다. 다시 말해 '이 나'라는 윤리적 주체화는 자기 발견에 의해 '자기에의 관계'로 변용시키는 것이다. 예를 들어, '나'라는 개념이 일반적인 '나'의 하나에 불과하며, 따라서 어떤 나도 지시하는 반면에, '이 나'는 단독적인 것이며, 그것은 다른 나로는 대체될 수 없는 존재다.

이제 정치는 단순한 권력투쟁이나 이익의 공리주의적 분배 혹은 조정이 아니다. 이럴수록 윤리-정치적 행동에서 중요한 것은 현실 세계 전체의 원리를 바르게 인식하는 것이다. 그러면서 개개인은 삶의 복합적인 실존적 조건을 문제 삼으며 자기-통제와 자기-통치, 자기-훈련의 방법들을 창안해야 한다. 그것은 사유방식과 존재방식을 바꿈으로 감정이나 인식이나 진실이나 관계나 성공이나 돈이나 이런 것을 대하는 태도를 바꾸게 한다.

이런 자기에 대한 자기의 관계는 고독한 실천에 의해 구축되는 것이 아니다. 자기에 대한 자기의 관계 구축, 즉 윤리적 주체화에는 늘 자기와 타자의 관계맺음이 결합되어 있다. 통치성에 저항할 수 있는 윤리적 주체의 형성, 그것은 타자와 관계 맺으며 '결코 그랬던 적이 없었던 것'인 자기의 특이성을 발견하고자 하는 사유를 의미한다. 다시 말하지만 그것은 권력에 대한 저항 전략을 모색하는 시도다.

푸코에 따르면, 그런 특이성으로서의 주체 개별성, 즉 자기에 대한 자기의 관계에 있어서 저항의 문제가 개입한다는 것이다. 만일 주체화가 권력에 대한 저항을 위해 주체의 특이성을 형성한다는 것을 의미한다면, 그것은 탈복종화의 시도이기 때문이다. 결론적으로 푸코가 말한 주체화란 정치의 장, 즉 타자와의 관계에서 자기의 특이성을 행사할 수 있게 하는 '자유의 실천'을 의미한다. 고착화된 권력관계가 아니라 항상 역전가능한 관계로서의 권력관계를 확보하는 것, 윤리적 주체의 형성에서 '자유의 실천'에 관건이 되는 것은 바로 이것이다.

- 우발성과 우연성의 유물론

인간이라는 존재 자체가 개별적으로 모두 다 다르고 복잡할 뿐만 아니라 인간의 행위라는 것은 여러 요소의 우연한 결합에 의해 그 방향이 결정된다. 그렇기 때문에 우리가 지금 존재하고 행하거나 생각하려는 것에는 더 이상 존재하지도 행하지도 생각할 수도 없는 가능성은 항상 열려 있다. 거기서 문제는 이성의 한계도, 그 한계 내에 머무는 것도 아니다. 오히려 우리를 역사적으로 규정하는 '우발적인 것'을 명확하게 제기하고, 그런 우발성의 한계를 위반하는 것이다.

삶은 그때그때의 우발성에 의해서 특징된다. 실존적 우발성은 인간의 내면에서도 확실한 것이 없다는 말이다. 그렇지만 빗겨남과 마주침의 우발성이 무언가 새로운 것, 새로운 상호 연결, 새로운 실재가 탄생한다. 알튀세르의 주장에 따르면, 지금은 합리주의적 전통하에서의 필연성과 목적론의 유물론에 대립하는 우발성과 우연성의 유물론으로의 전환이 요구되는 시점이다. 모든 것은 낙하한다. 원자는 서로 평행하여 낙하한다. 클리나멘(Clinamen)은 원자의 (비가 내리는 것과 같은) 수직강하운동에 조금씩 탈선을 일으키는 어떤 힘을 가리킨다. "미세한 벗겨남"이, 너무 작아서 알아차리지 못할 정도의 원자들의 일탈, 즉 클리나멘이 평행 상태를 깨뜨릴 때까지 낙하한다. 그 벗겨남이 역사의 전 과정을 바꾸고, 시간과 공간을 창조한다. 레비스트로스에게도 역사란 규칙적 발전이 아니라 한낱 우연이다. 우리가 처음부터 주어진 것으로 당연하게 여기고 있는 모든 개념 — 국가·사회·계급·정체성 등 — 은 모두 무한한 우연의 마주침으로부터 응고된 결과물인 것이다.

푸코의 계보학과 고고학 모두 '우연'의 문제와 깊이 연관되어 있다. 특히 푸코의 계보학이 발견하는 것은 "우연들, 곧 미세한 일탈들"이라고 말하고 있다. 말하자면 진리 혹은 존재는 "현재 우리의, 현재 우리가 알고 있는 것의 뿌리"에 놓여 있지 않고, "우연들이라는 외부성에 놓여" 있다. 뜻대로 되지도 않는 외부와의 우연적 만남에서 이러한 '우연의 긍정'은 바로 우발적인 '사건'을 긍정하는 것이다. 그렇기 때문에 사건들의 궁극적인 의미는 존재하지 않으며 전통 형이상학에서의 기원이나 종말과 같은 목적론적으로 가치가 부여된 낱말은 힘을 잃는다. 오히려 푸코는 세계가 "뒤얽혀 있는 수많은 사건들의 세계"에 불과하다고 말한다. 이러한 우연성들, 즉 우발적 사건들로서의 일탈들은 순수성, 불변성, 동질성, 통일성을 깨뜨리고 간극, 차이, 이질성, 불연속을 도입한다.

또한 우연성이 푸코가 권력과 동의어로 쓰는 세력 관계를 형성한다. 푸코는 우발성의 문제를 권력에 대한 저항이라는 문제계로 전회하면서 나타난다. 푸코는 이 역사적 우발성을 '사건'이라는 말로도 지칭하면서 그것은 역사적인 시각에서 보면 특정한 시기에 특정한 상황에서 만들어진 것이기 때문에 푸코가 현행성의 철학에 주목한 이유이기도 하다. 이러한 맥락에서 가장 중요한 변화는 푸코의 철학에서 경험이라는 개념이 다시 자리매김된다는 점이다. 그래서 이제 푸코의 문제틀은 담론-권력-주체라는 삼자에 의해 구성되며, 이 삼자가 구성하는 것은 바로 경험이다.

푸코에게 논의의 대상은 주체화의 과정들이지 주체라고 하는 실체가 아니다. 주체는 원래부터 존재하는 고정된 실체가 아니다. 주체는 사건들의 파생물로서 사후적으로 구성되는 것이다. 무수한 사건들이 나에게 몰려온다. 산다는 것은 매 순간 사건들과 조우하는 것이다. 사건들과 마주침으로 '나'라는 주체가 형성된다. 인간은 무수한 사건들과 매일 만나며 살아가는데, 이러한 매 사건들과 어떻게 만나는가가 나라는 존재자를 형성한다.

– 현행성 철학과 개별성의 문제틀

모든 존재는 자신을 개별적으로 유지하려는 노력을 현행적 (actual) 본질로서 가지고 있다. 현행적인 것은 우리가 경험하고 지각하는 구체적인 형태와 사건들, 개별적인 존재자들의 세계다. 이때 현행적 존재란 특정한 시간과 공간을 살아가는 역사적 존재다. 이 말은 특정한 시간과 특정한 장소, 즉 '지금 여기에'라는 문제가 중요해진 것이다. '지금 여기에' 있는 우리는 어떻게 현재의 우리가 되었는가 하는 문제가 대두된다. 우리는 영원한 존재가 아니라 현행적 존재로서 주위의 물질과 상호작용하고 물질의 경계도 지각을 한다. 경계는 자칫하면 흐트러지거나 증발할 수 있는 존재의 변화에 일관성을 부여하는 장치다.

영원하게 지속되는 몸의 개별적 경계는 없지만 그렇다고 현행적 경계가 없는 것은 아니다. 현행적 관점에서 물질은 다른 물질과 구분되는 몸의 경계를 가지고 있다. 그런 점에서 스피노자의 코나투스는 참고할 만하다. 그것이 무엇이든 모든 물질은 자신의 존재를 유지하려는 성향을 지니고 있다. 그렇기 때문에 현행적 개체들이 자기의 존재론적 일관성을 유지하기 위한 노력을 무시할 수가 없다. 몸이란 무엇인가? 그것은 자신의 존재를 지속하려는 노력이다. 그리고 몸의 경계는 현행적 존재가 자기 존재의 일관성(정체성, 개별성)을 유지하기 위한 개폐성의 보호막이라고 할 수 있다.

푸코의 현행성 철학은 우리가 살고 있는 지금 여기의 사건성과 존재론적 조건을 철학적으로 사유하는 형식이다. 푸코는 현실의 여기저기에서 어떤 주체화의 현상들이 발견된다는 사실을 인정한다. 푸코에게 이러한 주체화의 시발점을 형성하는 것은 신체다. 『감시와 처벌』, 『앎에의 의지』에서 신체는 단지 권력의 작용점으로 다루어졌을 뿐이지만, 이제 신체는 주체화가 시작되는 장소이자 저항의 시발점으로 기능하는 장소가 된다. 푸코는 우리가 행위하고 생각하는 다양한 방식의 근저에서, 행위와 사고를 주형하는 일종의 틀을 명확히 드러내고 그것을 넘어서고자 한다. 푸코는 '한계적 태도'를 '가능한 넘어섬'으로 정의한다. 이는 우리가 살아가는 현재의 조건을 비판적으로 사유하면서, 동시에 그 안에서 윤리적 실천의 가능성을 모색하는 철학적 시도다.

현행성의 철학이야말로 존재를 역사적 관점에서 파악하는 동시에 존재의 존재방식을 역사적 우발성에서 파악한다. 그런 우발성이야말로 주체를 생성변화로 이끌 것이다. 하이데거식으로 말하면 존재는 항상 이미 역사적 우발성 속에 "내던져"있으며, 그런 우발성이 주체의 존재 양태를 규정한다. 그리고 그 우발성이야말로 탈복종화의 가능성을, 또는 단독적 자기를 형성하는 가능성을 여는 것이다. 삶은 그때그때의 우발성에 의해서 특징된다. 그것은 사람이 일정한 방식으로 행동하지 않을 수 없게 하는 충동적 요인들인 것이다. 따라서 행동도 보장 없이 발생한다. 어딘가에 의존하는, 확정적인 결말도 시초도 없는 사건들이 우연적으로 발생한다. 잠재적 결과는 절대로 미리 예견될 수 없다.

삶은 하나의 열린 실험이다. 무엇이든 고착된 일상에서 벗어나려는 시도가 중요하다. 이 실험이 어떻게 전개될지에 대해 누구도 그 결과를 예측하거나 독점할 수는 없다. 사람들은 각자가 자신의 삶을 살아야 한다. 우리는 개별성과 대면해야 한다. 어떤 일반화하려는 목적에서가 아니라 개별성의 문제틀 내에서 말이다. 즉 징후적이고 예외적이고 대항적인 그런 현실적인 자신의 역량을 통해 작업한다.

개별성을 사유하는 것은 주체성을 통해 접근하는 것이다. 주체성은 현존하는 것을 넘어서는 의식적 투영을 지칭한다. 그 시선은 주체 자신을 촉발하고 주체화와 탈복종화를 촉진하며 윤리적 주체를 형성한다. 왜냐하면 그것은 주체에 각인된 권력의 효과들을 뽑아내며, 주체를 탈복종화된 자기로 변용시킬 수 있기 때문이다. 푸코는 이것을 윤리적 실천이라고 정의한다. 이런 실천은 근대적 권력 체계(개별화와 전체화라는 '이중구속')로부터 주체를 해방하고, "새로운 형태의 주체성"으로 변용시키는 것이다.

따라서 윤리적 실천은 단순히 "사적인 자율의 추구"인 것이 아니라 권력에 대한 저항이라는 빼어난 정치적 전략인 것이다. 푸코가 관찰한 근대의 규율권력과 생명관리권력이 생산력을 가지며 우리의 삶을 예속화할 때, 푸코는 존재하고 있는 것을 긍정하는 것이 아니라 자신의 삶에 대해 다르게 존재할 가능성을 전망하며 자신의 삶을 발명해 가는 창조적 과업을 삶의 나침반으로 삼았다.

주체성은 현존하는 것을 부정하는 능력을, 그리고 아직 존재하지 않는 무엇인가를 창출하는 능력을 지칭한다. 이것은 우리 사회에서 분명 대단한 중요성을 지녔던 실천들의 총체와 관련되어 있다. 푸코는 이것을 '존재의 기법'이라고 불렀다. "이것은 숙고되고 자발적인 실천으로 이해되지 않으면 안 되며, 그런 실천에 의해 인간들은 스스로 행동의 규칙들을 정할 뿐만 아니라 자기 자신을 변형하고 자신들의 특이한 존재 속에서 자신을 변양시키며, 자신들의 삶을 어떤 미학적 가치를 담지한, 그리고 어떤 양식의 기준에 부합하는 하나의 작품을 만들려고 하는 노력인 것이다."

그리고 자신의 행위의 보편적 의미는 나 혼자 만으로 성립하는 것이 아니라 타자와 나 사이에서, 세계 속의 나에게서 발견된다. 생생한 역사가 이루어지는 장인 나와 타인 사이에서 중요한 것은 나와 타인들의 관계가 동등성을 바탕으로 하는, 모든 차이적 '나'들의 관계라는 점이다. 그렇게 해야지만 역사 속에서 혹은 역사를 구성하는 운동 속에서 "개별적인 것과 보편적인 것의 접합"이 획득된다. 어떤 활동이 아무리 개별적으로 보인다 할지라도 그것은 하나의 합창 행위의 일부이며 그 속에서 모든 인류는 합창단이다.

요컨대 그것은 개별성의 문제틀을 전개한다는 조건 하에서만, 필연적인 결정도 절대적인 우연도 존재하지 않는다. 개별성의 문제틀은 객관적 지시 대상들에 돌려지거나 하나의 전체 속에 용해시켜 버리는 일 없이 그 자체로 사유가능성에 도달한다. 오직 어떤 가능성과 규정을 결합하는 실천적인 순환 관계 속에서 '우리임(we-ness)'이 힘을 얻는 것은 동질적 다양성의 문제틀을 전개한다는 조건 하에서만 구성 가능한 것이기 때문이다. 그럼에도 불구하고 '우리임'— 다시 말해 동질적 다양성의 차원에서 '함께 있음'이 지금까지 한 번도 제대로 사유된 적이 없이 망각 가운데 묻혀버렸다고 할 수 있다.

장 뤽 낭시의 말에 따르면 어떤 공동체가 가시적 '무엇'(재산·국적·인종·종교·이데올로기)의 공유를 최고의 가치로 삼을 때, 그 공동체는 필연적으로 왜곡될 수밖에 없다. 이를테면 모든 정치사상은 공동체 속에서 인간 존재가 어떤 식으로 살아가는지를 사유하기 마련이지만, 사람들이 특정한 정치적·경제적 관념에 어떻게 반응할 것인지를 예견해 보는 선에서 그치는 경우가 많아 현대 정치사상의 상당수는 최선의 경제 운영 방안이 무엇인지 묻는 것으로 축소되고 만다. 이와 같은 쪼그라든 정치 개념을 벗어날 필요가 있다. 정치사상이 규정하는 대상이자 그 기초인 인간 공동체의 본질을 숙고하지 않는 정치사상은 정치적 삶 그 자체를 아예 없애는 방향으로 나아가게 될 것이기 때문이다.

인간이 처한 윤리적 상황을 어떻게 반성했는지 알아보고, 동일성의 지배 바깥의 공동체, 즉 조직·기관·이데올로기 바깥의 '공동체 없는 공동체'라는 정치적 장소에 대한 사유 가능성에 주목할 필요가 있다. 흔히 우리는 정치를 말할 때 무엇이 인간 공동체를 가능하게 하는지는 생각해 보지 않는다. 어떤 공동체에서의 삶을 말할 때 보통은 생산, 일, 행위만을 떠올리고 공동체의 가능성 그 자체는 신경 쓰지 않는 것이다. 대개 우리는 공동체의 존재가 당연하다고 받아들인 후 어떻게 공동체를 조직할 것인지만 이야기한다. 하지만 도대체 무엇이 공동체가 존재하도록 해 주는가? 우리가 함께 있는 궁극적 목적은 다만 함께 있다는 데에 있다. 다시 말해 '나'와 타인의 실존 자체가 서로에게 부름과 응답이 됨, 그것이 '우리'의 실존들의 접촉이 모든 종류의 소통과 공동체 구성의 근거를 이룬다. 그것은 나아가 현실의 정치적 결정·행동에 있어 결코 간과될 수 없는 것이다.

- 개별성의 복권

오늘날의 전체주의가 하필이면 자유의 옷을 걸치고 등장했다는 사실은 의미심장하다. 사회의 신자유주의적 재편에 따라 세계의 모습은 급격히 변화했고, 그 세계의 변화된 모습은 고스란히 우리 내면의 모습으로 이어졌다. 무한 경쟁을 미덕으로 삼는 신자유주의는 경쟁에서 도태되기 싫으면, 경쟁에서 살아남을 수 있는 능력을 갖추라고 명령한다. 그것에 대한 맹목적인 믿음을 지탱하는 것은 미친 소처럼 질주하는 자본의 몸체에서 떨어지지 않으려는 사람들의 내면에 들어앉은 무의식적 욕망 이외에는 다른 것이 아니다.

원격통신 매체와 '정보 고속도로'가 의사소통을 강화하고 지구화하는 우리 시대는 인간 공동체가 어떠해야 하는지를 이해할 수도 없을 정도로 공동체 의식이 사라진 시대에 살고 있다. 달리 말해, 공동체 의식을 잃어버린 우리는 잃어버린 게 무엇인지도 알지 못한다. '전 지구적 통합화'라는 이름 아래 모든 것이 같아지는 등가화(等價化)가 무제한적으로 확장하고 있다. 개인이란 하나의 추상에 불과하며, 범용(凡庸)한 자유주의의 허약한 개념으로 표상된 대로의 실존일 뿐이다. 자유로운 소통 속에서 모든 것이 동등하게 통합된 지구촌이라는 꿈에서 깨어나야 한다. 여기저기에서 사람들은 뻔하고 번지르르한 허식으로 — 말하자면 신 또는 돈으로, 석유 또는 근력으로, 정보 또는 틀에 박힌 주문으로 — 상처를 감싸기를 원한다.

이러한 상황에서 서로 나눌 수 있을 만한 내적 경험조차 퇴조하고 있다. 모든 문화는 서로 충돌하는 담론들을 하나로 통합하려고 하는 동일화의 힘을 지니고 있기 때문이다. 이때 단위들은 본질적으로 동일하거나 적어도 동일한 것으로 환원될 수 있어야만 한다. 이런 사회에서 정치는 사람들 간의 관계를 완전히 똑같은 단위들 간의 관계로밖에 보지 않는다. 그리하여 세계가 더 이상 세계가 되기를, 또한 인간이 인간이 되기를 그만두고 있다. 그렇게 일상생활은 그 어느 때보다 견디기 어려워졌다.

인간관계의 궁핍해짐에도 불구하고 실추된 삶 속에서 드물지만, 끊임없이 잔존하는 개별적 삶을 발견하게 된다. 그것이 취약하고 산발적이더라도 삶의 빈곤 속에서 뜻밖의 순간들을 내세워 하나의 개별적 경험을 만드는 것은 우리에게 달려 있다. 벤야민의 말을 빌린다면, 그것은 '비관주의를 조직하기'라고 할 수 있다. 이것은 단순히 절망에 빠지는 소극적인 태도가 아니다. 오히려 비관주의를 통해 역사의 비극성을 깨닫고, 기존의 역사적 서사가 소외시켰던 개별적인 삶, 즉 이름 없는 사람들의 고통과 좌절, 그리고 그들의 경험을 불러내어 현재의 지배적인 질서에 균열을 내게 된다. 벤야민은 진보에 대한 낙관적인 신념이 반복되는 역사적 폭력과 착취를 은폐한다고 보았다. 그래서 그는 과거의 패배와 고통을 직시하는 비관주의적 시선을 통해, 현재를 이해하고 미래를 위한 혁명적 잠재력을 모색해야 한다고 역설한다.

개별성 범주의 복권은 레닌주의의 실패에 대한 반성과도 밀접히 연관된다. 여기에는 국가와 역사, 나아가 당 또는 전선 등으로 모든 것들을 단일화하는 환원주의적 경향과 이론을 잘못 적용하는 과학주의, 실용적으로 현실을 해석하는 경험주의, 그리고 경직된 목적론에 기초한 추상적 계급주의와 이데올로기주의가 속한다. 이런 접근은 모두 노동자들의 사고가능성과 고유한 개별성들을 인식할 수 없는 외재적 접근들로서 노동자 대중을 대상화하여 다양한 합리성과

정치 양식을 인식하지 못하는 독단주의적 경향을 산출한다.

외재적 접근은 그 자체가 아닌 어떤 외적인 준거들을 요구하는 사고방식이다. 외재적 접근의 외적인 요인들로 인간의 행동이나 주체성을 설명하는 시도다. 외재적 접근은 외부의 '객관적인' 관점과 '중립적인' 입장을 가정하면서, 정치, 경제, 국가, 기업 등의 영향 요인들에 초점을 두고 인간 행동과 주체성을 묘사하고 예측하는 데 관심을 갖는다. 일반적으로 실증주의적 인과관계를 추구하는 연구 경향, 특히 통계적 가설 검증 연구를 의례적으로 신봉하는 연구자들에게 전형적으로 이러한 경향이 지배적이다. 따라서 탐구하는 주체인 연구자나 과학자는 거리를 두고 사람들의 행동과 그들의 주체성을 탐구 대상으로 설정하여 관찰하려 한다.

개별성의 사고는 외재적 접근을 하는 과학의 장을 떠나고자 한다. '과학주의적 사고'의 항들은 사회학, 경제학, 역사학 등에서 작동하고 있는 과학의 관념을 특징짓는다. 그러한 관념의 과학이론은 외재성, 법, 인과성, 보편성의 이론이다. 그러한 관념을 의문에 부치는 것은, 그 관념이 스스로를 인식의 유일한 패러다임으로 표방하기 때문이다. 개별성을 사고하는 것은 일반화나 총체화에 귀속시키는 것이 아니라 지성이나 사고가능성과 같이 개별성을 포착하는 범주들에 귀속시킨다는 것이다. 이때 관건이 되는 사고가 어떠한 것인가 하는 질문이다. 그것은 사고의 개별성을 식별하도록 요청한다. 개별성은 소멸되지 않는 한 철학적, 경제적, 역사적 등등의 어떤 외적인 장에 종속될 수 없는 고유한 사고의 장을 갖고 있는 것으로 제시된다. 따라서 개별성은 다른 분과학문들을 통해서가 아니라 바로 개별성 그 자체로부터 사고해야만 한다는 것이다. 그것은 계급주의나 국가주의로, 또는 과학으로부터 떨어지는 것이다.

벤야민 역시 개별적인 것의 진실을 옹호한다. 그는 모든 이론적 일목요연함과 체계적인 것의 억압성을 문제시했다. 작고 주변적인 것들의 유일무이한 진실이 어떤 외적이고 집단적인 이념에 의해 휘둘리는 것이 아니라, 오히려 집단이념이 작고 파편적이며 불연속적인 경험재료에 의해 부단히 검증되어야 한다고 여겼다. 또한 역사적 차원에서건, 철학적 차원에서건, 모든 직선적이고 연속적이며 시종일관된 가치 모델을 불신했다. 게다가 벤야민은 의례화된 개념규정이나 관습적인 사유 방식과도 단호하게 결별한다. 그는 학계의 분과학문적 구분도 인정하지 않았다. 이 모든 것은 벤야민이 『아케이드 프로젝트』나 「역사의 개념에 대하여」에서 강조한 것이다. 예컨대 그는 프랑스대혁명, 1848년 대혁명, 스파르타쿠스 운동을 거론하며, 또한 "파리의 여러 장소에서 동일한 순간에 아무런 협의 없이 사람들이 시계탑에 총격을 퍼붓던" 7월 혁명의 순간을 기술한다.

기본 모순이 자본과 노동자계급 사이의 모순에서 자본과 인간 일반 사이의 모순으로 전화된 세계에서 혁명의 주체는 어떤 특수한 집단으로 한정되는 것이 아니라 다양한 개별자들의 집합일 수밖에 없다. 하지만 다양한 개별자들은 과연 그들의 개별성 자체의 힘으로 인해 혁명적일 수 있다. 그들의 개별성이 혁명적일 수 있는 것은 자본에 의해, 성적 지배에 의해, 가부장제에 의해, 권위주의에 의해, 부정적으로 규정되었기 때문이다. 다시 말해 다양한 개별자들이 혁명적일 수 있다면, 그것은 그들이 또한 사회적 총체성 내부의 다양한 특수성에 의해 각인되어 있기 때문이다. 개별성은 유용한 것만을 찾는 이 세계가 인간의 실존을 소외시키는 상황에 대항하려고 한다. 정치 행위는 이러한 긴 전선에 있는 모든 무대에서 일어난다. 사회생활의 모습과 방향을 바꾸는 일반화된 정치 행위는 이 무대들 모두에서 협력적이며 조정적인 행위를 요청한다. 한 무대에서 발전이 다른 무대에서 발전에 의해 지지되지 않는다면, 이는 결국 방해되거나 퇴보하게 된다.

인간이 모여 살다 보면 어떤 삶의 유형과 형식이 생기는 것이지만, 모든 삶의 형식이 문화적으로 존중되는 것은 아니다. 후대에 전승될 수 있는 범례적 형식만이, 혹은 그것을 계승하는 후대와의 관계 안에서만 삶의 형식은 문화적 가치를 갖는다. 문화의 역사란 범례의 계승과 단절 혹은 변형의 역사다. 아감벤은 다음과 같이 말한다. "범례는 어떤 독특한 경우이다. 그 경우는, 자신의 고유한 독특성을 제시하면서도 스스로 어떤 새로운 집합의 동질성을 구성하여 그 집합을 이해하게 해주는 한에만, 자신이 속한 맥락에서 분리된다. … 귀납은 특수에서 보편으로 나아가고, 연역은 보편에서 특수로 나아간다. 반면 범례는 특수에서 특수로 나아가는 역설적인 제3종의 운동에 의해 정의된다. … 범례는 독특성에서 독특성으로 나아가고, 독특성에서 벗어나지 않으면서도 독특한 경우를 변형시켜, 그것을 결코 선험적으로 정식화할 수 없는 어떤 일반적인 규칙에 대한 예시로 만든다."

범례는 구체적 보편성을 담보하고 있다. 그것은 개체적 생존의 고유한 역사적 전개를 허용하면서, 그 안에서 일어나는 개체적 역사의 맥락에 삼투하는 고양과 초월의 지평을 보여준다. 그리하여 그 자체로 독특한 것, 반복될 수 없는 상황이나 유일무이한 개별자를 의미하며 하나의 사례가 되는 것이다. 사례들은 규칙들의 적용이 아니다. 그것들이 규칙들을 생산적으로 결정하고 개발한다. 사례는 그저 규칙에 복종하지 않는다. 사례가 규칙에 말대꾸하는 것이다. 그것은 마치 길을 놓으며 걷는 것과 같이 자신의 행동과 여정을 살피고, 그들을 무대에 올려 그들이 어떻게 움직이는지 유심히 뜯어보는 것이다.

이제 개체적 존재인 인간의 존재 양식을 규명할 필요가 있다. 개체적 존재는 개인의 개별적, 자립적 내면성을 확립한 존재다. 개별적 내면성을 가진 존재만이 다른 존재로 환원되지 않는 자기에게 고유한 존재 의의 또는 존재 가치를 가질 수 있기 때문이다. 개체적 존재가 겪는 체험은 개인 내면의 주체적 힘이라고 할 수 있다. 개인적 내면성을 갖지 못한 존재는 개체로서의 존재 의미를 갖지 못한 것이다.

- 개별적 삶의 가능성

인간은 항상 문제 상황 속에서 그 생을 영위하고 있다. 문제 상황의 연속 그 자체가 곧 인간의 삶이라고 할 수 있다. 개별 행위자의 삶은 무수히 많은 다양한 형태의 행위 상황들로 이루어져 있다. 이들 행위 상황들의 총합이 그들 삶의 총체를 구성하는 셈이다. 상황은 인간이 세계에 있는 방식이다. 즉 상황은 일차적으로 인간적 상황이다. 왜냐하면 인간적 상황이 삶의 가능태를 가장 완전하게 실현하기 때문이다. 각각의 상황은 고유하고 결코 되풀이될 수 없다는 점에서 개별적이다. 모든 상황은 현재진행형이기 때문에 그것은 어디에서와 어디로에 관한 감을 갖고 있어야 한다. 이것이 현재에 그 '위치'를 제공하는 것이고 현재가 계속성과 방향감을 갖고 발전하도록 돕는 것이다.

개별 행위자의 삶은 마치 그들이 다양한 행위 상황들 사이를 옮겨 다니는 것과 같다. 상황들 간을 옮겨 다니는 그러한 활동은 상황 그 자체에 대해 주체가 내리는 정의가 변화하기 때문에 발생하는 것이기도 하고, 혹은 흔히 우리의 일상생활에서 경험할 수 있듯이 행위 주체가 여러 가지 종류의 상이한 상황을 함께 경험하고 있기 때문에 발생하는 것이기도 하다. 이를테면 개별 행위자들은 온갖 상황에서 윤리적 모멘트들에 직면하면서 어떤 번민의 공간, 갈등의 공간, 의심의 공간, 혼돈의 공간, 투쟁의 공간, 배신의 공간, 회심의 공간, 저항의 공간에 던져진다.

사실 우리 중에서 어떻게 끝날지 정확히 알고 뭔가를 시작하는 사람은 아무도 없다. 우리는 어떤 사회적 실천이 최선인지 알지 못한다. 사회적 실천의 결과는 언제나 예측하기 어려운 수많은 변수와 어떻게 상호작용하는가에 달려 있기 때문이다. 따라서 우리가 할 수 있는 주어진 상황에 따라 분석하고, 상상하고, 추리하고, 문제를 타개할 아이디어를 찾아보고, 우리들에게 많은 것을 약속한다고 여겨지는 방향으로 우리를 던져 넣는 것이다. 그리고 어떤 일이 일어나는지 지켜보는 것이다. 예기치 못한 상황에 적절하게 반응하려면 정례화된 것으로 대처할 수 없는 어떤 상황이 자신의 존재를 알리거나 그런 징후가 나타날 때 그것을 곧바로 감지할 수 있는 자세, 바로 그런 자세를 발전시켜야 한다. 그것은 자신의 경험에 스스로 의문을 가지는 자세, 언제나 눈앞의 상황이 기존 상황과는 다른 완전히 새로운 상황일 수 있다는 것을 전제로 하는 자세를 뜻한다.

살아온 발자취를 더듬어보면 그때그때의 삶 속에 전체라는 단서가 있었다는 것을 깨닫게 된다. 그 당시에는 아직은 불확실하고 무엇인지 윤곽이 정확하지는 않지만 알게 모르게 전체를 체험하면서 우리는 삶을 시작한다. 물론 전체는 구체적으로 인식할 수도 있지만 가상의 세계에서 가능하기도 하다. 완전히 이해된 것은 그 한 번의 규정으로 하나의 개념 속으로 녹아 없어져 자신의 풍부함을 잃어버린다. 어떤 행동이나 어떤 특성이 지닌 가치는 그것들을 둘러싸고 있는 상황과 그것들이 추구하는 목적에 따라, 한마디로 말해서 그것들에 속해 있는 전체에 따라 이렇게도 보였다가 저렇게도 보이는 것이다. 그리하여 의식의 현상들과 사고, '사람들'의 사고에 대한 새로운 접근이 가능해지고 또 정립된다.

우리의 사고는 전체로부터 시작해야 한다. 실제로 여타의 동물, 식물, 무기물 등과는 달리 우리 인간만이 매 순간 비록 주체적으로는 아니라고 할지라도 자기가 어디에서 와서 어디를 향해 가고 있는지 — 자기 자신의 삶 전체를 문제 삼는 인간만의 독특한 존재 방식 — 즉, 실존의 모습은 어떠한지 등에 대해 나름대로 암묵적인 양상에서 이해하면서 살아가는 존재자라 할 수 있다. 구체적인 사물이나 실존하는 모든 것들은 정의상 우연적이다. 전체의 부분들로서 구체적인 사물을 다루려면 심미적 이성의 산물인 전체가 가설 수준일지라도 전제되어야 한다. 그래야 구체적 사물들로 전포괄적 사유에 통합시킴으로써 이것들을 모두 사유 대상으로 변형시키면서 개별적 전체성의 사고에 이르게 된다.

예컨대 끊임없이 변하는 유동적 현실 속에서 삶의 영혼으로서의 심미적 이성은 주변에서 일어나는 사건들을 초연하게 대할 수 있게 함으로써 바로 이것이 대상에 대한 객관적인 인식을 보장한다. 심미적 이성은 모든 이해관계를 떠나 경험 세계를 총체적으로 재구성하는 전체성의 관점을 획득하게 하며, 반성적 활동을 가능하게 하여 일정한 거리두기를 통해 더 넓은 배경(바탕)을 획득하게 하기 때문이다. 그리하여 기존의 삶과 다르게 새로운 삶을 불러일으키고 신선하게 경험하게 함으로써 현실의 숨은 모습을 드러내고, 인간을 폭넓게 이해하며, 세계의 깊이를 스스로 자각하게 한다.

우리는 뭔가를 할 때 타당성이 완벽하게 검토된 계획에서 시작하는 것이 아니라, 가능성의 미래 속에 자신을 한번 그려 넣어 보는 가정에서 시작한다. 이제 우리가 자신과 미래에 관해 다른 이야기와 다른 역사를 시작해야 하는 까닭이 바로 여기에 있다. 어떻게 하면 도착이 아니라 출발을 할 수 있을까? 이미 정해져 있는 길을 잘 따라가는 것이 아니라, 어떻게 해야 그 길을 발견할 수 있을까? 어떻게 하면 더 이상 만들어지는 존재가 아니라 만드는 존재가 될 수 있는가? 우리가 자신에 관한 새로운 역사를 이야기하기 시작하면, 우리는 이미 그 역사 속에 존재하게 된다. 이러한 역사는 출발과 시작과 발견의 역사다.

그것은 대안적 삶에 대한 희망의 여지를 낳는다. 그리하여 실패의 불가피성, 성찰의 무한성, 실존의 궁극적 무의미성, 윤리의 불안하고 혼돈스러운 각성의 계기들, 그런 체험들을 추구하고 표상하는 문학과 예술의 언어, 타자의 불가해한 몸짓과 위협과 어둠, 이 모든 부정성을 자신에게 부과하는 윤리적 삶으로 감당해 내려고 한다. 그러한 감당들은 그것의 감수를 감수하는 것, 겪음을 겪는 것으로서 일종의 수동성이다. 실제로 겪어-냄의 수동성이라는 이러한 감수의 과정에서는, 즉 어떤 문제에 맞닥뜨려 있는지 이해하는 것에서부터 자주 오류가 발생한다. 어떤 일이 닥쳐왔을 때, 불가항력적 상황에 처했을 때, 행위능력을 발휘할 수 있는 여지가 철저히 막혀 있을 때, 감수는 '겪게-됨'의 형태를 취한다. 그렇게 뭔가를 겪어내는 자는 고통과 교섭하고 그 의미를 묻고 겪음 이후를 상상, 예기, 희망, 인내하면서 겪음 속에 행위의 요소를 투입한다. 오히려 행위 혹은 저항은 이 겪어-냄의 단계에서부터 이미 개시되고 있는 것이다.

개별성을 사고하는 주체성은 각자가 스스로 자신의 행동을 개시하면서 "자신의 흐름을 창조하고 자기 자신으로 회귀하는 걸음"으로 이루어진다. 이것은 자기돌봄을 의미한다. 자기돌봄이란 자기계발이 아니다. 이기주의도 아니다. 타인에 대한 사랑과 박애를 강조하는 이타주의 역시 아니다. 말하자면 자기돌봄은 자기 내부의 복수성을 응시하고 자기에 대해 주도권을 확보하는 행위라고 할 수 있다. 이러한 행위의 의미는 행위 속에서 당장 가시적으로 드러나는 게 아니라 "점점 더 멀리서 자신과 일치하고 자신을 확증"하면서 나타난다. 마치 자신은 삶이라는 배를 나의 속도로 끌고 가는 조타수인 것이다. 그 과정에서 주체의 존재 방식은 거듭나게 되어 개별성은 회복된다. 이때 비로소 일체의 정체성들로 완전히 포섭되거나 환원될 수 없는 계산 불가능한 아무개로, 다른 사람이 아닌 오직 나 자신으로 존재할 권리를 지니게 된다.

이제 비로소 각자가 느끼고 사고하는 것이 진실이 된다. 누구나 자기의 삶을 살 사유가 있다. 지금 내 삶의 열쇠를 쥐고 있는 자가 누구인가를 살펴보아야 한다. 푸코는 "자기는 자기와 맺는 여러 관계 외에 그 무엇도 자기 아니다"라고 말한다. 푸코에게 자기는 "선험적으로 구조화되어 있는" 무엇이 아니다. "자기란 자기와의 관계이고 그 관계들의 총체"다. 자기와의 적절한 관계 맺음은 타자와의 적절한 관계 맺음과 연결된다. 그렇기 때문에 자기를 변화시키는 자기돌봄은 즉각 타자와의 관계를 변화시키고, 세상을 변화시킴으로써 우리는 언제나 새로운 삶을 창조할 수 있는 자유를 확보한 자로 살아가게 된다.

결국 그 전 과정은 자유로운 존재로서의 우리 자신에 관한 우리 스스로의 작업으로 특징지을 것이다. 푸코는 이를 두고 "실존의 미학"이라고 한다. 스스로 자기를 다스린다는 뜻에서 "자기 통달의 기술(technique de soi)"이라고 부르기도 한다. 이것은 자신의 삶을 하나의 작품으로 끌어올리는 기술을 말하며, 물론 여기에는 정치적인 의미가 있다. 결국 타율성에 저항하는 근거를 주체의 자기 생성과 미학적 생성을 결합한 한 인간의 실존적인 자기 탐색에서 찾았던 것이다. 그리하여 마침내 우리 자신의 윤리적 변형, 즉 새로운 주체성의 정치적 발명이라는 실로 대단한 과제가 우리 앞에 놓여 있다.

참고 문헌

가레쓰 모르간 지음, 박상언·김주엽 옮김, 『조직의 8가지 이미지』, 2004, 지샘
강미라, 『몸 주체 권력』, 2013, 이학사
개리 거팅 지음, 전혜리 옮김, 『푸코』, 2024, 교유서가
고병권·이진경 외 지음, 『코뮤주의 선언』, 2008, 교양인
군터 게바우어·크리스토프 볼프 지음, 최성만 옮김, 『미메시스』, 2015, 글항아리
권정우·하승우, 『아렌트의 정치』, 2015, 한태재
김내훈, 『급진의 20대』, 2022, 서해문집
김서형, 『존재의 기원』, 2025, 클랩북스
김선욱, 『한나 아렌트의 생각』, 2019, 한길사
김주환, 『포획된 저항』, 2017, 이매진
김홍중, 『서바이벌리스트 모더니티』, 2024, 이음
나카마사 마사키 지음, 김경원 옮김, 『왜 지금 한나 아렌트를 읽어야 하는가?』,
    2018, 갈라파고스
다케다 히노나리 지음, 김상운 옮김, 『푸코의 미학』, 2018, 현실문화
드레피스·라비노우 지음, 서우석 옮김, 『미셸 푸코; 구조주의와 해석학을 넘어
    서』, 1996, 나남출판
디디에 오타비아니 지음, 심세광 옮김, 『미셸 푸코의 휴머니즘』, 2010, 열린책들
루크 페레터 지음, 심세광 옮김, 『루이 알튀세르의 이데올로기』, 2014, 앨피

마크 올슨 외 지음, 김용 옮김,『신자유주의 교육정책, 계보와 그 너머』, 2015, 학이시습

마크 포스터 지음, 이정우 옮김,『푸코, 마르크스, 역사』, 1990, 인간사랑

메를로-퐁티 지음, 류의근 옮김,『지각의 현상학』, 2002, 문학과 지성사

멜리사 그레그·그레고리 시그워스 지음, 최성희 외 옮김,『정동 이론』, 2015, 갈무리

모르대하이 고든 엮음, 조나영 옮김,『한나 아렌트와 교육』, 2025, 살림터

모리스 블랑쇼 지음, 박준상 옮김,『밝힐 수 없는 공동체/ 마주한 공동체』, 2005, 문학과 지성사

미셸 앙리 지음, 이은정 옮김,『야만』, 2013, 자음과 모음

미셸 푸코 지음, 오생근 옮김,『감시와 처벌』, 2003, 나남

_____, 이규현 옮김,『성의 역사 1: 앎에의 의지』, 2004, 나남

_____, 문경자·신은영 옮김,『성의 역사 2: 쾌락의 활용』, 2004, 나남

_____, 이영묵 옮김,『성의 역사 3: 자기에의 배려』, 2004, 나남

_____, 오트르망 옮김,『안전, 영토, 인구』, 2011, 난장

_____, 오트르망 외 옮김,『비판이란 무엇인가』, 2020, 동녘

미셸 푸코·와타나베 모리아키 지음, 오석철 옮김,『철학의 무대』, 2016, 기담문고

바바라 크룩생크 지음, 심성보 옮김,『시민을 발명해야 한다』, 2014, 갈무리

박동섭,『심리학의 저편으로』, 2024, 장원

박승규,『푸코의 정치윤리』, 2002, 철학과 현실사

박승일,『기계, 권력, 사회』, 2021, 사월의 책

박준상,『떨림과 열림』, 2015, 자음과 모음

박찬국,『삶은 왜 짐이 되었는가』, 2018, 21세기북스

백욱인,『들뢰즈의 통제사회 비판』, 2023, 커뮤니케이션북스

빅토르 델보스·모리스 블롱델 지음, 이근세 옮김,『스피노자와 도덕의 문제』, 2006, 선학사

사토 요시유키 지음, 김상운 옮김,『권력과 저항: 푸코, 들뢰즈, 데리다, 알튀세

르』, 2012, 난장

샹탈 자케 지음, 정지은·김종갑 옮김,『몸』, 2021, 그린비

성기현,『들뢰즈의 미학』, 2019, 그린비

손기태,『고요한 폭풍, 스피노자』, 2016, 글항아리

스티븐 볼 지음, 손준종 외 옮김,『푸코와 교육』, 2019, 박영story

스티븐 샤비르 지음, 안호성 옮김,『사물들의 우주』, 2021, 갈무리

신병현·현광일,『포스트모던 조직론』2010, 다인아트

실뱅 라자뤼스 지음,『이름의 인류학』, 2002, 새물결

심강현,『욕망하는 힘, 스피노자 인문학』, 2016, 을유문화사

심광현,『맑스와 마음의 정치학』, 2014, 문화과학사

심귀연,『신체와 자유』, 2012, 그린비

_____,『몸과 삶의 철학자 메를로-퐁티』, 2019, 필로소픽

안토니오 디마지오 지음, 임지원 옮김,『스피노자의 뇌』, 2007, 사이언스 북스

알랭 바디우 지음, 김병욱 외 옮김,『메타 정치학』, 2018, 이학사

알폰소 링기스 지음, 김성균 옮김,『아무것도 공유하지 않은 자들의 공동체』,
    2013, 바다출판사

양운덕,『미셸 푸코』, 2003, 살림

양창아,『한나 아렌트, 쫓겨난 자들의 정치』, 2019, 이학사

이근세,『스피노자, 욕망의 기하학』, 2022, 아카넷

이기상,『존재 사건학』, 2004, 서광사

_____,『존재와 시간』, 2013, 살림

이수영,『권력이란 무엇인가』, 2009, 그린비

이윤미·김세희·성열관·신병현 외,『비판적 실천을 위한 교육학』, 2019, 살림터

이영남,『푸코에게 역사의 문법을 배우다』, 2011, 푸른역사

이종영,『정치와 반정치』, 2005, 새물결

이진우,『한나 아렌트의 정치 강의』, 2019, 휴머니스트

이희원,『무감각은 범죄다』, 2009, 이루

장-뤽 낭시 지음, 김예령 옮김,『코르푸스』, 2015, 문학과 지성사

_____, 박준상 옮김,『무위의 공동체』, 2022, 그린비

재커리 심슨 지음, 김동규·윤동민 옮김,『예술로서의 삶』, 2016, 갈무리

제프리 페퍼 지음, 배현 옮김,『권력의 경영』, 2009, 노마드

조광제,『몸의 세계, 세계의 몸』, 2012, 이학사

조르조 아감벤·양창렬,『장치란 무엇인가?』, 2010, 난장

조지 리처 지음, 김종덕 옮김,『맥도날드 그리고 맥도날드화』, 1999, 도서출판
　　시유시

존 듀이 지음, 박철홍 옮김,『경험으로서 예술 I·II』, 2016, 나남

줄리아 크레스테바 지음, 이은선 옮김,『한나 아렌트』, 2022, 늘봄

진태원,『을의 민주주의』, 2017, 그린비

질 들뢰즈 지음, 허경 옮김,『푸코』, 2003, 동문선

질 들뢰즈·안토니오 네그리 외 지음, 김상운 옮김,『비물질 노동과 다중』,
　　2005, 갈무리

짐 게리슨 외 지음, 김세희·김언순 외 옮김,『존 듀이와 교육』, 2021, 살림터

천경,『미셸 푸코의 실존의 미학, 내 삶의 예술가 되기』, 2024, 북코리아

철학아카데미,『이성과 반이성의 계보학』, 2021, 동녘

콜린 고든 편, 홍성민 옮김,『권력과 지식』, 1997, 나남출판

콜린 고든·그레엄 버첼 외 지음, 이승철 외 옮김,『푸코 효과』, 2014, 난장

테리 이글턴 지음, 전대호 옮김,『유물론』, 2018, 갈마바람

토마스 렘케 지음, 심성보 옮김,『생명정치란 무엇인가』, 2015, 그린비

폴 페어필드 지음, 김찬미 옮김,『듀이와 인문학 교육』, 2019, 씨아이알

프란시스코 J. 바렐라 지음, 유권종·박충식 옮김,『윤리적 노하우』, 2010, 갈무리

프레데리크 그로 지음, 배세진 옮김,『미셸 푸코』, 2022, 이학사

프레데리크 그로 외 지음, 섬세광 외 옮김,『미셸 푸코 진실의 용기』, 2006,
　　도서출판 길

한국철학사상연구회,『현대 정치 철학의 네 가지 흐름』, 2019, 에디투스

한나 아렌트 지음, 이진우·태정호 옮김,『인간의 조건』, 1996, 한길사

현광일,『전체 안의 전체 사고 속의 사고』, 2015, 살림터

_____,『존 듀이의 생명과 경험의 문화적 전환』, 2024, 살림터

홍은영,『푸코와 몸에 대한 전략』, 2004, 철학과 현실사

후지모토 신지 지음, 편집부 옮김,『인식의 발전구조』, 1992, 이론과 실천

삶의 행복을 꿈꾸는 교육은
어디에서 오는가?

● **교육혁명을 앞당기는 배움책 이야기** 혁신교육의 철학과 잉걸진 미래를 만나다!

미래 100년을 향한 새로운 교육

혁신교육을 실천하는 교사들의 필독서

● 비고츠키 선집 시리즈 발달과 협력의 교육학 어떻게 읽을 것인가?

혁신학교	성열관·이순철 지음	224쪽	값 12,000원
행복한 혁신학교 만들기	초등교육과정연구모임 지음	264쪽	값 13,000원
서울형 혁신학교 이야기	이부영 지음	320쪽	값 15,000원
혁신교육, 철학을 만나다	브렌트 데이비스·데니스 수마라 지음	현인철·서용선 옮김	304쪽	값 15,000원
대한민국 교사, 어떻게 가르칠 것인가?	윤성관 지음	320쪽	값 15,000원
아이들을 어떻게 가르칠 것인가	사토 마나부 지음	박찬영 옮김	232쪽	값 13,000원
모두를 위한 국제이해교육	한국국제이해교육학회 지음	364쪽	값 16,000원
경쟁을 넘어 발달 교육으로	현광일 지음	288쪽	값 14,000원
혁신교육 존 듀이에게 묻다	서용선 지음	292쪽	값 16,000원
다시 읽는 조선 교육사	이만규 지음	750쪽	값 37,000원
교실 속으로 간 이해중심 교육과정	온정덕 외 지음	224쪽	값 13,000원
대한민국 교육혁명	교육혁명공동행동 연구위원회 지음	224쪽	값 12,000원
포스트 코로나 시대의 교육	성열관 외 지음	224쪽	값 15,000원
내일 수업 어떻게 하지?	아이함께 지음	300쪽	값 15,000원
핀란드 교육의 기적	한넬레 니에미 외 엮음	장수명 외 옮김	456쪽	값 23,000원
한국 교육의 현실과 전망	심성보 지음	724쪽	값 35,000원
독일의 학교교육	정기섭 지음	536쪽	값 29,000원
교실 속으로 간 이해중심 통합교육과정	온정덕 외 지음	224쪽	값 15,000원
초등 백워드 교육과정 설계와 실천 이야기	김병일 외 지음	352쪽	값 19,000원
학습격차 해소를 위한 새로운 도전 보편적 학습설계 수업	조윤정 외 지음	240쪽	값 15,000원

• **경쟁과 차별을 넘어 평등과 협력으로 미래를 열어가는 교육 대전환!** 혁신교육 현장 필독서

학교의 미래, 전문적 학습공동체로 열다	새로운학교네트워크·오윤주 외 지음	276쪽	값 16,000원
마을교육공동체 생태적 의미와 실천	김용련 지음	256쪽	값 15,000원
학교폭력, 멈춰!	문재현 외 지음	348쪽	값 15,000원
학교를 살리는 회복적 생활교육	김민자·이순영·정선영 지음	256쪽	값 15,000원
삶의 시간을 잇는 문화예술교육	고영직 지음	292쪽	값 16,000원
미래교육을 디자인하는 학교교육과정	박승열 외 지음	348쪽	값 18,000원
코로나 시대, 마을교육공동체운동과 생태적 교육학	심성보 지음	280쪽	값 17,000원